民事裁定研究

Study on Civil Procedural Ruling

胡思博 著

社会科学文献出版社
SOCIAL SCIENCES ACADEMIC PRESS (CHINA)

图书在版编目（CIP）数据

民事裁定研究/胡思博著.—北京：社会科学文献出版社，2014.9
（中国社会科学博士后文库）
ISBN 978-7-5097-6465-7

Ⅰ.①民… Ⅱ.①胡… Ⅲ.①民事诉讼-审判-研究-中国 Ⅳ.①D925.118.24

中国版本图书馆CIP数据核字（2014）第207416号

·中国社会科学博士后文库·

民事裁定研究

著　　者 /	胡思博
出 版 人 /	谢寿光
项目统筹 /	芮素平
责任编辑 /	芮素平
出　　版 /	社会科学文献出版社·社会政法分社（010）59367156 地址：北京市北三环中路甲29号院华龙大厦　邮编：100029 网址：www.ssap.com.cn
发　　行 /	市场营销中心（010）59367081　59367090 读者服务中心（010）59367028
印　　装 /	北京季蜂印刷有限公司
规　　格 /	开　本：787mm×1092mm　1/16 印　张：18.25　字　数：304千字
版　　次 /	2014年9月第1版　2014年9月第1次印刷
书　　号 /	ISBN 978-7-5097-6465-7
定　　价 /	68.00元

本书如有破损、缺页、装订错误，请与本社读者服务中心联系更换

▲ 版权所有 翻印必究

《中国社会科学博士后文库》编委会及编辑部成员名单

（一）编委会

主　任：李　扬　王晓初
副主任：晋保平　张冠梓　孙建立　夏文峰
秘书长：朝　克　吴剑英　邱春雷　胡　滨（执行）
成　员（按姓氏笔划排序）：

卜宪群　王　巍　王利明　王灵桂　王国刚　王建朗
厉　声　朱光磊　刘　伟　杨　光　杨　忠　李　平
李　林　李　周　李　薇　李汉林　李向阳　李培林
吴玉章　吴振武　吴恩远　张世贤　张宇燕　张伯里
张昌东　张顺洪　陆建德　陈众议　陈泽宪　陈春声
卓新平　罗卫东　金　碚　周　弘　周五一　郑秉文
房　宁　赵天晓　赵剑英　高培勇　黄　平　曹卫东
朝戈金　程恩富　谢地坤　谢红星　谢寿光　谢维和
蔡　昉　蔡文兰　裴长洪　潘家华

（二）编辑部

主　任：张国春　刘连军　薛增朝　李晓琳
副主任：宋　娜　卢小生　姚冬梅
成　员（按姓氏笔划排序）：

王　宇　吕志成　刘丹华　孙大伟　陈　颖　曲建君
曹　靖　薛万里

本书系中国博士后科学基金第 55 批面上资助课题"对民事裁定的检察监督制度研究"（项目编号：2014M550916）的阶段性研究成果

序 一

博士后制度是 19 世纪下半叶首先在若干发达国家逐渐形成的一种培养高级优秀专业人才的制度，至今已有一百多年历史。

20 世纪 80 年代初，由著名物理学家李政道先生积极倡导，在邓小平同志大力支持下，中国开始酝酿实施博士后制度。1985 年，首批博士后研究人员进站。

中国的博士后制度最初仅覆盖了自然科学诸领域。经过若干年实践，为了适应国家加快改革开放和建设社会主义市场经济制度的需要，全国博士后管理委员会决定，将设站领域拓展至社会科学。1992 年，首批社会科学博士后人员进站，至今已整整 20 年。

20 世纪 90 年代初期，正是中国经济社会发展和改革开放突飞猛进之时。理论突破和实践跨越的双重需求，使中国的社会科学工作者们获得了前所未有的发展空间。毋庸讳言，与发达国家相比，中国的社会科学在理论体系、研究方法乃至研究手段上均存在较大的差距。正是这种差距，激励中国的社会科学界正视国外，大量引进，兼收并蓄，同时，不忘植根本土，深究国情，开拓创新，从而开创了中国社会科学发展历史上最为繁荣的时期。在短短 20 余年内，随着学术交流渠道的拓宽、交流方式的创新和交流频率的提高，中国的社会科学不仅基本完成了理论上从传统体制向社会主义市场经济体制的转换，而且在中国丰富实践的基础上展开了自己的伟大创造。中国的社会科学和社会科学工作者们在改革开放和现代化建设事业中发挥了不可替代的重要作用。在这个波澜壮阔的历史进程中，中国社会科学博士后制度功不可没。

值此中国实施社会科学博士后制度20周年之际，为了充分展示中国社会科学博士后的研究成果，推动中国社会科学博士后制度进一步发展，全国博士后管理委员会和中国社会科学院经反复磋商，并征求了多家设站单位的意见，决定推出《中国社会科学博士后文库》（以下简称《文库》）。作为一个集中、系统、全面展示社会科学领域博士后优秀成果的学术平台，《文库》将成为展示中国社会科学博士后学术风采、扩大博士后群体的学术影响力和社会影响力的园地，成为调动广大博士后科研人员的积极性和创造力的加速器，成为培养中国社会科学领域各学科领军人才的孵化器。

创新、影响和规范，是《文库》的基本追求。

我们提倡创新，首先就是要求，入选的著作应能提供经过严密论证的新结论，或者提供有助于对所述论题进一步深入研究的新材料、新方法和新思路。与当前社会上一些机构对学术成果的要求不同，我们不提倡在一部著作中提出多少观点，一般地，我们甚至也不追求观点之"新"。我们需要的是有翔实的资料支撑，经过科学论证，而且能够被证实或证伪的论点。对于那些缺少严格的前提设定，没有充分的资料支撑，缺乏合乎逻辑的推理过程，仅仅凭借少数来路模糊的资料和数据，便一下子导出几个很"强"的结论的论著，我们概不收录。因为，在我们看来，提出一种观点和论证一种观点相比较，后者可能更为重要：观点未经论证，至多只是天才的猜测；经过论证的观点，才能成为科学。

我们提倡创新，还表现在研究方法之新上。这里所说的方法，显然不是指那种在时下的课题论证书中常见的老调重弹，诸如"历史与逻辑并重"、"演绎与归纳统一"之类；也不是我们在很多论文中见到的那种敷衍塞责的表述，诸如"理论研究与实证分析的统一"等等。我们所说的方法，就理论研究而论，指的是在某一研究领域中确定或建立基本事实以及这些事实之间关系的假设、模型、推论及其检验；就应用研究而言，则指的是根据某一理论假设，为了完成一个既定目标，所使用的具体模型、技术、工具或程序。众所周知，在方法上求新如同在理论上创新一样，殊非易事。因此，我们亦不强求提出全新的理论方法，我们的最低要求，是要按照现代社会科学的研究规范来展开研究并构造论著。

我们支持那些有影响力的著述入选。这里说的影响力，既包括学术影响力，也包括社会影响力和国际影响力。就学术影响力而言，入选的成果应达到公认的学科高水平，要在本学科领域得到学术界的普遍认可，还要经得起历史和时间的检验，若干年后仍然能够为学者引用或参考。就社会影响力而言，入选的成果应能向正在进行着的社会经济进程转化。哲学社会科学与自然科学一样，也有一个转化问题。其研究成果要向现实生产力转化，要向现实政策转化，要向和谐社会建设转化，要向文化产业转化，要向人才培养转化。就国际影响力而言，中国哲学社会科学要想发挥巨大影响，就要瞄准国际一流水平，站在学术高峰，为世界文明的发展作出贡献。

我们尊奉严谨治学、实事求是的学风。我们强调恪守学术规范，尊重知识产权，坚决抵制各种学术不端之风，自觉维护哲学社会科学工作者的良好形象。当此学术界世风日下之时，我们希望本《文库》能通过自己良好的学术形象，为整肃不良学风贡献力量。

李扬

中国社会科学院副院长

中国社会科学院博士后管理委员会主任

2012 年 9 月

序 二

在21世纪的全球化时代，人才已成为国家的核心竞争力之一。从人才培养和学科发展的历史来看，哲学社会科学的发展水平体现着一个国家或民族的思维能力、精神状况和文明素质。

培养优秀的哲学社会科学人才，是我国可持续发展战略的重要内容之一。哲学社会科学的人才队伍、科研能力和研究成果作为国家的"软实力"，在综合国力体系中占据越来越重要的地位。在全面建设小康社会、加快推进社会主义现代化、实现中华民族伟大复兴的历史进程中，哲学社会科学具有不可替代的重大作用。胡锦涛同志强调，一定要从党和国家事业发展全局的战略高度，把繁荣发展哲学社会科学作为一项重大而紧迫的战略任务切实抓紧抓好，推动我国哲学社会科学新的更大的发展，为中国特色社会主义事业提供强有力的思想保证、精神动力和智力支持。因此，国家与社会要实现可持续健康发展，必须切实重视哲学社会科学，"努力建设具有中国特色、中国风格、中国气派的哲学社会科学"，充分展示当代中国哲学社会科学的本土情怀与世界眼光，力争在当代世界思想与学术的舞台上赢得应有的尊严与地位。

在培养和造就哲学社会科学人才的战略与实践上，博士后制度发挥了重要作用。我国的博士后制度是在世界著名物理学家、诺贝尔奖获得者李政道先生的建议下，由邓小平同志亲自决策，经国务院批准于1985年开始实施的。这也是我国有计划、有目的地培养高层次青年人才的一项重要制度。二十多年来，在党中央、国务院的领导下，经过各方共同努力，我国已建立了科学、完备的博士后制度体系，同时，形成了培养和使用相结合，产学研相结合，政府调控和社会参与相结合，服务物质文明与精神文明建设的鲜明特色。通过实施博士后制度，我国培养了一支优秀的高素质哲学社会科学人才队伍。他们在科研机构或高等院校依托自身优势和兴趣，自主从事开拓性、创新性研究工作，从而具有宽广的学术视野、突出的研究能力和强烈的探索精神。其中，一些出站博士后已成为哲学社会科学领域的科研骨干和学术带头人，在"长江学者"、"新世纪百千万人才工程"等国家重大科研人才梯队中占据越来越大的比重。可以说，博士后制度已成为国家培养哲学社会科学拔尖人才的重要途径，而且为哲学社会科学的发展造就了一支新的生力军。

哲学社会科学领域部分博士后的优秀研究成果不仅具有重要的学术价值，而且具有解决当前社会问题的现实意义，但往往因为一些客观因素，这些成果不能尽快问世，不能发挥其应有的现实作用，着实令人痛惜。

可喜的是，今天我们在支持哲学社会科学领域博士后研究成果出版方面迈出了坚实的一步。全国博士后管理委员会与中国社会科学院共同设立了《中国社会科学博士后文库》，每年在全国范围内择优出版哲学社会科学博士后的科研成果，并为其提供出版资助。这一举措不仅在建立以质量为导向的人才培养机制上具有积极的示范作用，而且有益于提升博士后青年科研人才的学术地位，扩大其学术影响力和社会影响力，更有益于人才强国战略的实施。

今天，借《中国社会科学博士后文库》出版之际，我衷心地希望更多的人、更多的部门与机构能够了解和关心哲学社会科学领域博士后及其研究成果，积极支持博士后工作。可以预见，我国的博士后事业也将取得新的更大的发展。让我们携起手来，共同努力，推动实现社会主义现代化事业的可持续发展与中华民族的伟大复兴。

人力资源和社会保障部副部长
全国博士后管理委员会主任
2012 年 9 月

序

  几天前，胡思博告诉我其博士学位论文入选《中国社会科学博士后文库》，作为中国社会科学院创新工程学术出版资助项目成果，即将在社会科学文献出版社出版，请我为其作序，我十分欣慰。

  思博先前毕业于西北政法大学，获法学学士与硕士学位。2010年，思博以优异成绩考入中国政法大学，攻读民事诉讼法学博士学位。在校学习期间，思博虚心求教、认真钻研、勇于探讨，在密切关注我国《民事诉讼法》修改与完善的同时，一直潜心从事对民事裁定的比较研究，并将"民事裁定机理研究——对民事诉讼中程序问题处理机制的考察"确定为其博士学位论文选题，该选题受到中国政法大学优秀博士学位论文培育项目资助，论文则被评为第二届陈光中诉讼法学优秀博士学位论文。2013年7月，思博在获得法学博士学位后，作为检学联合培养的博士后，又师从最高人民检察院副检察长姜建初先生和中国人民大学法学院汤维建教授继续深造。

  民事裁定作为人民法院在诉讼中对各类程序性事项所做的判定，不仅种类繁多，适用广泛，直接关涉当事人诉讼权利的行使与实现，而且在很多情况下还影响到当事人实体权利的行使与实现。正因如此，现代法治国家对于以民事裁定为主要载体的程序公正无不给予高度重视，在立法上力图构建符合公正要求的程序制度。尽管我国《民事诉讼法》在2012年修改时对民事裁定的范围、理由和形式等做出了局部修正，但在民事裁定的适用范围、法官的中立性、当事人的参与性、程序的公开性、合理的救济途径等方面，仍存在诸多问题。目前，虽然理论界和实务部门都普遍认同与关注程序公正之独立价值，但对民事裁定这一事关程序公正的重要程序性判定的深入探讨、著述较少，专著则更为凤毛麟角。思博作为一位具有扎实法学理论功底的博士，将民事裁定作为其主要研究方向后，先后发表了近二十篇共计二十余万字的以民事裁定为研究对象的专业论文,收集了包括日本、德国、我国台湾地区等大陆法系和英美法系的相关资料上百万字,对民事裁定从理论与实证研究方面进行了深入而富有成效的探讨。

《民事裁定研究》一书,在深入考察、研究我国民事裁定制度之立法,以及两大法系民事裁定制度发展、立法与实践规律的基础上,以民事裁定为主线,探讨了两大法系民事裁定的差异与相互借鉴意义。综观该书,我认为有以下鲜明特色:第一,在研究思路上,该书以推动建立充分保护当事人诉讼权利的民事裁定制度为目标,对民事裁定原理做了较为详尽的阐述,论理性很强。第二,该书从比较研究的角度全面、系统剖析了两大法系民事裁定立法之不同,探索并总结了两大法系民事裁定制度应当共同遵循的规律。第三,该书在详尽实证研究与缜密理论论证基础上,对我国民事裁定立法存在的问题做了深入剖析并提出了很有建设性的完善建议,必将有力推进我国民事诉讼理论的发展和民事裁定制度的完善。

我作为思博的博士生导师,对他的勤奋和锲而不舍的钻研精神,对他的成长和取得的可喜成就,感到由衷高兴。虽然该书对于某些问题的研究还需要继续深入,一些观点也有待进一步商榷,但瑕不掩瑜,该书的研究成果对民事诉讼裁定制度的立法研究和司法实践都具有相当高的参考价值。"桐花万里丹山路,雏凤清于老凤声",我对思博的努力和成绩感到十分欣慰,并希望他的学术研究之路一如既往的坚实,是以欣然为序,并为祝贺!

宋朝武
中国政法大学教授、博士生导师,民事诉讼法研究所所长
中国民事诉讼法学研究会副会长
中国行为法学会执行行为研究会会长
2014年8月15日

摘　要

在当前越发注重和强调保护当事人诉讼权利和维护当事人诉讼权益的司法改革大背景下，深层次挖掘民事裁定制度的内在机理有着积极意义。

首先，目前国内外对民事裁定的研究基本处于空白状态，理论上的初始研究显得极为重要和迫切。以民事裁定为对象所开展的理论探讨能扩展我国民事诉讼研究领域的广度，打破对民事裁定的研究空缺，丰富对《民事诉讼法》研究的视角和途径。

其次，有效把握民事裁定的基本规律可提升审判机关对当事人诉讼权利的保护意识、强化当事人的诉讼权利保护手段。

再次，作为法定裁判方式和法定审判文书的民事裁定具有极大的严肃性和效应性，规范法官盲目滥用裁定的基础在于制定和完善裁定制度，以科学、翔实和具体的规定引导、规范法官的职权行为，实现办案透明化和裁判公开化。

本书以民事裁定的一般规律为研究对象，以发展时间为主轴，以体系为框架和支柱，下设七章，从适用范围、形成过程、表达形式、救济途径、法律效力、执行实施、立法体例七个不同的角度对民事裁定制度内部的几大相互关联且相互制约的基本原理予以考察。

关键词：民事裁定　适用范围　形成过程　表达形式　救济途径　法律效力　执行实施　立法体例

Abstract

In the context of the judicial reform emphasizing protection and safeguarding of parties' litigation rights and interests, as well as at the critical moment when CPL is undergoing comprehensive amendments, a deepen probe into the internal mechanism of civil procedural ruling system has its positive significance.

Firstly, both at home and abroad, the research on civil procedural ruling is a gap. Under that situation, the initial theoretical research is very important and urgent. In addition, the theoretic exploration on procedural ruling can widen the research horizon on Chinese civil procedure, fill the relevant research gap, and enrich research perspective and research approach.

Secondly, guiding principles of civil procedural ruling will greatly enhance the judge's awareness for the protection of parties' litigation rights, and strengthen the safeguarding measures for parties' procedural rights.

Thirdly, as a judgment mode and judgment document, civil procedural ruling has great seriousness and effect. To strengthen the theoretical research on civil procedural ruling is also a good way to assist the court to improve its civil adjudicature in general. Effective research can provide theoretical basis for the creation of a more transparent as well as a more open judicial trial atmosphere.

This book takes the general rule of civil procedural ruling as the research object, the development time as the spindle and the system as the framework and pillar, consists of seven chapters and discusses seven basic notions concerning the interrelated and interacted relationship among different dimensions of civil procedural rulings: scope, formation, form, remedies available, investigation the binding forces, enforcement and legislative layout.

Keywords: Civil Procedural Ruling; Scope; Formation; Form Remedies Available; Investigation the Binding Forces; Enforcement; Legislative Layout

目 录

引 言 ··· 1

第一章 民事裁定的适用范围 ·· 5
  第一节 我国民事裁判体系的构造 ··· 5
    一、我国民事裁判的发展历程 ·· 5
    二、我国现行的民事裁判体系 ·· 6
    三、民事裁定与民事判决的比较分析 ··································· 7
    四、现行民事裁定的适用范围 ·· 9
  第二节 民事裁定的作用对象 ·· 9
    一、程序法律事实与实体法律事实的关系 ·························· 10
    二、程序法律事实的表现形式 ·· 10
    三、程序法律事实的分类 ·· 10
    四、最为重要的程序法律事实——诉讼行为 ······················ 11
  第三节 民事裁定的学理分类 ·· 20
    一、以民事裁定的形成与救济关系为划分标准 ···················· 20
    二、以本位民事裁定的产生阶段与客体为划分标准 ············· 22
    三、以民事裁定在效果上的对应性为划分标准 ···················· 28
    四、以因同一程序性事实变化所产生的回转判断
        为划分标准 ··· 29
    五、以民事裁定的生成是否以其他机关所做的先行法律
        判断为基础为划分标准 ·· 29
  第四节 对民事裁判方式的分类及适用范围的比较法考察 ······· 30
    一、我国台湾地区 ··· 30

二、德国 ………………………………………………… 31
　　三、日本 ………………………………………………… 32
　　四、法国 ………………………………………………… 33
　　五、英国 ………………………………………………… 34
　　六、美国 ………………………………………………… 35
　　七、俄罗斯 ……………………………………………… 35
　第五节　我国民事裁定适用范围中的问题与对策 ………… 38
　　一、民事裁定和决定的竞合与整合 …………………… 38
　　二、民事裁定和命令的竞合与整合 …………………… 41
　　三、民事裁定和通知、处分的竞合与整合 …………… 43
　　四、民事裁定和部分判决的竞合与整合 ……………… 44
　　五、民事裁定对目前缺乏规制的程序事项的
　　　　扩展与牵制 …………………………………………… 47

第二章　民事裁定的形成过程 ………………………………… 52
　第一节　民事裁定的启动 …………………………………… 52
　　一、民事裁定的启动主体 ……………………………… 52
　　二、民事裁定的启动期限 ……………………………… 55
　第二节　民事裁定的生成 …………………………………… 56
　　一、审判组织 …………………………………………… 56
　　二、审理方式 …………………………………………… 58
　　三、程序性证明 ………………………………………… 61
　　四、基础裁定 …………………………………………… 63
　　五、中间裁定 …………………………………………… 63
　　六、先行裁定 …………………………………………… 64
　第三节　公证活动对民事裁定形成的辅助效用 …………… 65
　　一、对民事诉讼程序法律事实实施公证的积极意义 … 65
　　二、对民事程序法律事实进行公证性固化的操作 …… 66

第三章　民事裁定的表达形式 ………………………………… 73
　第一节　民事裁定的形式种类 ……………………………… 73
　　一、口头裁定 …………………………………………… 73
　　二、书面裁定 …………………………………………… 74

第二节　对我国民事裁定书样式和内容的改革与完善 …… 78
一、以合理的思维顺序全面列举并详细分析证据的可采性和证明能力 …… 78
二、裁定理由应在强化和细化的基础上充分公开 …… 78
三、加强民事裁定书中事实部分和法律部分的相互呼应和论证 …… 81
四、裁定书和判决书就程序性事项的记载与公开的竞合 …… 82
五、法官不同合议意见应记录进民事裁定书 …… 83

第三节　民事裁定书的科学构造 …… 85
一、民事裁定书的通用要素 …… 86
二、民事裁定书的特有要素 …… 88

第四节　民事裁定书的公开 …… 88
一、民事裁定书公开的意义 …… 89
二、民事裁定书公开的途径 …… 89
三、民事裁定书公开的范围 …… 92
四、拒绝公开的法律后果 …… 93

第四章　民事裁定的救济途径 …… 94

第一节　民事裁定的救济意义 …… 95
一、社会层面的意义 …… 96
二、当事人层面的意义 …… 97
三、法官层面的意义 …… 98

第二节　民事裁定救济的特征 …… 98
一、公力救济 …… 99
二、司法救济 …… 99
三、程序救济 …… 99
四、独立救济 …… 99
五、可选择性救济 …… 100
六、法定救济 …… 100
七、进一步救济 …… 100

第三节　对民事裁定救济机制的比较法考察 …… 101
一、我国台湾地区 …… 101

二、德国 …………………………………………………… 106
　　三、日本 …………………………………………………… 108
　　四、俄罗斯 ………………………………………………… 109
 第四节　民事裁定的补正 ……………………………………… 112
　　一、补正的属性 …………………………………………… 112
　　二、补正的启动 …………………………………………… 112
　　三、补正的主体 …………………………………………… 113
　　四、补正的类型 …………………………………………… 114
 第五节　民事裁定的更正 ……………………………………… 119
　　一、现行法所规定的民事裁定的更正措施 ……………… 120
　　二、对现行更正途径的检讨 ……………………………… 125
　　三、更正原则 ……………………………………………… 128
　　四、适用于当事人的更正措施 …………………………… 137
　　五、适用于当事人之外的利害关系人的更正措施 ……… 154

第五章　民事裁定的法律效力 ……………………………………… 157
 第一节　民事裁定效力的主观范围 …………………………… 157
　　一、民事裁定效力主观范围的有限性 …………………… 157
　　二、民事裁定效力主观范围的扩张 ……………………… 158
 第二节　民事裁定效力的时间范围 …………………………… 159
　　一、民事裁定的有效 ……………………………………… 160
　　二、民事裁定的不发生法律效力 ………………………… 166
　　三、民事裁定的无效 ……………………………………… 168
　　四、民事裁定的效力转换 ………………………………… 171
 第三节　民事裁定效力的作用范围 …………………………… 173
　　一、既判力 ………………………………………………… 173
　　二、约束力 ………………………………………………… 182
　　三、形成力 ………………………………………………… 182
　　四、执行力 ………………………………………………… 182

第六章　民事裁定的执行实施 ……………………………………… 184
 第一节　民事裁定的实施主体 ………………………………… 185
　　一、当事人 ………………………………………………… 185

二、法院 ……………………………………………… 185
　　三、其他诉讼参与人 ………………………………… 186
第二节　民事裁定的实施启动 ………………………………… 188
　　一、当事人启动 ……………………………………… 188
　　二、法院启动 ………………………………………… 188
第三节　民事裁定的实施措施 ………………………………… 189
　　一、程序性裁定的效力实现措施 …………………… 189
　　二、实体性裁定的效力实现措施 …………………… 191
第四节　对拒不实施民事裁定的强制实施 …………………… 191
　　一、拒不实施民事裁定的违法行为 ………………… 191
　　二、拒不实施民事裁定的法律后果 ………………… 194
　　三、对民事裁定的强制实施 ………………………… 195
第五节　民事裁定的实施期限 ………………………………… 201
　　一、民事裁定实施期限的起算 ……………………… 201
　　二、民事裁定实施期限的长短 ……………………… 201
第六节　民事裁定在救济期间的停止实施 …………………… 202
　　一、异议期间的程序指挥裁定不停止实施 ………… 203
　　二、上诉期间的实体性裁定和程序关口
　　　　裁定无法实施 …………………………………… 203
　　三、再审程序的不同阶段对民事裁定是否停止实施
　　　　有着不同的要求 ………………………………… 204

第七章　民事裁定的立法体例 ………………………………… 205

第一节　考察民事裁定立法体例的意义 ……………………… 205
　　一、立法体例的价值 ………………………………… 205
　　二、民事裁定的庞杂性 ……………………………… 206
第二节　对我国当前民事裁定立法体例的评析 ……………… 208
　　一、对民事裁定的定义存在缺陷 …………………… 208
　　二、总括性规定和具体性规定在结合中的
　　　　遗漏与重复 ……………………………………… 209
　　三、通用性规定的逻辑结构偏差 …………………… 210
　　四、裁判类型的混同化 ……………………………… 210
　　五、救济措施的分散 ………………………………… 211

第三节　改进我国民事裁定立法体例的合理化建议 …………… 211
     一、就民事裁定的通用性进行规定的立法体例 ………… 212
     二、就民事裁定的单独性进行规定立法体例 …………… 217

附录一　笔者对民事裁定的相关前期研究成果 ………………… 219

附录二　《民事诉讼法》2012年修改中涉及裁定的新内容 …………………………………………………………… 221

附录三　《民事诉讼法》对民事裁定的集中规定和分散规定 ……………………………………………………… 223

附录四　《民事诉讼法》对民事判决和民事裁定的并列规定 ……………………………………………………… 232

参考文献 ……………………………………………………………… 237

索　引 ………………………………………………………………… 252

致谢　自勉 …………………………………………………………… 256

Contents

Foreword /1

1 Scope of Civil Procedural Ruling /5

  1.1 Construct of China's Civil Jurisdiction System /5
      1.1.1 Development Process of Civil Jurisdiction /5
      1.1.2 Current Civil Jurisdiction System /6
      1.1.3 Comparative Analysis of Civil Procedural Ruling and Civil Judgment /7
      1.1.4 Scope of Current Civil Procedural Ruling /9
  1.2 Object of Civil Procedural Ruling /9
      1.2.1 Relationship between Legal Procedural Fact and Legal Real Fact /10
      1.2.2 Forms of Legal Procedural Fact /10
      1.2.3 Classification of Legal Procedural Fact /10
      1.2.4 The Most Important Legal Procedurlal Fact—Action of Litigation /11
  1.3 Classification of Civil Procedural Ruling /20
      1.3.1 Classification Standard of Formation and Relief /20
      1.3.2 Classification Standard of Stage and Object /22
      1.3.3 Classification Standard of Effect /28

        1.3.4 Classification Standard of Gyration from the Change
              of Legal Procedural Fact /29
        1.3.5 Classification Standard of whether or not Based on the
              Legal Judgment from Other Organs /29
  1.4 Comparative Research for Classification and Application /30
        1.4.1 China's Taiwan /30
        1.4.2 Germany /31
        1.4.3 Japan /32
        1.4.4 France /33
        1.4.5 Britain /34
        1.4.6 American /35
        1.4.7 Russia /35
  1.5 Problems and Countermeasures of the Application of
      Civil Procedural Ruling /38
        1.5.1 Integration of Civil Procedural Ruling and Decision /38
        1.5.2 Integration of Civil Procedural Ruling and Order /41
        1.5.3 Integration of Civil Procedural Ruling and Notice /43
        1.5.4 Integration of Civil Procedural Ruling and Judgment /44
        1.5.5 The Current Lack Restraint of Procedural Matters into
              Civil Procedural Ruling /47

2 Formation of Civil Procedural Ruling /52
  2.1 Beginning of Civil Procedural Ruling /52
        2.1.1 Beginning of Subject /52
        2.1.2 Beginning of Period /55
  2.2 Formation of Civil Procedural Ruling /56
        2.2.1 Trial Organization /56
        2.2.2 Trial Mode /58
        2.2.3 Procedural Proof /61
        2.2.4 Basic Civil Procedural Ruling /63

	2.2.5	Middle Civil Procedural Ruling	/ 63
	2.2.6	Ahead Civil Procedural Ruling	/ 64
2.3	Notarization Activities on the Formation of Civil Procedural Ruling		/ 65
	2.3.1	Positive Significance of Notarization Activities on Legal Procedural Fact	/ 65
	2.3.2	Methods of Notarization on Legal Procedural Fact	/ 66

3 Forms of Civil Procedural Ruling / 73

3.1	Kinds of Civil Procedural Ruling		/ 73
	3.1.1	Oral Civil Procedural Ruling	/ 73
	3.1.2	Written Civil Procedural Ruling	/ 74
3.2	Reform and Improvement on Written Civil Procedural Ruling		/ 78
	3.2.1	Comprehensive List and Analysis of Evidence	/ 78
	3.2.2	Civil Procedural Ruling Reason Should be Fully Open Based on Strengthening and Refinement	/ 78
	3.2.3	Strengthening the Connection of the Fact and Law	/ 81
	3.2.4	Legal Procedural Fact between Civil Procedural Ruling and Civil Judgment	/ 82
	3.2.5	Different Opinions Shall be the Part of the Written Civil Procedural Ruling	/ 83
3.3	Structure of Written Civil Procedural Ruling		/ 85
	3.3.1	Common Essential Factor	/ 86
	3.3.2	Special Essential Factor	/ 88
3.4	The Disclosure of Written Civil Procedural Ruling		/ 88
	3.4.1	Significance of Disclosure	/ 89
	3.4.2	Methods of Disclosure	/ 89
	3.4.3	Scopes of Disclosure	/ 92
	3.4.4	Legal Consequences of Refusing to Disclose	/ 93

4	Remedies of Civil Procedural Rulings	/ 94
	4.1 Significance of Remedy	/ 95
	4.1.1 Significance for the Social	/ 96
	4.1.2 Significance for the Party	/ 97
	4.1.3 Significance for the Court	/ 98
	4.2 Characteristics of Remedy	/ 98
	4.2.1 Public Remedy	/ 99
	4.2.2 Judicial Remedy	/ 99
	4.2.3 Procedural Remedy	/ 99
	4.2.4 Independent Remedy	/ 99
	4.2.5 Optional Remedy	/ 100
	4.2.6 Legal Remedy	/ 100
	4.2.7 Further Remedy	/ 100
	4.3 Comparative Research for Remedies	/ 101
	4.3.1 China's Taiwan	/ 101
	4.3.2 Germany	/ 106
	4.3.3 Japan	/ 108
	4.3.4 Russia	/ 109
	4.4 Supplement and Amendment	/ 112
	4.4.1 Attribute of Supplement and Amendment	/ 112
	4.4.2 Beginning of Supplement and Amendment	/ 112
	4.4.3 Subject of Supplement and Amendment	/ 113
	4.4.4 Type of Supplement and Amendment	/ 114
	4.5 Correction	/ 119
	4.5.1 Current Correction Measures	/ 120
	4.5.2 Review for the Correction Measures	/ 125
	4.5.3 Principle for Correction	/ 128
	4.5.4 Correction Measures for the Litigant	/ 137
	4.5.5 Correction Measures for Interested Parties	/ 154

5	**Legal Effect of Civil Procedural Ruling**		/ 157
	5.1 Subjective Scope of Legal Effect		/ 157
		5.1.1 Limitation of Subjective Scope	/ 157
		5.1.2 Extension of Subjective Scope	/ 158
	5.2 Time Range Scope of Legal Effect		/ 159
		5.2.1 Effectiveness	/ 160
		5.2.2 No Legal Effect	/ 166
		5.2.3 Ineffectiveness	/ 168
		5.2.4 Conversion of Effect	/ 171
	5.3 Function Scope of Legal Effect		/ 173
		5.3.1 Res Judicata	/ 173
		5.3.2 Binding Force	/ 182
		5.3.3 Forming Force	/ 182
		5.3.4 Executive Force	/ 182
6	**Enforcement of Civil Procedural Ruling**		/ 184
	6.1 Subject of Enforcement		/ 185
		6.1.1 Party	/ 185
		6.1.2 Court	/ 185
		6.1.3 Other Participants in the Proceedings	/ 186
	6.2 Beginning of Enforcement		/ 188
		6.2.1 Beginning by Party	/ 188
		6.2.2 Beginning by Court	/ 188
	6.3 Methods of Enforcement		/ 189
		6.3.1 Methods of Enforcement form Civil Procedural Ruling on Program Right	/ 189
		6.3.2 Methods of Enforcement form Civil Procedural Ruling on Entity Right	/ 191
	6.4 Enforcement to Refusing to Implement		/ 191
		6.4.1 Illegal Behavior of Refusing to Implement	/ 191

	6.4.2	Legal Consequences of Refusing to Implement	/ 194
	6.4.3	Enforcement of Civil Procedural Ruling	/ 195
6.5	Term of Enforcement		/ 201
	6.5.1	Start of Enforcement Term	/ 201
	6.5.2	Length of Enforcement Term	/ 201
6.6	Stop Enforcement during Remedy		/ 202
	6.6.1	Continue to Enforcement during Objection	/ 203
	6.6.2	Not Enforcement during Appeal	/ 203
	6.6.3	Stop Enforcement during Retrial	/ 204

7 Legislative Layout of Civil Procedural Ruling / 205

   7.1 Significance of the Legislative Layout / 205
      7.1.1 The Value of the Legislative Layout / 205
      7.1.2 The Complexity of Civil Procedural Ruling / 206
   7.2 Assessment of China's Current Legislative Layout / 208
      7.2.1 Definition of Defects / 208
      7.2.2 Omission and Repetition between the General Provisions and Specific Provisions / 209
      7.2.3 Deviation of Logic Structure for the General Rules / 210
      7.2.4 Confuse of Judgment Types / 210
      7.2.5 Dispersed Remedy Measures / 211
   7.3 Suggestion of the Legislative Layout / 211
      7.3.1 Legislative Layout of General Rules / 212
      7.3.2 Legislative Layout of Separate Rules / 217

Appendix I   Author's Previous Research Achievements of Civil Procedural Ruling / 219

Appendix II   New Contents of Civil Procedural Ruling in the Civil Procedure Law 2012 / 221

Appendix III Centralized and Scattered Regulations of Civil
　　　　　　　Procedural Ruling in the Civil Procedure Law　　　／ 223

Appendix IV Parallel Regulation of Civil Judgment and Procedural
　　　　　　　Ruling in the Civil Procedure Law　　　　　　　　／ 232

References　　　　　　　　　　　　　　　　　　　　　　　　／ 237

Index　　　　　　　　　　　　　　　　　　　　　　　　　　　／ 252

Acknowledgements　　　　　　　　　　　　　　　　　　　　　／ 256

图表目录

图 0-1　民事裁定的含义种类 …………………………………… 2
图 0-2　民事裁定的理论体系 …………………………………… 4
图 1-1　本位民事裁定的多层次分类 …………………………… 22
图 3-1　民事裁定书的标准样式和完整内容 …………………… 86
图 4-1　民事裁定的错误类型 …………………………………… 96
图 4-2　民事裁定内部更正中的一次性与多重性 ……………… 132
图 6-1　对实体性裁定申请执行的启动流程 …………………… 186
图 7-1　民事裁定的共性与个性 ………………………………… 207

表 1-1　现行法对民事裁定和民事判决规定的比较 …………… 8
表 1-2　民事裁定以形成与救济关系的基本分类 ……………… 21
表 1-3　一审程序、二审程序和再审程序的裁判方式比较 …… 24
表 1-4　审判程序中实体性裁定的种类分类 …………………… 25
表 1-5　程序性裁定依性质差异的分类比照 …………………… 26
表 1-6　程序准入与否裁定的列举 ……………………………… 28
表 1-7　积极裁定和消极裁定的对比性列举 …………………… 29
表 1-8　形成裁定和恢复裁定的对比性列举 …………………… 29
表 1-9　现行法对不予受理、驳回起诉和驳回诉讼请求的裁判比较 …………………………………………… 45
表 1-10　再审检察建议的刚柔并济的效力 …………………… 51
表 3-1　民事裁定书中法官不同意见的分类 …………………… 84
表 4-1　民事裁定救济中补正与更正的比较 …………………… 95

表 4-2　我国台湾地区民事诉讼中上诉和抗告的比较 …………… 103
表 4-3　先行裁定与裁定脱漏的比较 ………………………………… 116
表 4-4　现行法规定的民事裁判更正方式 …………………………… 119
表 4-5　对民事裁定更正体系的构建及相关措施明细 ……………… 138
表 4-6　现行法下民事复议制度的适用范围 ………………………… 139
表 5-1　现行法规定的民事裁判的生效时间 ………………………… 164
表 5-2　对民事裁定效力转换的例举 ………………………………… 172
表 6-1　民事裁定的实施履行主体与实施启动主体的对应 ………… 188
表 6-2　程序性裁定的效力实现措施中的多方结合 ………………… 190

引　言

民事裁定是我国《民事诉讼法》中出现频率高的专业词汇之一。民事裁定即民事程序性裁判，是在民事诉讼过程中，法院用以解决诉讼程序问题和涉及当事人部分实体权利义务关系的过渡性、中间性实体问题的权威性判定。民事裁定可做动态和静态两层理解（见图0-1）。"就诉讼法学而言，经过立法、以条文形式固定下来的民事诉讼法律及规则无疑处于静态，而对静态的规则加以解释、适用、发展的行为自然可以说是动态的。动静态的结合，构成了诉讼本身。"[①] 动态意义的民事裁定是指法院为解决原被告双方存在的程序性争议，针对诉讼中的程序问题及部分实体问题所进行的司法裁判和职权断定活动，其是法院行使审判权的方式之一，是法院依审判权所实施的诉讼行为。静态意义上的民事裁定包括抽象和具体两个层面，在实践中两个层面意义的民事裁定经常混用，其意思和内容基本趋于一致。抽象层面的静态民事裁定是指民事程序性裁判这一诉讼行为所产生的法律效果。表达形式譬如，原告可以对一审不予受理的裁定提出上诉。具体层面的静态民事裁定是指民事裁定书，即法院对诉讼中的程序问题及部分实体问题审理结束后所制作的载有对相关问题处理结果的法律文书，其是法院意志的有形载体，是对法院所进行的相关诉讼活动及形成的诉讼结果的证明文件。

民事裁定作为我国民事诉讼中的法定裁判方式，是民事诉讼制度的重要组成部分，是法院意志的载体，集中体现着对当事人诉讼权利的保护。民事裁定的适用范围具有一定的广泛性，一审普通程序、一审简易程序及包含其中的小额程序、二审程序、再审程序、非讼程序、特别程序以及执行程序中所有基本程序性法律问题和部分过渡性、中间性实体法律问题均

[①] 刘荣军：《民事诉讼行为瑕疵及其处理》，《中国法学》1999年第2期，第8页。

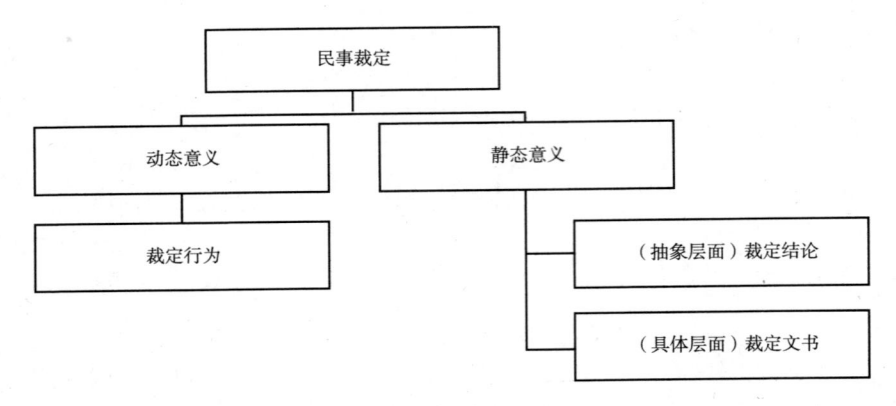

```
                    ┌─────────────┐
                    │  民事裁定   │
                    └──────┬──────┘
              ┌────────────┴────────────┐
        ┌─────┴─────┐              ┌────┴────┐
        │  动态意义 │              │ 静态意义│
        └─────┬─────┘              └────┬────┘
              │                ┌────────┴──────────┐
        ┌─────┴──────┐   ┌─────┴──────────┐  ┌────┴──────────┐
        │  裁定行为  │   │（抽象层面）裁定结论│  │（具体层面）裁定文书│
        └────────────┘   └────────────────┘  └───────────────┘
```

图 0-1 民事裁定的含义种类

需通过民事裁定予以解决。尽管《民事诉讼法》在 2012 年修改中对裁定范围、裁定理由和裁定形式做出了局部的修改完善（详见附录二），但从现行法的整体规定来看，对民事裁定的集中规定只有区区几条，许多重要的制度并未构建；具体规定尽管较多，但分散杂乱，相互的重复、矛盾屡屡存在；众多的司法解释对民事裁定规定的细化内容较为有限，成为《民事诉讼法》的明显漏洞所在。法律对该项制度规定的不完善造成了实务操作中的混乱，无法可依、有法不依、钻法漏洞的现象极为普遍。"如何设立一符合裁定程序法理需求之制度，乃民事诉讼学者亦应关心之课题。终究，若其程序之运作，过于复杂，对于诉讼进行将造成碍阻；但若未能兼顾当事人可能受违法裁定侵害之救济，则亦可能受合法性之质疑。此等法理间之冲突及协调，乃此一制度之发展基础，仍值得作为对现制之观察及讨论之用。"[①]

纵观国内民事诉讼法学界，虽然对民事判决的既判力、文书样式的研究已形成一定的潮流，但对民事裁定的研究尚处于未有效涉及的空白和边缘地带，对其理论扩展的深度和广度都有着极大的提升空间。至今国内尚无专门研究民事裁定的专著问世，当下对民事裁定的探讨多以简单介绍的形式散见于教科书之中，且介绍的内容也只是以现行法的基本规定为范围，仅包括民事裁定的概念，适用范围，民事裁定与判决、决定的区别，裁定书记载的内容及对部分重点裁定的简单剖析等几个有限方面，极度缺

---

① 姜世明：《民事诉讼法基础论》，元照出版有限公司 2011 年版，第 305 页。

乏深层次的理论解析和探讨，呈现出千篇一律的单调状态。用比较法的方法进行考察发现，各国在概念上对处理民事诉讼程序问题的手段有着不同的称谓，有些国家称之为"裁定"，有些国家称之为"决定"，还有些国家运用"判决"一并解决民事诉讼程序问题，这其中一些国家所称的"裁定"与我国的民事裁定存在实质性差异。就对处理民事诉讼程序问题的法定方式进行考察，法域外在该领域的先进技术和优良经验固然存在，但是经翻译被介绍到国内的不多。而在现有的稀少翻译资料中，与我国自身民事诉讼程序相符，能够直接为我国民事诉讼研究所吸收、借鉴并运用的更可谓少之又少。形成上述状况的原因，一是我国学者对类似我国民事裁定的外国裁判制度的介绍十分稀少，仅有的资料也只是在法典翻译和对民事判决研究过程中以辅助性内容的形式产生的，基本属于对其他理论进行分析之用的附带性介绍，不具备相应的深度，属于非系统介绍或专门研究的成果。二是目前对这些法域外成果的介绍数量少，凌乱且分散，缺乏集中梳理，导致没有形成统一的体系。相对而言，我国台湾地区有关民事裁定的资料略微丰富，此源于其民事诉讼法典在总则、一审程序、抗告程序等环节中对民事裁定均有相对完整的规定。尽管台湾地区各大通论性著作都对民事裁定做出了较为广泛的介绍和探讨，但有关民事裁定的专著还是比较少见的，这一领域仍有进一步深入挖掘的空间。

因此，对民事裁定理论体系的构建（见图0-2）有着重大的意义。第一，依法保障和维护当事人的诉讼权利，促进程序正义。"诉讼效率和诉讼公正是诉讼程序的两大主题，二者犹如司法天平两边的砝码，调控着整个诉讼程序各要素的配置。因此，二者是我国诉讼体制改革的两大目标。"[①] 第二，协助法院有效地指挥诉讼推动和解决程序问题，推动诉讼进程。法官在民事诉讼中以民事裁定的方式对程序性事项做出判定，这是法院行使民事审判权的重要表现。法官通过民事裁定可以有效地指挥诉讼，清除诉讼障碍，确保诉讼的顺利进行。"就民事诉讼而言，民事裁判过程实质上是审判人员行使审判权对双方当事人争议并诉诸法院的民事案件进行审理并作出民事裁判的过程。为了实现民事诉讼所承担的解决纠纷、定纷止争的社会功能，审判人员行使审判权的核心理应是对民事纠纷进行公正地裁判。"[②] 第三，以提

[①] 陈光中：《诉讼法理论与实践》，中国政法大学出版社2002年版，第3页。
[②] 杨秀清：《民事裁判过程论》，法律出版社2012年版，第48页。

高程序效率的形式有效降低当事人和法院的成本负担。程序公正与程序效率均为民事诉讼程序应当促成实现的重要价值，民事诉讼中许多制度的确立都需要综合程序公正与程序效率的双重价值目标。"效率与公正概念经常是一致的，只有在效率提高的前提下才能实现更高层次的公正。"[①] 民事诉讼过程中出现的程序问题是大量而琐碎的，法院以裁定的形式对程序问题做出迅速、规范的解决可以提高整体的诉讼进展并以此降低诉讼消耗。鉴于民事裁定是对程序性事项的处理，因此对民事裁定的相关规定应贯彻简便、迅速、灵活的司法理念，从民事裁定的做出、送达再到民事裁定的实施、救济，都应强调效率这一原则。第四，民事裁定是对审判机关实施监控，防止法官滥用权力的有效程序机制。公正的程序本身就意味着其具有一套能够保障法律准确适用的常规机制，可以排除选择和适用法律过程中的不当偏向。法官对程序性事项的判断同其他任何国家权力一样，如果缺乏合理的制约和监督机制，则极易被法官个人所滥用。为此，完善和强化民事裁定制度，可以有效地预防和减少法官的偏私行为，在一定程度上对法官的程序审判权进行规范和限制。

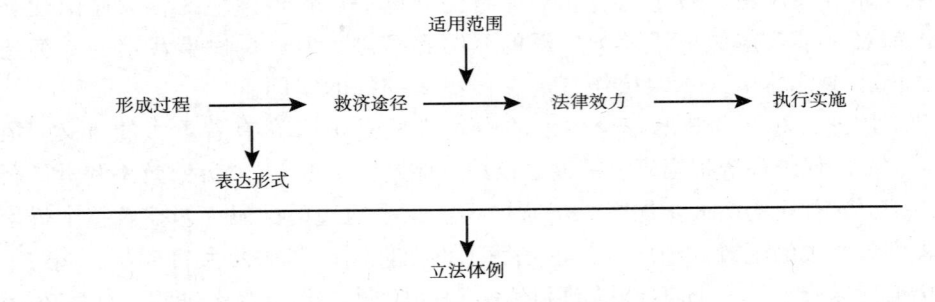

图 0-2　民事裁定的理论体系

[①] 肖建国：《民事诉讼程序价值论》，中国人民大学出版社 2000 年版，第 455 页。

第一章 民事裁定的适用范围

裁判是法院行使公权力对案件进行判断的表现和结论，体现着法院的意思表示，是法院所实施的诉讼行为中最为重要的一种。"民事诉讼中的法院裁判，是指在两造审理的原则下，作为中立者的法官对诉讼双方当事人之间侵害或争议的存在与否及其性质归属，所作出的事实上的判断和法律上的评价，以及在此基础上形成的纠纷解决方案。"[①]

第一节 我国民事裁判体系的构造

一、我国民事裁判的发展历程

在明代，"裁判制度中，将民事裁判分为裁定、判决和决定。民事裁定是指在民事诉讼过程中，民事受理或审理机关对所发生的有关诉讼程序上的问题所作的决断，是解决有关程序性质方面的问题的。明代最常见的民事裁定便是驳回起诉或上诉，当时称为'立案不行'，即各级民事审理机关在接到民事起诉或上诉时，都要首先审查一下是否符合受理条件，不符合者，用裁定形式驳回。民事判决与裁定不同，是审理机关通过对案件进行实体审理以后，根据已查明的事实和证据，依据有关法律，对当事人之间的有关民事争议所作出的决断。"[②]

---

① 谭兵：《外国民事诉讼制度研究》，法律出版社2003年版，第352页。
② 张晋藩：《中国民事诉讼制度史》，巴蜀书社1999年版，第164页。

在晚清，"《民事诉讼律草案》中，其将裁判分为判决、决定及命令三种。判决指审判衙门就当事人实体上及重要诉讼上请求之当否，本于当事人言词辩论所作的裁判。决定指审判衙门就简易诉讼上请求之当否或关于诉讼上指挥所作的裁判，不必本于当事人的言词辩论。命令指审判长受命推事或受托推事就简易诉讼上请求之当否或关于诉讼上指挥所作的裁判，也不必本于当事人言词辩论。对于判决得以控告或上告申明不服，对于决定及命令则不能申明不服。"①

在民国时期，"民事裁判制度仍然沿用了晚清《民事诉讼律草案》中民事裁判的规定，将裁判分为判决、决定及命令三种。判决是审判厅就当事人之间的实体争议所作出的裁判。民国时期的民事决定和命令就相当于我们现行的民事裁定，是审判厅关于诉讼上指挥所作的裁判。"②

二、我国现行的民事裁判体系

在我国，"法院裁判，是指人民法院在审理民事案件的过程中，根据案件的事实和国家的法律，针对审理案件过程中发生的各种问题所作出的判定。法院裁判由国家的审判机关根据国家的法律法规作出，体现出国家的意志。法院裁判是人民法院处理民事案件有关问题的手段，也是人民法院在审理案件过程中对案件相关问题作出判断或意见的表现形式，它体现了人民法院对具体案件及案件审理过程中特定问题的态度。"③ 我国现行民事裁判体系中，广义的法院裁判包括判决、裁定、决定、命令和通知等，而狭义的法院裁判即严格意义上的裁判则只包括判决和裁定。"判决、裁定、决定和命令被称为裁判的四种形式，但从民事诉讼的基本价值目标即公正价值和效率价值的角度来看，这四种形式各自因其所负载的使命不完全一样，其所体现的价值侧重点也并非完全一样。一般来说，判决、裁定、决定和命令与其所体现的公正价值大小成正比，而与其所体现的效率价值大小成反比，即判决所体现的公正价值最大而所体现的效率价值最小，依此类推。因此，前者相对于后者而言，对程序保障的要求相对

---

① 张晋藩：《中国民事诉讼制度史》，巴蜀书社1999年版，第164页。
② 张晋藩：《中国民事诉讼制度史》，巴蜀书社1999年版，第164页。
③ 潘剑锋：《民事诉讼原理》，北京大学出版社2001年版，第401页。

较高，其救济机制也相对较严密，而后者相对于前者而言，法院职权色彩相对较明显。"①

此外，在仲裁程序中，《仲裁法》并没有对仲裁机关就相关仲裁程序性问题的处理方式予以明确规定，裁决只适用于对实体性问题的处理。在仲裁实务中，仲裁庭通常使用"通知"和"决定"两种手段对程序性问题予以处理，且仲裁申请人与被申请人对上述程序性问题的处理结果没有独立的救济权，只能等待裁决形成后，将该裁决申请予以撤销或不予执行。

三、民事裁定与民事判决的比较分析

司法裁判可分为实体性裁判和程序性裁判两大类，前者是指法官就案件所涉及的实体性争议做出的裁判，后者是指法官针对诉讼中所涉及的程序性问题做出的裁判，英国学者将裁判程序称为"审判之中的审判"（a trial within a trial），将其视为一种"诉中诉"和"案中案"。② 两种裁判均不可或缺且后者具有自身的独立性。"法官仅有实体上的裁判权是不够的，法院还必须同时拥有对各种程序性事项的裁判权，如无此项裁判权，诉讼程序便无法运行。"③ 程序性裁判与实体性裁判之间存在内在关联性，公正的程序性裁判可使实体性裁判得到社会公众的认可和尊重。离开了程序性裁判的公正，最终裁判结果即使与客观事实相符，也不具有完整的公正性可言，程序的合理性是程序性裁判公正的基础。

就实体性裁判和程序性裁判划分的比较法考察，"裁判就其形式而言，有判决和裁定两种。原则上本于必要言词辩论对于当事人实体上权利争点，由法院依一定之程式而为之意思表示，谓之判决。其本于书面审理或任意言词辩论，对于当事人或其他诉讼关系人所为关于诉讼程序上的争点，由法院或审判长、受命法官、受托法官所为之意思表示，谓之裁定。"④

---

① 江伟：《民事诉讼法》，中国人民大学出版社2011年版，第271页。
② Micheal Zander, *The Police and Criminal Evidence Act 1984*, revised secondedition, Sweet & Maxwell, 1900, p.196, 转引自陈瑞华《程序性制裁制度的法理学分析》，《中国法学》2005年第6期，第154页。
③ 张卫平：《论民事诉讼法中的异议制度》，《清华法学》2007年第1期，第75页。
④ 王甲乙、洪慧慈、郑健才：《民事诉讼法新论》，三民书局2007年版，第233页。

"一般认为,法院就实体权利争点所为的意思表示,原则上以判决行之,以裁定行之者,乃属例外;而法院就程序事项所为的意思表示,原则上以裁定,以判决行之者也属例外。在德国、日本民事诉讼法中,法院关于诉讼成立要件事件的意思表示以诉讼判决形式体现,而在我国大陆和我国台湾地区,则以裁定进行。"[1]

从对案件实体问题和程序问题审判并存的角度而言,民事裁定和判决是居于同一体系之中的,共属民事裁判方式。判决与裁定作为最主要的两种裁判形态,其中又以判决更为典型。"裁定与判决一般,亦系法院做出决定而向外表示之意思表示,并期待发生一定的效果。"[2] 民事裁定和民事判决在很多原理和措施上是相似的,甚至是相通的,民事裁定只要不违背其性质,就可以援用有关判决的规定。目前国内对民事判决的研究程度明显优于民事裁定,吸收借鉴对民事判决的有效研究手段和优秀研究成果无疑是研究民事裁定的有效捷径。民事裁定与民事判决的比较详见表1-1。

表1-1 现行法对民事裁定和民事判决规定的比较

	民事判决	民事裁定
待处理争议	案件的实体争议	诉讼程序问题和部分实体争议
特点	在形式和救济机制上最完整	比较重视诉讼效率
当事人构造	两方对抗型	两方对抗型和单方独自型
言词辩论	必要	可能
做出时间	审判程序中全部或部分审理终结时	审判程序开始时、进行中、终结时和执行程序进行中
数量	一个,但可能通过多个先行判决、部分判决、中间判决的形式表现	可能一个,也可能多个,还可能一个也没有
形式	要式行为,必须是书面形式	非要式行为,书面形式和口头形式可自由选择,但存在强制书面的情形
救济方法	上诉、法院自行再审、申请再审、抗诉、检察建议	复议、异议、上诉、法院自行再审、申请再审、抗诉、检察建议

---

[1] 江伟:《中国民事诉讼法专论》,中国政法大学出版社1998年版,第184页。
[2] 姜世明:《民事诉讼法基础论》,元照出版有限公司2011年版,第291页。

四、现行民事裁定的适用范围

"诉讼法上之法院行为,除判决之外,均属裁定行为。但此一见解,固可视为系裁定之定义为极端之扩大化。其是否妥适,尚值进一步研究。"① 在我国,民事裁定作为法院在诉讼中就各种程序性事项所做的权威性、结论性认定,其形成的依据可以是广义的民事诉讼法,即《民事诉讼法》和相关司法解释。我国现行法中对民事裁定种类的具体规定包括集中规定和分散规定(详见附录三)。其中,集中规定分为《民事诉讼法》对民事裁定种类的集中式列举规定和《民事诉讼法》对集中规定的民事裁定种类的具体规定;分散规定分为《民事诉讼法》对民事裁定种类的分散规定和诸多司法解释(包括《最高人民法院关于适用〈中华人民共和国民事诉讼法〉若干问题的意见》等)对民事裁定种类的分散规定。其中,《民事诉讼法》第154条中"其他需要裁定解决的事项"的规定是对民事裁定种类进行分散规定的授权。

第二节 民事裁定的作用对象

"马克思将程序与法的关系比喻为植物的外形和植物的关系、动物的外形和血肉的关系。"② 民事诉讼作为处分权和审判权共同参与的过程,表现为当事人及其他诉讼参与人在审判人员的主持下按照法定程序从事诉讼活动,其是以履行连续不间断的法定程序为次序要件的。诉讼活动的协调、诉讼进程的推进均以法院的指挥为基础,程序性事项的裁判者是代表着居中裁判司法权的法院。法院指挥民事诉讼的法定方式为民事裁定,其是法院诉讼指挥权的表现形式。民事裁定的诉讼指向既包含其欲保护的对象,也包含其欲限制和规范的对象。民事诉讼程序法律事实作为民事裁定的作用对象,是与实体法律事实相对的一个概念,其是指能反映、

---

① 姜世明:《民事诉讼法基础论》,元照出版有限公司2011年版,第290页。
② 季卫东:《程序比较论》,《比较法研究》1993年第1期,第29页。

协助并满足民事诉讼活动的程序要求的相关案件情况,是能引发诉讼法律关系产生、变更和消灭的事实。当事人主张或请求相关程序措施的开展时,用于证明相关适用条件已经满足的事实即为民事诉讼中的程序法律事实。

一、程序法律事实与实体法律事实的关系

程序法律事实作为法官做出合法裁判所必不可少的要件事实,从表面上看并不与有待裁判的实体争议直接关联,但其关系到诉讼程序的发生、发展、中止和终结,直接影响到当事人的诉讼权利,而程序活动的开展必定会对实体审理结果产生侧面影响,因此程序法律事实对民事权利义务的最终分配也有着重大意义。通常,程序法律事实是独立存在的,其集中体现着程序意义上的价值,但也时常出现程序法律事实与实体法律事实相竞合的情形,即某一法律事实在诉讼的某些阶段中重在支持程序性问题,而在其他诉讼阶段中又重在支持实体性问题。此外,某些程序法律事实并不独立存在而是依附于实体法律事实中的。

二、程序法律事实的表现形式

程序法律事实的表现载体通常为一个或一套证据材料。当证据材料经质证、认证、被采信进而转化为定案证据时,程序法律事实的本质属性就得以升华并发挥出相应功能。程序法律事实既可能产生于诉讼活动开展过程中,也可能产生于诉讼程序启动之前的民事纠纷发生过程中,甚至是民事纠纷发生之前。鉴于诉讼程序或是依当事人申请启动,或是依法官职权启动,或是依当事人申请与依法官职权相结合启动,因而程序法律事实既可由当事人提出,也可由法官依职权探知。

三、程序法律事实的分类

1. 程序性争议与程序性请求事项

民事诉讼法律事实作为民事诉讼法所规定的程序性事项,包括程序性争议与程序性请求事项两类。程序性争议是指原被告双方就某一程序事实

的合法性所发生的争议，程序性请求则是指原告或被告为启动某一程序或实现某项程序权利而向法官提出的申请事项。

2. 动态程序性事项和非动态程序性事项

民事诉讼法律事实存在动静两种存在形态。动态程序性事项主要包括是否准许启动、中止、恢复或终结普通审判程序、简易程序、保全程序、先予执行程序、证据调查收集程序、开庭审理程序、督促程序、公示催告程序、特别程序、执行程序在内的相关事实等。非动态程序性事项主要是指法院实施与程序运行无直接关联的决策时所依据的事实，如关于回避的事实、实施强制措施的事实、实施各种执行措施的事实等。

3. 诉讼事件与诉讼行为

诉讼事件和诉讼行为的主要区别在于程序法律关系发生相关变化的原因是否在于人的意志因素的加入。其中，诉讼事件是指不以主体的意志为转移，仅因事实状况的客观变更而发生相应的诉讼效果。譬如，当事人的死亡可能引发审判和执行的中止（财产案件）或终结（人身案件或财产案件）。《民事诉讼法》第150条规定："有下列情形之一的，中止诉讼：（一）一方当事人死亡，需要等待继承人表明是否参加诉讼的……"第151条规定："有下列情形之一的，终结诉讼：（一）原告死亡，没有继承人，或者继承人放弃诉讼权利的；（二）被告死亡，没有遗产，也没有应当承担义务的人的……"诉讼行为则因行为人的意识活动产生相应的诉讼效果，其数量较为庞大。

四、最为重要的程序法律事实——诉讼行为

"程序事项在重要性上并非等值的，而有程度差异。"[1] "诉讼行为之概念乃为诉讼法之中心点。"[2] 诉讼行为是一个概括性概念，不是单指某一具体的行为。"诉讼行为理论是构筑独立的民事诉讼法体系的理论出发点。"[3] 对于诉讼行为的界定，日本学者谷口安平认为："能够在诉讼法上

---

[1] 汤维建：《民事诉讼法的全面修改与检察监督》，《中国法学》2011年第3期，第77页。
[2] 德国法学家绍尔（Sauer）语，转引自曹鸿澜《刑事诉讼行为之基础理论（1）——刑事诉讼行为之效力》，台湾《法学评论》1974年第6期，第79页。
[3] 刘荣军：《民事诉讼行为瑕疵及其处理》，《中国法学》1999年第3期，第113页。

引起一定效果的行为就是诉讼行为。"① 台湾学者陈朴生认为:"诉讼行为是构成诉讼程序所实施合乎诉讼法上定型之行为,并足以发生诉讼法上效果者。"② 笔者认为,民事诉讼行为是民事诉讼法律关系主体基于其特定诉讼目的和诉讼利益所有意识实施的具有民事诉讼法律意义或能够引起民事诉讼法律效果即民事诉讼法律关系产生、变更或消灭的活动。"在民法法系,诉讼行为被认为是推动民事诉讼法律关系产生、发展和消灭的主要动力;在普通法法系,尽管不以法律关系理论阐释法律现象,诉讼行为客观上具有同等的意义。从本质上讲,诉讼行为的正当性是诉讼参与者权力与责任、权利与义务分配的正当性,这往往构成一国民事司法政策的核心问题。"③ 诉讼行为作为一种发生在诉讼领域的法律行为,其贯穿于诉讼活动的始终,是诉讼活动的基本构成要素,是各方主体的诉讼意志的载体。诉讼行为是实现诉讼目的的直接手段,是诉讼进程的推进方式,是诉讼效果的达成工具。

诉讼行为的有效与无效是以其构成要件为判断标准的,其要件完整与否将直接影响其效力。"由于民事诉讼对规范性的注重,一般来说,民事诉讼法对诉讼行为的要件以及法律效果均设有明文规定。但是,民事诉讼是一种与人类行为密切相关的复杂的社会现象,而且随着社会的发展不断发生变化,任何一部《民事诉讼法》都不可能以有限的法律条文穷尽所有的现实的诉讼行为形态。因此,对于诉讼行为的认识,一方面要以现行的法律规定为基础,另一方面,又不能局限于法律的明文规定。"④ "从私法诉权角度看,民事诉讼行为是实现私法上请求权的行为,与民事法律行为并无二致;从公法诉权角度看,民事诉讼行为是实现公法上的司法保护请求权的行为,与民事法律行为在性质上是不同的。"⑤ 鉴于民事诉讼法律关系中因主体的多元化而引发的复杂性,民事诉讼行为不能完全套用民事法律行为的分析模式。

---

① [日]谷口安平:《程序的正义与诉讼》,王亚新、刘荣军译,中国政法大学出版社 1996 年版,第 135 页。
② 樊崇义:《诉讼原理》,法律出版社 2003 年版,第 385 页。
③ 韩昌言:《民事诉讼中的诉讼行为论》,《人民法院报》2006 年 1 月 13 日第 B04 版。
④ 邹政:《诉讼行为界定标准重述——兼论与私法行为的区别》,《西南政法大学学报》2010 年第 6 期,第 51 页。
⑤ 韩昌言:《民事诉讼中的诉讼行为论》,《人民法院报》2006 年 1 月 13 日第 B04 版。

1. 诉讼行为的主体多元性

并非任何人的行为都是诉讼行为，诉讼行为的实施主体包括当事人、法院、检察院和其他诉讼参与人，但也并非每一诉讼法律关系主体的所有行为都是诉讼行为。通常情形下，特定的诉讼行为只能由特定的诉讼法律关系主体予以实施，适格主体在实施时必须具有诉讼行为能力，具备相应的诉讼地位和诉讼资格，同时所实施的行为与行使诉讼权利和履行诉讼义务有直接关联，否则将构成越权行为，无法产生相应的诉讼法律效果。"民事诉讼中各种主体的诉讼行为，构成了民事诉讼程序富有活力的内容，各种主体的各种诉讼行为的交错，结成了相互关联的行为锁链，在诉讼程序中形成张力和收缩力，从而才使得诉讼程序本身具有了永恒不变的生命力。"①

"在民事诉讼中，各种诉讼主体的各种诉讼行为结成了相互关联的行为锁链和诉讼关系，推动民事诉讼程序向着判决这一目标而展开。"② 根据诉讼行为的主体资格，其可分为当事人行为、法院行为、检察院行为和诉讼参与人行为，各种诉讼主体因诉讼地位的不同进而能实施的诉讼行为亦不尽相同。鉴于不同主体在各自实施相关诉讼行为时所依据的权力性质和权利基础不同，法院行为和检察院行为在性质上属于公法行为，具有职权性，是国家行为的一种，是以司法权和公职义务为基础的，"此项行为所受之支配规定，与当事人行为所受支配规定完全不同"③；而当事人行为和诉讼参与人行为则属于私法行为，具有非职权性，是以自身的诉讼权益和依法享有的诉讼权利为基础的。

（1）当事人所实施的诉讼行为包括预备行为、启动行为、推动诉讼行为和终结诉讼行为等。从分类上看，"当事人的诉讼行为可划分为诉前行为和诉讼系属中行为，要求法院实施一定行为的行为、向法院提供必要的审判资料的行为与终结诉讼的行为，权利性行为、义务性行为与责任性行为等"。④ 不同当事人在不同诉讼过程中所实施的诉讼行为不同，同一当事人在不同诉讼过程中所实施的诉讼行为不同，同一当事人在同一阶段

---

① ［日］河野正宪：《当事人行为的法律构造》，弘文堂1988年版，第155页。
② 邵明：《民事诉讼行为要论》，《中国人民大学学报》2002年第2期，第101页。
③ 陈荣宗、林庆苗：《民事诉讼法》，三民书局1996年版，第455页。
④ 参见廖永安、彭熙海《当事人诉讼行为理论初探》，《南京大学法律评论》2004年第2期，第150页。

所实施的诉讼行为也会存在差异。当事人作为民事诉讼法律关系的主要参与者，其所实施的诉讼行为是推动民事诉讼程序向前发展的中坚力量，在很大程度上影响着诉讼的发展方向和结果。

（2）法院所实施的诉讼行为包括审前行为、审理行为、裁判行为和执行行为等，可进一步细化为法官行为、书记员行为、翻译员和法警行为。"法院（广义）所为之诉讼行为，乃法院（狭义）、审判长、受命推事、委托推事、书记官等裁判机关（广义之法院），关于特定诉讼所为诉讼行为之总称。"① 法院的诉讼行为"部分用于程序内部发展的行为，如收集资料、调查证据等，部分用于程序外部过程的行为，如指挥诉讼的进行、指定期间以及传讯等"。② 法院的诉讼行为虽为公法行为，但常与私权有关。

（3）检察机关所实施的诉讼行为主要是诉讼监督行为。《民事诉讼法》在2012年修改后，检察机关可实施的诉讼监督行为在原有抗诉的基础上，增加了检察建议这一新型诉讼监督行为。《民事诉讼法》第208条第2款规定："地方各级人民检察院对同级人民法院已经发生法律效力的判决、裁定，发现有本法第二百条规定情形之一的，或者发现调解书损害国家利益、社会公共利益的，可以向同级人民法院提出检察建议，并报上级人民检察院备案；也可以提请上级人民检察院向同级人民法院提出抗诉。"第3款规定："各级人民检察院对审判监督程序以外的其他审判程序中审判人员的违法行为，有权向同级人民法院提出检察建议。"

（4）诉讼参与人所实施的诉讼行为主要是诉讼协助行为。③ 诉讼参与人的多样性决定了诉讼协助行为的丰富性。

2. 诉讼行为的动态性

"诉讼过程是动态发展的诉讼行为的集结。诉讼行为是将静态诉讼程序规定动态化、具体化，诉讼行为的动态推进构成了诉讼程序。"④ 各类诉讼行为在诉讼过程中的紧密联系推动着诉讼活动的向前进展。诉讼行为在诉讼活动中的动态表现体现出诉讼程序的规律性和连续性，不同诉讼行为的前后相连促进了诉讼程序向前发展。

---

① 王甲乙、杨建华、郑健才：《民事诉讼法新论》，三民书局1981年版，第111页。
② 参见陈荣宗、林庆苗《民事诉讼法》，三民书局1996年版，第455页。
③ 参见宋朝武主编《民事诉讼法学》，中国政法大学出版社2013年版，第56页。
④ 刘荣军：《德国民事诉讼行为论学说之展开》，《诉讼法论丛》第一卷，法律出版社1998年版。

3. 诉讼行为的意志性

诉讼行为在意思表示即主观要件上的合格表现为明确、确定和真实，且与诉讼行为一致。意思表示欠缺或有瑕疵的诉讼行为虽对其成立与否无直接影响，但会影响到该行为的效力，欺诈、胁迫、错误、虚假表示等主观状态是认定为意思表示不真实的因素。"现代大陆法系学说主张，意思表示真实作为诉讼行为的成立或生效要件，实际上涉及两种诉讼价值观的冲突，即强调实体正义还是注重程序的实效性（程序的安定性和迅速性）。民事诉讼是为了解决当事人间的权利义务争议而设立的制度，因此既要强调实体正义的实现，又要符合程序实效性，两者不能偏废。"① 但是，对于意思表示有瑕疵的诉讼行为，不得随意撤销。"如果允许当事人以意思瑕疵为由任意撤回或撤销诉讼行为，势必发生将已进行的全部程序推翻而变为无效，从而有害于诉讼程序的安定确实，使当事人无从信赖诉讼程序，且使诉讼程序发生复杂而迟延。"②

4. 诉讼行为的内容法定性

诉讼行为的内容要符合法律规定，须是诉讼法认可的诉讼事项。"诉讼法属于公法范畴，其中许多内容不允许当事人按照私法自治的原则进行自由处分。当事人处分权的行使要严格受制于诉讼法的规定。因此，当事人必须在诉讼法规定的范围内实施诉讼行为。此外，按照权利义务相一致的法治原则，当事人在实施诉讼行为时不得故意损害他人或国家的利益。对于内容不合法的诉讼行为人民法院可以依职权或利害关系人的申请，宣布无效或予以撤销。"③

5. 诉讼行为的形式法定性

诉讼主体的诸种诉讼行为必须具备法定形式，这源于民事诉讼的程序性特点。通过对形式要件的严格设置，可达到规范诉讼主体行使诉讼权利和履行诉讼义务的目的。譬如，当事人在起诉的时候应向人民法院提交起诉状，《民事诉讼法》第121条规定："起诉状应当记明下列事项：（一）原告的姓名、性别、年龄、民族、职业、工作单位、住所、联系方式，法人

---

① 廖永安：《民事诉讼理论探索与程序整合》，中国法制出版社2005年版，第125页。
② 廖永安、崔峰：《当事人诉讼行为与民事法律行为关系考》，《法律科学》2004年第1期，第83页。
③ 廖永安、彭熙海：《当事人诉讼行为理论初探》，《南京大学法律评论》2004年第2期，第155页。

或者其他组织的名称、住所和法定代表人或者主要负责人的姓名、职务、联系方式；（二）被告的姓名、性别、工作单位、住所等信息，法人或者其他组织的名称、住所等信息；（三）诉讼请求和所根据的事实与理由；（四）证据和证据来源，证人姓名和住所。"又如，《民事诉讼法》第152条规定："判决书应当写明判决结果和作出该判决的理由。判决书内容包括：（一）案由、诉讼请求、争议的事实和理由；（二）判决认定的事实和理由、适用的法律和理由；（三）判决结果和诉讼费用的负担；（四）上诉期间和上诉的法院。判决书由审判人员、书记员署名，加盖人民法院印章。"再如，《民事诉讼法》第165条规定："上诉应当递交上诉状。上诉状的内容，应当包括当事人的姓名，法人的名称及其法定代表人的姓名或者其他组织的名称及其主要负责人的姓名；原审人民法院名称、案件的编号和案由；上诉的请求和理由。"但是，对诉讼行为的形式要求应避免绝对化，"如果过分强调诉讼行为的形式，有时又会损害民事诉讼实体公正的实现，影响诉讼效率的提高，因而立法和司法者又经常通过公正与效率、安全与自由的价值权衡来决定特定诉讼形式的违反是否应作为影响诉讼行为成立或生效的因素"。①

6. 诉讼行为的场所要求

诉讼行为应在相应的诉讼场所进行。譬如，开庭必须在法庭上进行。又如，送达应根据其种类在法定的场所进行。

7. 诉讼行为的关联性和牵连性

根据同一诉讼活动中实施诉讼行为的参与主体数量，其可分为单一诉讼行为和复合诉讼行为。

（1）单一诉讼行为并非指某一主体所单独实施的诉讼行为，其通常表现为决定行为，包括当事人基于私权利所做的决定和司法机关基于公权力所做的具有约束力的决定。其中，当事人的决定既可针对法院做出，也可针对对方当事人和第三人做出，比如起诉；司法机关的决定，比如法院的判决和检察院提出的抗诉和检察建议。

（2）复合诉讼行为是就不同主体所共同实施的诉讼行为而言。某些诉讼行为由两个以上不同性质的诉讼主体共同实施，其具有双重属性，从不同的主体角度而言，具有不同的行为性质。复合诉讼行为通常可细分为

---

① 廖永安：《民事诉讼理论探索与程序整合》，中国法制出版社2005年版，第126页。

若干子行为，这些子行为是无法单独存在的，其与其他相关子行为的互动运作过程即构成了复合诉讼行为的本身。这其中既包括原因与结果的联系，也包括目的与手段的联系。

复合诉讼行为从主体类型上可划分为当事人之间的自由合意即同一诉讼法律关系主体诉讼行为之间的联系，以及当事人与司法机关的共同参与即不同诉讼法律关系主体之间的联系。其中，当事人之间的自由合意诉讼行为通常是以诉讼契约的形式表现出来的，而当事人与司法机关的共同参与的行为称为取效性诉讼行为，即"无法单独直接获取其所要求的诉讼效果，必须借助法院相应的行为才能获取所要求的诉讼效果"。① 比如，调解、和解、协议管辖、证据交换、开庭等诉讼活动，其需要原被告双方当事人和法院共同参加才可完成。从当事人与司法机关的互动关系上看，该类复合诉讼行为可表现为合作性或对抗性。"诉讼行为的关联性要求诉讼法律关系主体在实施诉讼行为时，应认识到自己的诉讼行为可能会给其他诉讼法律关系主体以及整个诉讼程序产生的影响，进而认真选择自己适当的诉讼行为。"②

8. 诉讼行为的渐进性和顺序性

诉讼活动是由前后不断的众多诉讼行为有序构成的，而诉讼行为是按照法定顺序在一种截然有序的诉讼程序中进行的，是以阶段性为间隔依据的，体现着手段与目的、原因与结果之间的联系。在诉讼过程中，诉讼行为只能在特定的诉讼阶段进行，前一阶段的诉讼行为不能人为地延至后一阶段，后一阶段的诉讼行为也不能主观地移至前一诉讼阶段。就同一主体实施诉讼行为的顺序性而言，前诉讼行为是引发后诉讼行为的前提和基础，后诉讼行为必须以前诉讼行为的有效为进行前提。譬如，原告只有在起诉成立之后，才能申请撤诉。就不同主体实施诉讼行为的顺序性而言，前诉讼主体的诉讼行为是引发后诉讼主体的诉讼行为的前提和基础。譬如，原告只有在合法起诉之后，法院才可依法受理；只有在法院依法受理后，被告才可答辩。"诉讼上的禁反言，主要是防止一方当事人以及诉讼参与人之间实施前后相互矛盾的诉讼行为，从而损害相对方当事人的利

---

① 邵明：《民事诉讼行为要论》，《中国人民大学学报》2002年第2期，第103页。
② 邹政：《诉讼行为界定标准重述——兼论与私法行为的区别》，《西南政法大学学报》2010年第6期，第53页。

益。例如，在诉讼进行中，在程序内或者程序外，由于一方当事人先行实施了一定的诉讼行为，而令相对方当事人对该行为深信不疑并实施了相应的诉讼行为后，实施先行诉讼行为的当事人一方又作出与先行行为相矛盾的行为时，就有可能危害后实施诉讼行为的当事人的利益。对此，法院便可以依据诚实信用原则否定先行行为人实施的后行行为。"①

9. 诉讼行为在产生时间上的延展性

"为了把握形成效果的本质特征，应该明确效果的扩展范围及其对象。就范围来说，从程序的开始到裁判，乃至程序的终结，都属于效果的射程范围之内。在这一范围内的效果可及的对象有两重，一是作为过程的诉讼的发展，二是作为过程发展目标的裁判。"② 诉讼行为的发生并不限于诉讼进程中，诉讼开始前和诉讼结束后都会存在某些诉讼行为的发生，当然该类诉讼行为通常是以当事人为引发主体的。当事人在诉讼开始前所实施的部分蕴含着诉讼意识的行为，因其旨在为将来的诉讼做准备，引起了诉讼效果的发生，因此其在性质上属于诉讼行为。譬如，起诉前当事人书面委托诉讼代理人的行为、利害关系人之间的协议管辖行为等。当事人在诉讼结束后所实施的诉讼行为，旨在纠正已结束的诉讼中的错误，如当事人申请执行回转。

10. 诉讼行为的期限性

"在讨论审判应有的作用时不能无视成本问题。因为，无论审判能够怎样完美地实现正义，如果付出的代价过于昂贵，则人们往往只能放弃通过审判来实现正义的期望。"③ 诉讼行为主体所实施的诉讼活动必须在法定期限内完成，这是对当事人行使权利的时间要求，是对诉讼成本和诉讼效率的保障。诉讼主体在法定期限内对相应诉讼行为的不予实施或懈怠实施将直接致使相关诉讼权利的丧失与消灭。答辩期限、上诉期限、再审申请期限、审理期限等制度均为对各方主体诉讼行为的期限限制。

11. 诉讼行为方式的多元化

诉讼的本质就是诉讼法律关系主体通过一系列相互联系的诉讼行为共

---

① 张家慧：《当事人诉讼行为与诚实信用原则》，载陈光中、江伟主编《诉讼法论丛》第六卷，法律出版社 2001 年版，第 788 页。

② [日] 上村明广：《关于民事诉讼的诉讼行为概念》，《冈山大学法经协会杂志》第 29 号，第 67—68 页。

③ [日] 棚濑孝雄：《纠纷的解决与审判制度》，王亚新译，中国政法大学出版社 2004 年版，第 267 页。

同推进实体争议解决的动态过程。根据诉讼行为的客观表现方式,其可分为诉讼作为和诉讼不作为。

(1) 作为即积极行为,其要求行为人以动态的形式积极做出一定的行为进而改变现状,是诉讼法律关系主体对诉讼权利的行使和对诉讼义务的履行或积极背向。诉讼作为包括可替代性和不可替代性两类。对于可替代性作为,第三人可代替完成并产生与作为义务承担人亲自履行相同的法律效果,因此当作为义务承担人不履行时,可以采取代替履行的实施方法,由此产生的费用由作为义务承担人承担。而不可替代性作为具有较强的人身性,代为履行的方法无从适用,只能由特定义务人亲自为该行为,不可由义务人以外的其他人替代履行。

(2) 不作为即消极行为,其旨在以容忍或禁止的形式保持现状,是诉讼法律关系主体放弃诉讼权利或对诉讼义务进行消极抵制,包括临时性和持续性两类。前者比如拒绝作证,后者比如不得对同一案件重复起诉、放弃上诉等。

12. *诉讼行为可以附期限,但不能附条件*

对于附期限的诉讼行为,在期限到来之前,该诉讼行为处于效力不确定的状态。譬如,一审法院进行判决即是附期限的诉讼行为,在上诉期限届满前,该判决不发生法律效力。但是,诉讼行为不能附条件。"由于诉讼行为系建于其他另一诉讼行为之上,所以在诉讼中诉讼行为间的关系必须确定。若诉讼行为附条件则无法符合诉讼行为之间的关系必须确定的要求。诉讼行为如以将来不确定的事实为条件,则该诉讼行为的效果不确定,对方当事人和法院就必须等待该诉讼行为所附条件是否成就才可实施后行的诉讼行为,这种情况不利于诉讼程序的顺畅进行并导致诉讼的迟延。"[1]

13. *诉讼行为效果的多样性与复合性*

某一法律行为可能兼具诉讼行为和实体行为的双重属性,产生效力上的竞合。"有一些诉讼行为不仅能够产生诉讼法效果,也能产生实体法效果,比如,合法的起诉行为就能够产生中断时效的实体法效果。"[2] 又如,债权债务的转移还能体现出当事人主体变更的诉讼效果,在此层面上为诉讼行为。就同一法律行为的实体效力和诉讼效力而言,在一定的法律环境

---

[1] 廖永安、崔峰:《当事人诉讼行为与民事法律行为关系考》,《法律科学》2004年第1期,第83页。
[2] 邵明:《民事诉讼行为要论》,《中国人民大学学报》2002年第2期,第101页。

之下其必然呈现一定程度的偏重，进而划分为基础效力和附随效力。"由于诉讼行为也可能具有实体法的后果，因此应当以行为的典型功能为准，或者视其主要效力是否在诉讼法中。"① "如果行为（指当事人行为）的效力既在诉讼法中又在民法中有规定……在这些情况下，对于当事人行为归类具有决定意义的是：它的哪些效果是第一位的。"②

第三节　民事裁定的学理分类

"法院在诉讼过程中能够做出的裁定在数量上非常之多，这与判决的惟一性形成了对照。"③ 虽然民事裁定绝大部分都是解决程序问题的，但仍有一小部分涉及实体问题，且即便是处理程序问题的民事裁定也具有不同的特性，并非千篇一律。"我国裁定的形成程序、效力和救济途径较为多样，但因缺乏准确的分类标准而未形成层次。"④ 划分各类救济措施的分工范围，首先要解决的是客体界定问题，因此有必要分门别类、因地制宜地对民事裁定进行分类研究。"分类的价值不在于叙述事实，而在于分类所支持的理论预设。"⑤ 民事裁定通过分类，其特性和功能更为清晰和明确，便于法官和当事人进一步认识和把握其内在运行规律。

一、以民事裁定的形成与救济关系为划分标准

根据民事裁定的形成与救济关系，可将其分为本位裁定、救济审查结论裁定和救济审理结果裁定（见表1-2）。首先，本位裁定通常出现于本诉审理程序中，即对民事实体权利义务关系的确定和实现进行处理的程序中，包括实体争议的一审普通程序、一审简易程序及其内设的小额程序、

---

① ［德］罗森贝克、施瓦布、戈特瓦尔德：《德国民事诉讼法（上册）》，李大雪译，中国法制出版社2007年版，第427页。
② ［德］奥特马·尧厄尼希：《民事诉讼法》，周翠译，法律出版社2003年版，第165页。
③ 汤维建：《民事诉讼法的全面修改与检察监督》，《中国法学》2011年第3期，第77页。
④ 傅郁林：《先决问题与中间裁判》，《中国法学》2008年第6期，第160页。
⑤ 夏勇：《权利哲学的基本问题》，《法学研究》2004年第3期，第4页。

二审程序、再审程序、非讼程序、特别程序和执行程序。本位裁定在本诉审理程序中发挥着处理诉讼程序问题的基本作用，其在数量和种类上较为庞大。其次，在当事人对已生成的本位裁定存在疑义而请求救济时，救济主体对救济申请进行审查后将做出救济审查结论裁定，以决定和表明救济程序是否能启动。根据救济程序的种类区别，救济审查结论裁定可生成于程序争议的复议程序、异议程序、二审程序、再审审查程序、检察监督程序中；根据救济措施的启动状态，救济审查结论裁定包括准予启动和拒绝启动两类。再次，如果救济程序顺利启动并完成，那么救济审理结果裁定将作为救济结果的表达载体出现，与其对应的包括复议结果裁定、异议结果裁定、上诉审理结果裁定、再审审理结果裁定等。比较而言，救济审查结论裁定是针对救济的形式要件——救济申请做出的，而救济审理结果裁定则是针对救济的实质要件——救济请求做出的。

表1-2 民事裁定以形成与救济关系的基本分类

	本诉（实体争议处理）程序	本位裁定所滋生的程序争议的救济程序			
		复议程序	异议程序	二审程序	再审程序
本位裁定	种类繁多数量庞大	×	×	×	×
救济审查结论裁定	×	1. 复议申请受理裁定；2. 驳回复议申请裁定；	1. 异议申请受理裁定；2. 驳回异议申请裁定；	1. 二审受理、予以立案裁定；2. 二审不予受理、驳回上诉申请裁定；	1. 予以再审裁定；2. 驳回再审申请、不予受理裁定；3. 抗诉受理裁定；4. 再审检察建议予以采纳裁定；
救济审理结果裁定	×	1. 驳回复议请求、维持原裁定的裁定；2. 撤销、变更原裁定的裁定；3. 直接做出的新裁定；	1. 驳回异议请求、维持原裁定的裁定；2. 撤销、变更原裁定的裁定；3. 直接做出的新裁定；	1. 驳回上诉请求、维持原裁定的裁定；2. 撤销或变更原裁定的裁定；3. 直接做出的新裁定；	1. 驳回再审请求，维持原裁定的裁定；2. 撤销或变更原裁定：（1）发生法律效力的裁定是由第一审法院做出的，按照第一审程序审理并做出新裁定；（2）发生法律效力的裁定是由第二审法院做出的，按照第二审程序审理并做出新裁定。

二、以本位民事裁定的产生阶段与客体为划分标准

根据本位民事裁定的产生阶段与客体，可对其进行多层次划分（见图1-1）。

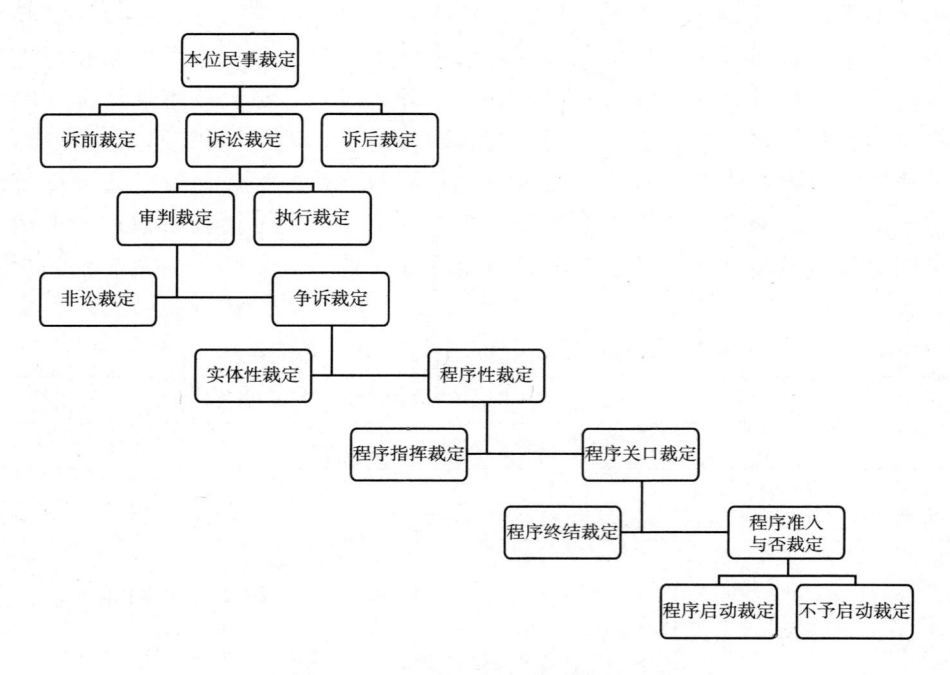

```
                    本位民事裁定
              ┌─────────┼─────────┐
           诉前裁定   诉讼裁定   诉后裁定
                    ┌────┴────┐
                 审判裁定    执行裁定
              ┌────┴────┐
           非讼裁定   争诉裁定
                    ┌────┴────┐
                实体性裁定  程序性裁定
                          ┌────┴────┐
                      程序指挥裁定  程序关口裁定
                               ┌────┴────┐
                           程序终结裁定  程序准入
                                         与否裁定
                                      ┌────┴────┐
                                   程序启动裁定  不予启动裁定
```

图1-1 本位民事裁定的多层次分类

1. 以诉讼的启动和终结的阶段性为划分依据

根据诉讼的开始、进行和终结的阶段性，民事裁定可分为诉前裁定、诉讼裁定和诉后裁定。诉前裁定是指案件尚未起诉时，利害关系人先就与诉讼有关的事项提出申请，法院针对该申请事项所做的裁定，譬如诉前证据保全裁定、诉前财产保全裁定、诉前行为保全裁定等。诉讼终结后的裁定是指"本案判决确定后与诉讼事件有关之裁定，如确定诉讼费用额之裁定、返还提存物之裁定、更正判决之裁定"[①] 以及执行回转裁定等。

---

① 杨建华：《问题研析——民事诉讼法（二）》，三民书局1999年版，第353页。

2. 以诉讼的阶段和任务为划分依据

根据诉讼的阶段和任务，诉讼裁定可分为审判裁定和执行裁定。各大诉讼程序中都会产生自身特有的民事裁定，譬如一审程序中的管辖权异议裁定、执行程序中的执行终结裁定等，但也不乏通用于全部诉讼程序和几类诉讼程序的民事裁定，譬如补正笔误裁定等。某类民事裁定在不同诉讼程序的形式和基本运用规则大致相同，但有时其效力也要视具体程序差异而发生相应的变化。譬如，就撤诉裁定的效力而言，当事人在一审中撤诉后可另行起诉，而二审中的撤诉将引发一审裁判的生效。

诉讼程序的连接性和顺序性使得某些民事裁定发挥着连接点的作用，其既属于上一诉讼程序的效力作用范畴，也属于下一诉讼程序的启动范畴。譬如，一审、二审的立案审查仅限于形式审查，而法律对再审事由的事先规定使得再审的立案审查包括形式审查和实质审查。再审程序与一审程序相比，由于再审之诉是变更已确定的法律状态之诉，属于诉讼法上的形成之诉，所以其与一审起诉所要求的条件有所不同。"起诉所要求的是当事人主张成立的根据，而再审所要求的是再审程序启动的程序性理由。当事人在起诉时即使没有实体上的理由，只要符合起诉的形式要求，一审程序就应当启动。"[1] 再审的补充性和终局性使得其与二审程序在程序启动和实体审理两个阶段的关系设置上存在较大区别。二审立案只是对上诉请求进行形式要件的审查，二审程序启动后，集寻找一审裁判的错误和纠正该错误于审理活动之中。"法院对于当事人行使程序上诉权的行为，只能进行形式性审查，未经正当审判程序和双方当事人参与，法院不应在立案阶段对属于当事人权利事项的起诉进行实质性审查。"[2] "再审程序则在通过审理活动纠正某错误之前单独设立一个独立的对原判是否存在错误的判断程序，该程序所进行的实质性审查归属于立案活动。"[3] 对再审请求经过实质审查，只有生效裁判确有错误可能的，方可进行再审审理。准予再审裁定即再审审查的结果，也是再审审理的启动依据，该裁定处于立案程序与审理程序的交汇点，起到承上启下的作用。一审、二审、再审程序的裁判方式比较见表1-3。

---

[1] 张卫平：《民事再审事由研究》，《法学研究》2000年第5期，第103页。
[2] 冯旭峰：《民事再审立案的理念与实践》，《杭州商学院学报》2003年第1期，第78页。
[3] 孙宝林：《构建民事再审立案审查程序的思考》，《河北法学》2004年第9期，第40页。

表 1-3　一审程序、二审程序和再审程序的裁判方式比较

审理程序与下辖阶段			对阶段性请求予以支持	对阶段性请求不予支持
一审	立案阶段		裁定受理,依法予以立案	裁定不予受理、驳回起诉
	审理阶段		对实体权利义务关系做出判决	判决驳回诉讼请求
二审	立案阶段		裁定受理,依法予以立案	裁定驳回上诉申请
	审理阶段		依法改判或裁定撤销原判、发回重审	判决驳回上诉请求
再审	立案阶段	形式性审查	自动转入实质性审查	裁定驳回再审申请,不予受理（不服该裁定可再次申请再审）
		实质性审查	裁定受理,依法予以立案	裁定驳回再审申请,不予受理（不服该裁定不可再次申请再审）
	审理阶段		依法改判或裁定撤销原判、发回重审	判决驳回再审请求

3. 以审判程序所处理案件的属性为划分依据

根据审判程序所处理案件的属性,审判裁定可分为争诉裁定和非讼裁定。争诉裁定和非讼裁定在目的、功能与性质等问题上存在差别。争诉裁定包括一审程序中生成的裁定、二审程序中生成的裁定和再审程序中生成的裁定。对于非讼事件,法院常常以裁定的方式做出结论性判定。在我国台湾地区,"法院对非讼事件之处分,原则上应由独任法官以裁定为之;就某些非讼事件之处理,应由法院以判决方式行之"。① 在日本,《非讼案件程序法》第17条规定,裁判以裁定做出。"与诉讼事件有关之裁定,以在诉讼程序进行中所为者占多数。"② 非讼程序通常以当事人提出申请为开始,多以法院裁定终结为结束,其区别于诉讼程序以起诉为开始而以判决为终结的情形。非讼裁定具有一定的独立性,其裁定事项并非全部为程序性事项,往往大部分为实体性事项。

4. 以所处理事项的属性为划分依据

根据所处理事项的属性不同,争诉裁定可分为程序性事项裁定和实体性事项裁定。争诉裁定在解决相关程序性事项的同时,对部分临时性、中间性实体问题也起着一定的处理作用。这类实体问题并非当事人最终所争议的问题,但对其的处理常常会涉及诉讼请求的实现,因此对这类中间性实体问题用民事裁定予以处理较为恰当适宜。实体性裁定包

---

① 魏大晓:《新非讼事件法总则问题解析》,《月旦法学杂志》2005年第123期。
② 杨建华:《问题研析——民事诉讼法（二）》,三民书局1999年版,第351页。

括审判程序中的驳回保全申请裁定、保全异议裁定、终结保全程序裁定、先予执行裁定等和执行程序中的当事人异议裁定、案外人异议裁定等。《民事诉讼法》在2012年修改中新增行为保全，其第100条第1款规定："人民法院对于可能因当事人一方的行为或者其他原因，使判决难以执行或者造成当事人其他损害的案件，根据对方当事人的申请，可以裁定对其财产进行保全、责令其作出一定行为或者禁止其作出一定行为；当事人没有提出申请的，人民法院在必要时也可以裁定采取保全措施。"为此，行为保全与财产保全、证据保全共同构成了完整的保全制度，进一步扩大了实体性裁定的范围。（见表1-4）

表1-4 审判程序中实体性裁定的种类分类

实施对象	民事侵权行为（包括作为和不作为）	财产	民事侵权行为和财产
诉讼之前	诉前行为保全裁定	诉前财产保全裁定	
诉讼之中	诉中行为保全裁定	诉中财产保全裁定	先予执行裁定

实体性裁定属于终局判决的随附裁判，具有临时裁判的性质，是假执行的方式，针对的是单纯的实体事项。法院对此类实体问题所采取的相关措施并不是最终分配实体权利义务关系，只是为了保障案件中相关程序性问题的便利解决，因此所做的实体决策不是对双方当事人之间民事权利义务关系争议的处理，不具有实体终局性，仍属于解决程序上的事项。法官就实体事项所进行的裁定，虽然在形式上与判决不同，但在本质与作用方面却与判决相似，都是对当事人实体权利义务的判定，进而具有执行性。这类实体性问题虽并不直接构成案件的最终判决结果，与诉讼请求直接相关的实体问题截然不同，但往往与最终判决结果紧密相连，是带有程序性意味的实体问题。临时救济措施发生在程序运行中，虽涉及民事实体权利和义务，但并非对其最后的解决，而只是对民事权利和义务的临时救济，民事权利和义务的分配仍需服从最后的判决。实体性裁定具备给付内容，是权利人申请执行的依据和法院据以开展执行的依据，在一方当事人拒绝履行的情况下，对其的实现需要法院的强制执行。

5. 以程序性事项的性质差异为划分依据（见表1-5）

根据程序性事项的性质差异，程序性裁定又可分为程序指挥裁定和程序关口裁定两类。程序指挥裁定是指诉讼程序运行中做出的裁定，主要包

表1-5 程序性裁定依性质差异的分类比照

	程序指挥裁定	程序关口裁定
属性之一	诉讼指挥裁定	诉讼要件裁定
属性之二	中间性裁定	非中间性裁定
属性之三	非终局性裁定	终局性裁定
属性之四	非结案性裁定	结案性裁定
属性之五	非终结诉讼裁定	终结诉讼裁定
属性之六	随附裁定	独立裁定

括诉讼中法院对一些细节性程序问题进行处理时所运用的民事裁定,其在数量上占据了本位民事裁定中的绝大多数,在功能上与案件实体问题的处理并不直接挂钩,往往体现出临时性和中间性。这类民事裁定在同一案件所先后历经的各大诉讼程序中时常、多次、累积、重复出现,彼此在生成条件上并不存在因果关系而较为独立,其针对的是纯粹的诉讼法上的事项。"诉讼程序进行中作出的裁定是指诉讼程序中法院就程序事项以及就其职权指挥诉讼的事项所作出的裁定,例如指挥言词辩论进行的裁定、调查证据的裁定。此类裁定的性质或者不涉及本案的实体判断,或者单纯依法院职权的行使和裁量,所以对当事人的利益并没有重大的损害。"①

程序关口裁定主要是指对程序的启动与终结起指令作用的民事裁定。对欠缺诉讼成立要件的起诉,我国台湾地区是使用裁定的形式驳回,而在某些大陆法系国家这类涉及诉讼要件的裁定被称为诉讼判决。诉讼判决作为未经本案审理程序的判决,其既非针对诉讼程序问题,也非针对当事人之间的实体法律关系,而是针对诉讼请求或诉讼标的,是就是否具备诉讼要件所做的程序性判决,是与最终分配当事人之间实体权利义务关系的本案判决相对而言。"诉讼判决乃基于诉讼要件或者上诉之合法要件有欠缺而以诉(上诉)不合法予以驳回或上诉为不合法予以驳回之判决。《日本民事诉讼法》第202条规定,对于不合法的诉讼,而其欠缺又不能补正的,可以不经言词辩论,以判决驳回。第319条规定,根据上告状、上告理由书、答辩书及其他的文书,上告法院认为上告没有理由时,不经过口头辩论,可以以判决驳回上诉。与本案判决不同的是,驳回原告之诉的诉

---

① 齐树洁主编:《台港澳民事诉讼制度》,厦门大学出版社2010年版,第135页。

讼判决对三种类型的诉无法明确区分。从诉讼判决的内容上看，无论是在确认之诉、给付之诉或形成之诉中，诉讼判决均属于确认原告所主张的权利不存在的判决，即消极的确认之诉。"①

程序关口裁定针对的是影响诉讼进行或终结的重大程序事项，往往体现出终局性。此类裁定的主要特点在于其在效力上具有一定的牵连性，与案件的最终处理结果息息相关，可通过对程序性问题的处理进而影响到对实体性问题的最终解决。该类裁定表面上既未对原告的诉讼请求进行实体处分，也未直接处理当事人的实体权利，看则在形式上影响的只是程序性活动，实则是以解决程序性问题的手段侧面影响着案件的实体结果，以程序性处理结果变相对当事人的实体权利加以干预，其针对的是程序和实体兼有的事项，最终的法律效果对当事人的实体权利义务将产生重大影响。譬如，一审程序立案阶段的不予受理裁定，"尽管是一种程序上的处理，但它们却直接涉及到当事人的实体权利能否受到法院的司法保护的重大问题"。②该类民事裁定一经做出，要么启动某一诉讼程序进而开启法院对案件的实体审理，要么否定当事人对启动某一诉讼程序的意愿从而使其丧失诉权，要么终结某一已经开展的诉讼程序并产生了既判力。总之程序关口裁定的影响力已经远远超出程序性问题解决的范畴，体现出终局性和结案性的特质，是反驳"程序工具主义思潮"的有力依据。

6. 以诉讼功能的相对性为划分依据

根据诉讼功能的相对性，程序关口裁定又可细化为程序准入与否裁定和程序终结裁定，其中程序准入与否裁定又分为启动诉讼程序裁定和对诉讼程序不予启动裁定（见表1-6）。程序准入与否裁定针对的是先决性程序事项，其生成的前提是有关当事人提出了程序启动申请，这是"不告不理原则"的具体体现。其中，在再审程序中，"一方面是对再审申请采取了对待'诉'的方式，有利于构建再审之诉；另一方面，将裁定纳入再审程序，也体现了裁定前程序的诉讼含义，也就是说，对这个裁定做出的本身及其过程，也要'诉讼化'"。③

---

① 江伟主编：《中国民事诉讼法专论》，中国政法大学出版社1998年版，第181页。
② 张卫平主编：《探究与构想——民事司法改革引论》，人民法院出版社2003年版，第291页。
③ 江伟、邵明、陈刚：《民事诉权研究》，法律出版社2002年版。

表 1-6　程序准入与否裁定的列举

诉讼程序	启动诉讼程序裁定	对诉讼程序不予启动裁定
一审程序	受理裁定	不予受理裁定 驳回起诉裁定
二审程序	受理裁定	不予受理裁定
再审程序	准予再审裁定	驳回再审申请裁定
执行程序	准予执行裁定	驳回执行申请裁定
非讼程序	程序启动裁定	不予启动裁定
公示催告程序	准予公示催告裁定	驳回公示催告申请裁定
程序通用	准予行为保全裁定 准予财产保全裁定 准予证据保全裁定 准予先予执行裁定	准予行为保全申请裁定 准予财产保全申请裁定 准予证据保全申请裁定 驳回先予执行申请裁定

程序终结裁定包括准予撤诉裁定、撤销原判发回重审裁定、中止诉讼裁定、终结诉讼裁定等。本类民事裁定中间性全无，终局性和结案性较强且一经做出即产生既判力。其中发回重审裁定在终结正在进行的诉讼程序的同时又开启了一个新的诉讼程序，因此同时兼顾程序准入的特性。中止诉讼裁定虽然是暂停诉讼程序，并未涉及当事人之间的实体权利义务关系，但程序的恢复是附有条件的。终结诉讼裁定解决的是诉讼程序的非正常结束，此时对当事人实体权利义务关系不做直接处理但并非没有结论，当事人之间争议的权利义务关系因身份关系的变化归于消灭或处于不再变化的停止状态。此外，一审不予受理裁定、驳回起诉裁定，二审不予受理裁定，驳回再审申请裁定以及驳回执行申请裁定除了关系到程序的启动与否外，本身也具有终结诉讼程序的性质。

三、以民事裁定在效果上的对应性为划分标准

根据民事裁定在效果上的对应性，可将其分为积极裁定和消极裁定。积极裁定是指准许当事人所请求的某一程序性法律效果实现的裁定；消极裁定是指阻止当事人所请求的某一程序性法律效果实现的裁定。积极裁定和消极裁定是一组相对概念，在效果上相互对立，在效力上可相互抵消。积极裁定与消极裁定的对比详见表 1-7。

表1-7 积极裁定和消极裁定的对比性列举

积极裁定	消极裁定
予以受理裁定	不予受理裁定
准予撤诉裁定	不予撤诉裁定
保全实施裁定	驳回保全申请裁定
再审立案审查裁定	驳回再审申请裁定
执行启动裁定	驳回执行申请裁定
撤销仲裁裁决裁定	对仲裁裁决不予撤销裁定

四、以因同一程序性事实变化所产生的回转判断为划分标准

根据对同一程序性事实变化所产生的判断回转，可将民事裁定分为形成裁定和恢复裁定。形成裁定是指在相关条件达成的情况下，促进某一程序性法律效果发生的裁定；恢复裁定是指某一程序性法律效果发生后，相关条件的消失致使该法律效果消除的裁定。形成裁定必然产生在前，恢复裁定是对其效力的撤销和对原有程序性状态的恢复。两者的对比详见表1-8。

表1-8 形成裁定和恢复裁定的对比性列举

形成裁定	恢复裁定
准予撤诉裁定	再次受理裁定
中止诉讼裁定	恢复诉讼裁定
中止执行裁定	恢复执行裁定
执行终结裁定	执行回转裁定

五、以民事裁定的生成是否以其他机关所做的先行法律判断为基础为划分标准

根据民事裁定的内容是否涉及其他机关所做的先行法律判断，可将其

分为自主民事裁定和涉他民事裁定。涉他民事裁定通常具有司法审查的性质，典型代表包括撤销仲裁裁决裁定、驳回撤销仲裁裁决申请裁定、不予执行仲裁裁决裁定等。涉他民事裁定体现了审判权对准司法权的监督，是司法体系对准司法体系所进行的控制干预，其在涉及当事人利益的同时还会与相关机关的权益挂钩，应严格把握并谨慎运用。

第四节　对民事裁判方式的分类及适用范围的比较法考察[①]

一、我国台湾地区

"我国台湾地区民事诉讼法明确依照审理对象是程序性事项还是实体性事项将裁判划分为判决和裁定。判决原则上是法院对于当事人就实体上争点所为之意思表示；而裁定是就非实体之程序事项所作的判断。"[②] "所谓裁定，是法院或审判长、受委托的法官对于当事人或其他诉讼关系人作出的，就程序上的争点，原则上不必经过言词辩论及宣示的一种裁判方式。"[③] 在我国台湾地区，法律明确规定的裁定种类包括：一审裁定；执达员、法定代理人、诉讼代理人负担诉讼费用之裁定；对证人、鉴定人、通译或执有文书、勘验物之第三人处以罚款之裁定；驳回拒绝证言、拒绝鉴定、拒绝通译之裁定；强制提出文书、勘验物之裁定；驳回更正裁判声请的裁定；调解程序暂时性处置的裁定；宣告监护的裁定；驳回撤销监护声请的裁定；指定管辖的裁定；驳回移送诉讼的声请的裁定；回避声请正当的裁定；拒绝鉴定人声明为正当的裁定；准许证据保全的裁定；驳回调解声请的裁定；将简易程序改为依照通常程序的裁定；依职权将小额

[①] 相关比较法资料参见谭兵《外国民事诉讼制度研究》，法律出版社 2003 年版，第 357 页；汤维建《外国民事诉讼法学研究》，中国人民大学出版社 2007 年版，第 75 页；张家慧《俄罗斯民事诉讼法研究》，法律出版社 2004 年版，第 307 页。

[②] 郑正忠：《两岸司法制度之比较与评析》，五南图书出版公司 2002 年版。

[③] 姚瑞光：《民事诉讼法论》，中国政法大学出版社 2011 年版，第 211 页。

程序改为依照简易程序的裁定；假执行的裁定；驳回支付令申请裁定；关于参加应否准许的裁定；关于声请命供担保的裁定；关于应否准许返还或者变换担保的裁定；关于诉讼救助的裁定；关于声明承受诉讼以及依职权命令续行诉讼的裁定；关于停止诉讼程序以及关于撤销停止的裁定；关于违背证人与鉴定义务而处以罚款的裁定；关于拒绝证言或者拒绝鉴定得当与否的裁定；以拒却鉴定人为不当的裁定；因为第三人不提出证书或者勘验物而处以罚金或者命令强制处分的裁定；关于证人或者鉴定人或提出证书勘验物的第三人请求费用的裁定；对于调解期日不到场科处罚金的裁定，关于假扣押处分声请的裁定；除权判决所附的限制或者保留；因人事诉讼本人不到场科处罚金的裁定；关于保护应监护或者监护人的处分及撤销其处分的裁定；小额程序第二审的裁定；抗告法院裁定前，为停止原裁定的执行或其他必要处分的裁定；等等。①

二、德国

"不同的国家对于裁判形式的界定是各不相同的，对于采取哪种裁判形式解决诉讼中的具体问题，是与各国的传统以及实际情况密不可分的。"② 在德国，法院裁判分为判决、裁定和命令。裁定是以法院名义做出并用于解决诉讼过程中的程序事项的文书；命令则相当于法官、审判长对书记官等审判辅助人员做出的工作指令，所以命令有时也译为指示。判决、裁定和命令三者的区别在于诉讼通常以判决而非裁定结束，命令则永远不能终结诉讼；判决由诉讼法院经强制性的言词辩论之后做出，原则上以控诉或上告形式声明不服；裁定也由诉讼法院做出，绝大多数时候裁定是领导诉讼的命令，只在具体程序中发生作用。通常情况下裁定在无言词辩论或在任意可选择的言词之后做出，只有在例外情况下才经过强制性的言词辩论，例外情况下可以即时抗告声明不服；命令通常情况下是涉及诉讼活动的命令，不是由诉讼法院做出，而是由审判长、独任法官、受命法官或者受托法官发布，其在通常情况下不可声明不服。

---

① 齐树洁主编：《台港澳民事诉讼制度》，厦门大学出版社2010年版，第134—140页。
② 夏永全：《民事裁定概念解析》，《西华大学学报》（哲学社会科学版）2004年第4期，第61页。

三、日本

"国外虽然法律规定中也有判决、决定、命令这样的法律术语，并且也是常用的裁判形式，但与我国的裁判形式不能简单地对应。"① 在日本，裁判被分为判决、决定和命令。"审判机关及法官以法定形式针对一定事项做出具有强制性、权威性的判断或处分的程序行为统称为裁判。针对案件的实体问题做出判断或能够就此终结诉讼程序的判决就构成了裁判最重要的部分，但裁判还包括法官或审判机关所为的另外三种权威性的程序行为，即对审理中派生或附带性的程序事项（如管辖的指定、法官的回避等）做出的判断；行使所谓的诉讼指挥权对有关诉讼程序进行的事项做出的处分（如指定口头辩论及其他日期、中止诉讼等）；以及保全程序和执行程序中由审判机关或法官做出的有关财产及证据的保全或扣押、拍卖等强制执行措施。因此，在日本民事诉讼中，只有针对案件中实体问题或能够终结程序的判断称为判决，而后三种裁判则使用决定或命令的名称。"② "判决、裁定、决定，从按裁判的程序及主体所作的形式上分类。从主体方面看，判决和裁定是诉讼法意义上的法院所作出的裁判；命令则是审判长、受命法官和受托法院根据其资格所作的裁判。从程序方面看，判决应当在最为慎重的程序中进行，以言词辩论为依据；裁定或者命令可在稍微简单的程序中进行，并不以言词辩论为依据。从效力方面看，判决宣示的同时并不立即发生效力，只有判决被确定时才能产生本来的效力；裁定或命令谕知后立即生效，并非不确定或不生效。从运用上看，判决一般用于终结诉讼或其他虽属中间性的，但需要利用判决所具有的严厉性来整顿程序的情形；裁定或命令，则一般用于诉讼指挥或附属事项的解决，或者其他需要迅速处理的事项。"③

判决又被分为实体性判决和程序性判决。实体性判决（德语 Sachurteil）即本案判决，是针对案件的实体问题即原告诉讼上请求的裁判，包括驳回请求、请求认同判决等。此外，判决未必都是以解决争议或

---

① 江伟主编：《民事诉讼法》，高等教育出版社2007年版，第335页。
② 王亚新：《对抗与判定——日本民事诉讼的基本结构》，清华大学出版社2002年版，第276—277页。
③ [日] 三月章：《日本民事诉讼法》，汪一凡译，五南图书出版公司1997年版，第335页。

者非争议的实体请求为目的，某些场合重大的程序性事项，也往往会以判决的形式予以处理。程序性判决（德语 Prozessurteil）即诉讼判决，是能够终结程序的判断，是就诉的适法、不适法以及其他诉讼问题所做的判决，如诉的驳回、驳回控诉、发回重审的判决等。如《日本新民事诉讼法》第290条规定，控诉不合法并且又不能补正其缺陷时，受控诉法院可以不经过口头辩论，以判决驳回控诉。判决的做出必须以双方当事人对席口头辩论的实施为法定前提。

决定和命令多以裁定形式做出，主要用于解决诉讼过程中的程序事宜和部分有关实体上权利的问题，前者如《日本新民事诉讼法》第10条规定的裁定指定管辖法院，后者如第75条规定的裁定命令原告提供担保。"决定、命令都是就程序性的事项所作的不依判决形式的裁判，两者只要求任意的口头辩论，在表达及告知形式和是否准许上诉等方面以简易迅速为原则。决定和命令间的主要区别在于就程序性事项是以裁判所名义作出还是以法官名义作出，即决定是以裁判所名义作出，而命令是以法官名义作出。"①

四、法国

在法国，裁判主要有判决和裁定两种形式。判决又分为诉讼判决和非讼判决，前者以解决诉讼案件中当事人的民事争议为目的，后者则是针对非讼案件而做出。"涉及当事人的实体权利的裁判，一般被称为诉讼上的判决，而法官所作的决定仅是起一种单纯的司法行政作用，而不是解决当事人之间的权利义务争议的，则被称为非诉判决。"②《法国新民事诉讼法典》第25条规定，法官受理的诉讼请求中没有争议，但依案件的性质或申请人的资格，法律要求此种诉讼请求应受法官监督时，以非讼案件裁判之。相对于判决而言，裁定主要用以解决诉讼程序问题，如中止诉讼、延期审理、终止管辖以消灭诉讼等情形。"在法国诉讼上的判决是法官对当事人之间民事争议所作出的裁判，即涉及当事人的实体权利的裁

---

① 廖永安、雷勇：《论我国民事诉讼复议制度的改革与完善》，《法律科学》2008年第3期，第140—149页。

② 张卫平、陈刚：《法国民事诉讼法导论》，中国政法大学出版社1997年版，第124页。

判。非讼判决尽管形式上适用了判决的表达形式，但并不是实质意义上的判决。这类似于我国民事诉讼中法院作出的裁定和决定。《法国新民事诉讼法典》的规定，裁定或命令适用于当裁判是由独任法官在紧急情况下单独作出时，或者由独任法官为利于实施审前准备措施或执行措施而单独作出时，例如依申请作出的裁定、紧急审理裁定、审前准备司法官的裁定等。"①

在法国，"紧急审理裁定是指在法律赋予并非受理本诉讼的法官命令立即采取某种必要措施之权力的情况下，应一方当事人请求，另一方当事人到场或对其传唤后，作出的临时性裁判决定。对紧急审理裁定的上诉，可以向上诉法院提起，但如果这项裁定是由上诉法院第一院长作出的，或者是依诉讼请求数额或目的，此项裁判是终审裁判时，不准向上诉法院提出上诉。"② 紧急审理裁定制度类似我国的保全和先予执行制度。"对上诉法院的判决，如同对紧急审理裁定本身一样，当事人还可以向最高司法法院提出上诉。"③

五、英国

在英国，判决（judgement）是指法院对当事人争议的实体性权利义务关系，做出实质性处理的法律表示，是对案件做出的终局性裁判。命令（order）主要针对诉讼进行中的程序问题和其他具体问题做出，是中间判决和案件管理过程中做出的指令，有时也被称为裁定，和大陆法系国家的裁定在形式和功能上很相似。"判决和命令在概念上没有明显的区别，也可以相互交替使用。一般情况下，通常称判决是终局判决，而命令是中间判决或案件管理指令。"④ "事实上，随着民事司法改革的不断推进，两者之间的区别日益模糊，在某些情况中对其作出明确界分是非常困难的。"⑤

---

① ［法］让·文森、塞尔日·金沙尔：《法国民事诉讼法要义》，罗结珍译，中国法制出版社2001年版，第1063页。
② ［法］让·文森、塞尔日·金沙尔：《法国新民事诉讼法典》，罗结珍译，中国法制出版社1999年版，第97—98页。
③ ［法］让·文森、塞尔日·金沙尔：《法国民事诉讼法要义》，罗结珍译，中国法制出版社2001年版，第762—764页。
④ 齐树洁主编：《英国司法制度》，厦门大学出版社2005年版，第383页。
⑤ 齐树洁主编：《台港澳民事诉讼制度》，厦门大学出版社2010年版，第290页。

另外，英国和美国还有称为令状（writ）的处分性文书，但主要用于判决在执行中，如进行财产的扣押和交付。《民事诉讼规则》并未对判决和命令做出严格的区分，在实践中两者之间往往没有明确的界线。

六、美国

"美国联邦民诉规则第 54 条第 1 款规定，联邦民诉规则所说的判决包括在诉讼过程中法院所做出一切可能上诉的命令。因此，民事诉讼中的判决不仅包含有对法庭审理的结果作出终局性的法院判决，而且还包括法院采取的临时性保全处分的暂时禁止令或者根据当事人的申请法院作出的简易判决、缺席判决；或者根据缺乏法律根据的答辩或驳回诉讼的申请作出驳回诉讼的决定；或者根据当事人要求作为法律问题的判决申请法院所作出的法律问题判决等多种情形。"①

七、俄罗斯

苏联学者认为："裁定是指已包括法院对诉讼过程中产生的所有（除实体的问题外）其他问题作出答复的法院裁判。"②

在俄罗斯，除判决以外一审法院在审理案件的过程中还可以做出裁定。"1964 年的《苏俄民事诉讼法典》第 223 条第 1 款对民事裁定是这样界定的：第一审法院对案件不作实体解决的决定，应以裁定的形式作出。"③ 裁定不是对有关案件的实体问题的判定，相反它是对案件审理、判决及执行过程中所产生的相关程序问题所做出的决定。第一审法院裁定的种类主要因其所解决的案件问题的不同而不同。俄罗斯民事诉讼中的法院裁定大致可以分为以下六类。④

1. 因当事人和解解决争议而终结诉讼的裁定

属于这一类情况的有：因原告放弃诉讼而终结诉讼的裁定，法庭批准

---

① 白绿铉译：《美国民事诉讼法》，经济日报出版社 1996 年版，第 150 页。
② ［苏］阿·阿多勃罗沃里斯基等：《苏维埃民事诉讼》，法律出版社 1985 年版，第 258 页。
③ 梁启明、邓曙光译：《苏俄民事诉讼法典》，法律出版社，1982 年版，第 77 页。
④ 参见［苏］阿·阿多勃罗沃里斯基等《苏维埃民事诉讼》，法律出版社 1985 年版，第 280—281 页。

当事人在诉讼过程中达成和解协议的裁定。这类裁定由于通常都是当事人经过和解而解决他们之间的争议的，因此，也被称为终结裁定。终结裁定与法院判决的主要区别在于，判决中当事人之间的争议是由法院进行实体解决的，而终结裁定中当事人之间的争议则是由当事人之间达成和解而解决的。

2. 制止性裁定

即阻止诉讼发生或者对争议不予审理或解决而结束案件的裁定。属于这类裁定的有拒绝受理起诉的裁定、根据《俄罗斯联邦民事诉讼法典》第219条（第4项和第5项除外）所规定的理由而终结诉讼的裁定、决定对案件不予审理的裁定、经双方当事人协商同意将案件交由同志审判会或仲裁庭进行审理的裁定。这类裁定的实质是一般所涉及的只是由于各种理由不可能在该法院或审判机关对案件的争议进行审理和解决的问题，因此，其并不涉及案件的实体问题。这一点也正是这类裁定同从实体上对当事人之间的争议进行解决的法院判决之间的区别。

3. 准备性裁定

即保证第一审法院解决案件以前诉讼正常进行的裁定。这类裁定同样也不涉及案件的实体问题，而只是涉及诉讼过程中发生的局部问题。法院运用这些裁定便能够保证民事案件的审理正常而合法地进行，从而有助于对案件的实体问题做出正确的判决。属于这类裁定的有：

（1）有关诉讼进行问题的裁定，其中又包括受理起诉和决定将案件移交审判庭审理的裁定，将诉状暂时搁置的裁定，中止诉讼的裁定，根据《俄罗斯联邦民事诉讼法典》第65条及第70条的规定延期审理案件的裁定、延长或者恢复诉讼审理期限、将案件移交其他法院审理以及将诉讼进行合并或分开审理的裁定等。

（2）吸收新的人参加诉讼及更换诉讼参加人的裁定，主要包括检察长必须参加诉讼的裁定，通知或准许第三人参加诉讼的裁定，通知正当原告参加诉讼的裁定，通知正当被告或共同被告参加诉讼的裁定，将法院审理案件的情况通知有关国家机关的裁定，准许社会代表参加诉讼的裁定，满足或拒绝有关合议庭组成人员、检察长、翻译人员或书记员回避申请的裁定，追索扶养费案件中通知被告必须到庭及其他相关裁定等。

（3）收集证据资料的裁定，包括准许证据保全、指派鉴定人、进行现场勘验、调取或提供书证或物证、传唤证人及其他相关裁定。

（4）关于诉讼保全、不公开审理案件、科处罚金及其他类似裁定。

4. 关于制作判决和执行判决的裁定

属于这一类的裁定有对判决进行说明的裁定，将判决交付立即执行的裁定，对不需要立即执行判决的执行标的保全的裁定，对判决中的笔误、明显的计算错误进行修改的裁定，延期或分期执行判决、改变执行的程序和方式的裁定，批准或变更司法执行员关于在债权人之间分配所追索到的债务金额的计算方式的裁定，中止或终结执行的裁定及其他相关裁定等。在上述裁定中有一些是对判决的含义进行说明的，另一些则是在有法律规定的情况下根据判决制作以前或以后所发生的有关情况而对判决的内容、判决的执行程序进行更准确的说明，其余的则是为了保证迅速和切实地执行判决。但同样其中的任何一种裁定都不能取消或从实体上变更法院业已做出的判决的内容。法院所做的退还物证或解除诉讼保全的裁定则与案件的结束有关。

5. 法院根据申请做出的关于根据新发现的情节重新审理原判决的裁定，在俄罗斯民事诉讼中占有十分重要的地位

6. 对超出本案争议范围的问题做出的单独裁定

（1）法院在审理民事案件时，如果发现个别公职人员或公民有破坏法制或社会公共生活准则的行为，或发现某单位工作中有严重问题，则可以做出单独裁定，并将该裁定送交有关机关、企业、组织、公职人员或劳动集体以便采取相应的措施。有关组织、集体或公职人员必须在收到裁定书副本之日起的一个月内，将他们根据裁定所采取的措施通知法院。

（2）法院在做出有关单位工作问题的裁定时，应当指出这些问题具体表现在什么地方。对于涉及经济或业务活动的建议，如果法院没有查明提出该建议所依据的材料，或者这种建议已超出了法定的职权范围，则法院就不应当提出相应的建议。如果产生奸污行为的原因和条件已造成特别严重的后果，如涉及几个组织或组织的领导人，则法院做出的单独裁定就不仅可以送交给上级组织，而且还可以送给监察机关。法院以单独裁定通知有关公职人员或公民的错误行为时，必需的情况下，还应当在法庭上听取这些人的说明。对于单独裁定所涉及的人，法院也不应当预先断定应当给予他们什么样的处罚。这是因为，在个别情况下，如

果过早地将查明的违法行为声张出去,就会使这些违法行为难以得到消除。因此,法院可以不在公开的审判庭上宣读该单独裁定。但即使这种情况下,法院仍应向案件参加人和裁定所涉及的人宣布单独裁定所涉及的问题。有关在审判庭上宣布单独裁定的情况,应该在法庭笔录中加以说明。

第五节 我国民事裁定适用范围中的问题与对策

民事裁定作为基本的诉讼制度,既有着自身的特质,又存在和其他诉讼制度的关联。目前我国司法实践中裁判类型的体系化还很不够,裁判类型存在混乱和随意,裁判与处理的事项存在诸多的不对称性。就民事裁定而言,其在适用范围、运作对象、实施方法等方面的模糊性致使法院决策的法定化、规范化和科学性有所欠缺,对民事裁定救济体系的形成造成了范围重叠、事项遗漏等冲击,致使当事人和某些案外人的合法权益未能得到充分有效的保障。因此,力求通过合理界定民事裁定的适用范围以加强裁判方式的规范化,进而在确保民事裁定充分发挥其作用的同时,使得基本的诉讼程序问题都能得到必要的肯定和救济监督。

一、民事裁定和决定的竞合与整合

1. 民事决定的适用范围

就民事诉讼而言,现行法所规定的"决定"适用于对妨害民事诉讼的行为采取强制措施、审判人员是否回避、是否准许顺延期限以及诉讼费用的减缓免等情况。《民事诉讼法》第116条规定:"拘传、罚款、拘留必须经院长批准。拘传应当发拘传票。罚款、拘留应当用决定书。对决定不服的,可以向上一级人民法院申请复议一次。复议期间不停止执行。"第47条规定:"人民法院对当事人提出的回避申请,应当在申请提出的三日内,以口头或者书面形式作出决定。申请人对决定不服的,可以在接到决定时申请复议一次。复议期间,被申请回避的人员,不停止参与本案的工作。人民法院对复议申请，应当在三日内作出复议决定，并通知复议申请人。"第83条规定："当事人因不可抗拒的事由或者其他正当理由耽误期限的，在障碍消除后的十日内，可以申请顺延期限，是否准许，由人民法院决定。"此外，在审判监督程序中，各级人民法院院长对本院已经发生法律效力的判决、裁定、调解书发现确有错误需要再审的，应提交审判委员会讨论的决定；最高人民法院对地方各级人民法院、上级人民法院对下级人民法院生效的判决、裁定、调解书发现确有错误的，有权做出提审或指令下级人民法院再审的决定。

2. 民事决定的特点

决定处理三个层面的关系。首先是法院内部关系，包括审判委员会与合议庭、院长与审判员、审判长与审判人员之间的关系；其次是法院对外与当事人以及其他诉讼参与人的关系；再次决定还处理法院与不属于诉讼参加人的其他人之间的关系。处理内部关系的决定的拘束力只限于法院内部，对外没有拘束力；当内部决定转变为判决、裁定或对外决定时，才可对外发生拘束力，这种转变是可能且允许的。

决定和裁定相比，更重视诉讼效率，法院的职权色彩更为明显。决定一经做出即发生法律效力，除部分准予申请复议外，其余的不能提起上诉、申请再审或提出检察监督，救济手段根本性缺乏。对于回避问题的决定，申请人不服的可以在接到决定时向做出该决定的人民法院申请复议一次。对于罚款、拘留问题的决定，被罚款人、被拘留人不服的可以向上一级人民法院申请复议一次。鉴于决定对法院自身的约束力相对较小，做出决定的法院在决定不正确时有权根据情况变化撤销、变更原决定。

3. 民事决定作为独立裁判方式的缺陷

决定作为一种独立的裁判方式，在运用对象上与民事裁定的区分不明显。民事裁定和决定所处理事项的区别何在？观点一认为：民事裁定是法院就民事诉讼中的各种程序性事项所做出的有约束力的结论性判定；而决定则是对民事诉讼中发生的障碍或者阻却民事诉讼活动正常推移的特殊事项进行处理所做出的具有法律约束力的判定，其所针对的是既非实体也非程序的事项。观点二认为："民事裁定是对审理和执行中的程序事项和个别实体事项作出的判定——程序事项则是指不直接涉及实体权利义务的事项；决定是在诉讼中对某些特殊事项作出的判定，与民事裁定不同的是决定所适用的事项与诉讼程序的进程有关但不直接涉及诉讼程序的变化，主要用于处理诉讼过程中发生的障碍和消除诉讼阻却。"① 观点三认为："决定是法院为保证诉讼的顺利进行，就诉讼上的问题和关系诉讼的特定问题作出的断定，具有司法行政性质。诉讼上的问题是指适用判决、裁定和命令解决之外的诉讼上需要解决的问题，如诉的合并与分离、案件延期审理等。关系诉讼的问题是指关系着诉讼顺利进行而又不是诉讼上的问题，如对妨害民事诉讼秩序行为的排除等。不管是诉讼上的问题还是关系诉讼的问题，法院作出决定都是对特定事项的断定。"② 观点四认为："决定是就一些紧急性的程序性事项所作出的具有法律效力的结论性判定。"③ 观点五认为："通常情况下民事裁定和决定的适用易于区别，但是在某些情况下可能发生混淆。例如法院如果认为当事人的再审申请符合法律的规定，应当适用何种法律文书作出判断呢？这一问题表面上是程序性问题，但实际上它是涉及法院生效裁判可能存在错误并且要加以纠正的重大问题，所以应对当事人再审申请适用民事决定开始再审程序。"④ 观点六认为："决定书所针对的客体主要有两类：一类是诉讼中的特殊程序事项，比如回避、诉讼期间的顺延等，另一类是司法行政事项，比如诉讼费用的缓交、减交或免交，对妨碍民事诉讼的强制措施等。"⑤

笔者认为，民事诉讼中所出现的种种问题无非分为实体性和程序性两大类，至多还有实体性和程序性相结合的某类派生问题，绝不存在既非实体也非程序的事项。"至于什么是既非实体也非程序的事项，其与程序性事项的界限在哪里，并不清晰。在民事诉讼过程中出现的问题要么是程序问题，要么是实体问题，或者兼而有之，它们是相对而言的，不存在既非实体也非程序的事项。"⑥ 决定适用于诉讼中特殊事项的说法实际上是从现行法的已有规定出发，反推其属性，从这些规定中归纳出某些倾向和特征，是一种从果寻因的颠倒性解释。"民事决定与民事裁定适用对象的差

---

① 傅郁林：《先决问题与中间裁判》，《中国法学》2008年第6期，第165页。
② 刘家兴、潘剑锋主编：《民事诉讼法教程》，北京大学出版社2010年版，第245页。
③ 廖永安、雷勇：《论我国民事诉讼复议制度的改革与完善》，《法律科学》2008年第3期，第145页。
④ 田平安主编：《民事诉讼法学》，中国人民大学出版社2007年版，第278页。
⑤ 汤维建：《民事诉讼法的全面修改与检察监督》，《中国法学》2011年第3期，第78页。
⑥ 廖永安、雷勇：《论我国民事诉讼复议制度的改革与完善》，《法律科学》2008年第3期，第145页。

异,是从民事诉讼法和民事诉讼实践来加以归纳的,两者很难在本质上明显加以区别。"① 现行法所规定的"决定"这一裁判方式实际上仍主要用于解决程序性问题,其与民事裁定相比,特殊性不够明显和独立,且数量很少,既无形式既判力也无实质既判力。现行法在规定裁判方式时也并未将其与判决、裁定并列,其未出现在"判决和裁定"这一节之中而是分散于各项具体制度之中的,貌似仅为学理性裁判。

4. 将适用于决定的事项全部纳入民事裁定的范围

从便于当事人理解适用并完善救济的角度出发,笔者认为对决定的单独设置已实无必要,可将目前适用于决定的事项全部纳入民事裁定的范围,以取消决定、改用民事裁定予以取代的方式理清当前民事裁定和决定的模糊关系,对其统一适用有关民事裁定的基本原理。此种调整的意义有以下几点。首先,使得立法更趋简单明了,便于当事人的理解和掌握,避免发生混淆和误读。其次,有利于进一步规范法官的裁判行为,以统一签发民事裁定书的正规做法取代当前实践中常存在的"口头决定"的违法现象。再次,从理论上统一程序性争议解决方式这一问题,通过取消侧面解答了"决定"的法律地位。最后,对民事裁定和决定适用范围的界定对裁判救济措施的完善可以起到分门别类的先锋作用,"决定"所涵盖的事宜在完善民事裁定救济的基础上一并得到了救济和保护。譬如,在德国、日本等国及我国台湾地区的民事诉讼法中,法院对证人、鉴定人以及其他利害关系人处以罚款时,均使用裁定的方式,并赋予其对该裁定的抗告权。

二、民事裁定和命令的竞合与整合

法院裁判行为的表现形式有的属于法定的,有的则是法院按照审判习惯适用的。"在人民法院的裁判中,大部分裁判是一种法律上的判定,但法院在诉讼中为解决纠纷所实施的裁判行为中有一些并不是属于判定性的行为,而是要求当事人履行一定行为的命令性行为,属于裁判机关对某一事项的表示。"② "命令是法院为保证诉讼的顺利进行或者对某种权利的保

---

① 张卫平主编:《民事诉讼法》,法律出版社2004年版,第132页。
② 江伟主编:《民事诉讼法》,高等教育出版社2007年版,第335页。

护，对特殊问题作出的处理断定。法院作出命令是基于法院的审判权和指挥权，是法院为保证诉讼的进行或对某种权利的保护而作出的断定。命令在诉讼的许多阶段都可作出，是一种要式行为，通常采用书面形式并向当事人出示或送达。"① 命令事项通常属于程序进行的事项或者某些无争议的事实问题，往往归于法院职权范围内的事项，具有明显的法院职权色彩。"根据我国《民事诉讼法》的规定，命令主要有调查证据的命令、解除保全的命令、支付令、搜查令、执行令等。另外，我国《民事诉讼法》当中还出现了很多责令、指令等术语，除有明确规定可以归入裁判的其他类型外，应当将其归入命令的类型。"②

"命令所体现的诉讼效率价值最大和法院职权行为色彩最明显，其与判决、裁定和决定的最大区别在于命令并不针对争议事项进行判断，而只是要求特定主体单方履行，其几乎没有救济机制。"③ 通常情况下，命令单纯要求主体履行某种行为，具有单向性，主体在接到命令后必须服从，并不以言词辩论为基础。命令具有强制性、既判力和执行性，一经做出就立即发生法律效力，主体必须履行。此外，命令所赋予主体的保障和救济很少，主体几乎没有救济途径，对命令既不能提起上诉，也不能申请复议。

对于民事命令的改革方向，有学者指出："对于扣押令、搜查令、支付令等民事命令，基于立法沿革和习惯，可仍然沿用其名，但在立法上及理论上应当明确，这些民事命令在性质上亦属于裁定，如果在某些方面对其缺乏具体规定，则应当按照裁定的一般性规定处理。"④ 笔者认为，命令本无作为独立裁判方式的必要，保留其现有名称易引发混淆和误解，因此将其整体改名并整合至民事裁定之中更有利于对相关程序性事项的规范性处理，这顺应了裁判客观化、救济化的发展潮流。譬如，修改后的《民事诉讼法》第104条规定，属于财产纠纷的案件，被申请人提供担保的，人民法院应当裁定解除保全，一改长期以来法院解除保全以命令方式的做法。

---

① 刘家兴、潘剑锋主编：《民事诉讼法教程》，北京大学出版社2010年版，第247页。
② 江伟主编：《民事诉讼法学》，中国人民大学出版社2011年版，第271页。
③ 江伟主编：《民事诉讼法学》，中国人民大学出版社2011年版，第271页。
④ 刘学在：《民事裁定上诉审程序之检讨》，《法学评论》2001年第6期，第63页。

三、民事裁定和通知、处分的竞合与整合

目前现行法和相关司法解释授权法院在诉讼过程中对于某些诉讼程序事项的处理可以以通知的方式进行。譬如,《民事诉讼法》第123条规定对不予受理应制发裁定书而《民事诉讼法》第126条规定:"人民法院对决定受理的案件,应当在受理案件通知书和应诉通知书中向当事人告知有关的诉讼权利义务,或者口头告知。"可见,一审受理与不予受理虽然处于相对应的排斥状态,却分别以通知书和裁定书这两种裁判方式予以表达。又如,《最高人民法院关于适用〈中华人民共和国民事诉讼法〉若干问题的意见》第37条规定:"上级人民法院依照民事诉讼法第三十七条的规定指定管辖,应书面通知报送的人民法院和被指定的人民法院。报送的人民法院接到通知后,应及时告知当事人。"再如,该解释第57条规定:"必须共同进行诉讼的当事人没有参加诉讼的,人民法院应当依照民事诉讼法第一百一十九条的规定,通知其参加;当事人也可以向人民法院申请追加。人民法院对当事人提出的申请,应当进行审查,申请无理的,裁定驳回;申请有理的,书面通知被追加的当事人参加诉讼。"通知和处分作为法院决策活动的表现形式,主要用于对相关诉讼程序事项依职权做出判断的情形,其遗留着社会主义法制早期发展阶段的时代烙印,虽为法院判案过程中的意志体现,却未被纳入法定裁判方式的范畴,在运用层面上的随意性和政策性使其带有明显的行政色彩,极易使人将其与法院为内部管理所运用的事务管理型通知相混淆。

目前司法实践中对通知和处分等未被纳入法定裁判方式而又广泛被运用的法院决策手段缺乏必要的制约。这种决策和判断显然有别于法官释明权的行使,且缺乏救济途径(对于个别通知可通过复议的方式予以救济),对其的变更和解除也缺乏法定制约机制,不符合诉讼程序法定化和规范化的潮流。《最高人民法院关于民事诉讼证据的若干规定》第19条第2款规定:"人民法院对当事人及其诉讼代理人的调查取证申请不予准许的,应当向当事人或其诉讼代理人送达通知书。当事人及其诉讼代理人可以在收到通知书的次日起三日内向受理申请的人民法院书面申请复议一次。人民法院应当在收到复议申请之日起五日内作出答复。"

裁判方式的多元化固然必需,但重复性设定势必影响诉讼效率,不利

于当事人的了解掌握和法官的准确运用。从制度本意上看，通知和处分等方式均属于广义的对民事诉讼程序问题处理的措施范畴，就性质来说，"通知等裁判形式亦属于民事裁定的范畴"。[①] 将目前运用通知和处分等手段加以处理的程序性事项全部通过纳入民事裁定适用范围的方式加以规范，将通知和处分合并入民事裁定是与我国传统的司法习惯相吻合的，对其统一适用民事裁定的基本原理和法律规定是改革方向之所在。

四、民事裁定和部分判决的竞合与整合

1. 民事裁定对一审超过诉讼时效的诉讼请求的规制

我国对于欠缺诉讼成立要件和利益保护要件的诉讼标的的处理方式基本相同，均以裁定的形式驳回，但对逾期实体权利的拒绝保护却采用了判决的形式驳回，笔者认为这是不恰当的，法院以判决的形式处理诉讼时效这一程序性问题缺乏合理性（见表1-9）。诉讼时效在程序层面上所产生的限制性、消灭性效力将致使超过诉讼时效的民事权利因不能继续得到法律上本应给予的保障而陷于失权，这是时效的根本利益之所在。从基于实体法和程序法相结合的视角出发，失权并非意味着实体权利的消灭，也非胜诉权的丧失，而是起诉权——在程序上请求法院予以保护的权利的被剥夺，利害关系人所享有的诉权的作用范围已无法及于已超诉讼时效的民事权利。当前判决驳回诉讼请求既是裁判行为也是裁判结论。作为裁判行为，其是以判决的形式对实体权利的确认予以拒绝的司法行为；作为裁判结论，除用于解决时效问题外，其还频繁运用于一审案件的实体审理结果中，是判决原告因无事实根据或法律依据进而完全败诉的表现形态，是对实体权利的否定性评价。驳回诉讼请求的判决在处理时效问题的层面上，本意在于判定原告丧失胜诉权，但在部分原告看来则是判定其败诉。时效问题的处理与实体结果的评价适用同一裁判方式，这是明显存在矛盾的。我国二审程序中规定的裁定驳回上诉申请和判决驳回上诉请求、维持原判决，再审程序中规定的裁定驳回再审申请和再审审理之后的判决驳回诉讼请求（原审为一审的情形）、判决驳回上诉请求（原审为二审的情形），就将对程序性问题和实体性问题的处理结果区分开来，具有合理性。

---

① 刘学在：《民事裁定上诉审程序之检讨》，《法学评论》2001年第6期，第57—64页。

表1-9 现行法对不予受理、驳回起诉和驳回诉讼请求的裁判比较

	不予受理	驳回起诉	驳回诉讼请求
适用裁判	裁定	裁定	判决
文书形式	强制书面	口头或书面	书面
适用阶段	起诉后,受理前	受理后,审结前	开庭审理结束后
适用条件	起诉不符合法定条件	起诉不符合法定条件	诉讼请求无实体法依据、超过诉讼时效
适用机构	立案庭	立案庭或审判庭*	审判庭
上诉期限	10日	10日	15日

* 笔者在调研过程中发现,通常驳回起诉裁定由审判庭直接做出,但部分法院的做法是审判庭将不符合受理条件的案件退至立案庭,再由立案庭裁定驳回起诉。

综上,应运用驳回起诉裁定对超过诉讼时效的民事权利予以制约。法院受理案件后,对于被告提出的超过诉讼时效的请求,经审查,若期待诉讼保护的民事权利尚未超过诉讼时效的,则裁定驳回被告的申请,并对案件继续进行审理;若认为期待诉讼保护的民事权利已经超过诉讼时效的,则裁定驳回起诉。《法国新民事诉讼法典》第122条规定,只要有诉讼不予受理的任何一种根据,如无资格、无利害关系、已经失效、逾越期限、属于既决事项等,均应不予受理。需要注意的是,法国此处的不予受理与该制度在我国的含义不同,其更类似于我国的驳回起诉制度。法院裁定驳回起诉后,此时作为诉讼请求基础的实体权利并没有消灭,该权利仍可得到法律认可,原告有权运用法律许可的其他替代性纠纷解决方式来实现实体权利。此外,对于驳回起诉的裁定应赋予利害关系人对该裁定请求救济的机会,利害关系人对驳回起诉裁定不服的可直接提起上诉。

2. 民事裁定对二审中部分案件审理结果的运用

二审的裁判结果具有多样性,2012年《民事诉讼法》对此进行了重新规定。修订后的《民事诉讼法》第170条规定:"第二审人民法院对上诉案件,经过审理,按照下列情形,分别处理:(一)原判决、裁定认定事实清楚,适用法律正确的,以判决、裁定方式驳回上诉,维持原判决、裁定;(二)原判决、裁定认定事实错误或者适用法律错误的,以判决、裁定方式依法改判、撤销或者变更;(三)原判决认定基本事实不清的,裁定撤销原判决,发回原审人民法院重审,或者查清事实后改判;(四)原判决遗漏当事人或者违法缺席判决等严重违反法定程序的,裁定

撤销原判决，发回原审人民法院重审。"如此一来，第二审人民法院对不服第一审人民法院判决的上诉案件的处理，若审理结果为维持、撤销或变更的，则一律使用判决处理；对三类裁定的上诉案件的处理，若审理结果为维持、撤销或变更的，则一律使用裁定。此外，发回原审的二审结果，虽然只能针对一审判决做出，但适用事由多样，现行法要求统一使用裁定的方式予以处理。而2007年《民事诉讼法》第153条第1款规定："第二审人民法院对上诉案件，经过审理，按照下列情形，分别处理：（一）原判决认定事实清楚，适用法律正确的，判决驳回上诉，维持原判决；（二）原判决适用法律错误的，依法改判；（三）原判决认定事实错误，或者原判决认定事实不清，证据不足，裁定撤销原判决，发回原审人民法院重审，或者查清事实后改判；（四）原判决违反法定程序，可能影响案件正确判决的，裁定撤销原判决，发回原审人民法院重审。"第159条第2款规定："人民法院审理对裁定的上诉案件，应当在第二审立案之日起三十日内作出终审裁定。"新法和旧法相比，其更新之处只是重新在立法技术和表述层面对二审裁判结果进行了整合，特别是针对旧法第159条第2款的规定，细化了对一审裁定进行上诉的二审审理结果，但对"判决生判决、裁定生裁定"的基本规则没有改变，二审裁判中对判决和裁定的选用是以一审的上诉裁判种类为基本依据的，而非以二审审理结果为依据。

而《刑事诉讼法》第225条第1款规定："第二审人民法院对不服第一审判决的上诉、抗诉案件，经过审理后，应当按照下列情形分别处理：（一）原判决认定事实和适用法律正确、量刑适当的，应当裁定驳回上诉或者抗诉，维持原判；（二）原判决认定事实没有错误，但适用法律有错误，或者量刑不当的，应当改判；（三）原判决事实不清楚或者证据不足的，可以在查清事实后改判；也可以裁定撤销原判，发回原审人民法院重新审判。"笔者认为，二审中裁判种类的选择应以案件的处理结果为依据，若涉及实体权利义务关系分配的，应以判决的方式做出，譬如改判；若只是对案件做程序上的处理，譬如驳回上诉，维持原判、撤销或变更原判以及发回重审的，其是在否定原审裁判的同时将案件的再次审理放到了新的程序之中，并未立即做出实体处理结论，因而应以裁定予以处理。综上，《刑事诉讼法》的规定更为科学合理，《民事诉讼法》应予以借鉴。

五、民事裁定对目前缺乏规制的程序事项的扩展与牵制

尽管现行法对民事裁定规定的立法样式为定义加列举的"两参式"，但仍将一些基本且重要的解决程序性问题处理手段遗漏在民事裁定之外，无形中损害到法院实施诉讼行为应有的规范性。因此应进一步扩展民事裁定的适用范围，尽可能将对程序性问题的解决措施纳入民事裁定的适用范围之内。扩展民事裁定的种类既可约束法官在处理程序性问题方面的自由裁量权，又可为当事人诉讼权利的行使提供保障，还可为在当事人就程序性问题的处理结果产生争议时提供证明依据。特别是对某些可能对一方当事人的权益造成不利影响的风险性程序活动，一定要用民事裁定加以规范和证明。

1. 运用民事裁定规范管辖制度

裁定管辖作为一个学理概念，是指依据法院的裁定确定诉讼的管辖法院，其包括移送管辖、指定管辖和管辖权转移。《民事诉讼法》第 36 条规定："人民法院发现受理的案件不属于本院管辖的，应当移送有管辖权的人民法院，受移送的人民法院应当受理。受移送的人民法院认为受移送的案件依照规定不属于本院管辖的，应当报请上级人民法院指定管辖，不得再自行移送。"第 37 条规定："有管辖权的人民法院由于特殊原因，不能行使管辖权的，由上级人民法院指定管辖。人民法院之间因管辖权发生争议，由争议双方协商解决；协商解决不了的，报请它们的共同上级人民法院指定管辖。"第 38 条规定："上级人民法院有权审理下级人民法院管辖的第一审民事案件；确有必要将本院管辖的第一审民事案件交下级人民法院审理的，应当报请其上级人民法院批准。下级人民法院对它所管辖的第一审民事案件，认为需要由上级人民法院审理的，可以报请上级人民法院审理。"但是在现行法规定及司法实务中，并没有对裁定应有的控制作用给予充分重视，违反了上述三类管辖的实质规律。因此，对于法院之间的移送管辖、指定管辖和管辖权转移三类事项的处理应当严格采用民事裁定的方式。

2. 运用民事裁定规范程序启动制度

《民事诉讼法》在 2007 年修订之时便对再审程序的启动进行了完整

规定，增设了准予再审裁定和驳回再审申请裁定，加之此前业已设立的一审不予受理裁定、驳回起诉裁定，共同构成了诉讼程序启动类裁定的现状。笔者认为，在目前基础上，还应增设一审受理裁定、二审受理裁定及二审不予受理裁定，这是对当事人程序启动权的回应和保障，可一改凭借诉讼费用交纳凭据证明诉讼程序启动的不规范局面，使诉讼时效和审理期限的起算更为清晰明确。传统观点认为，"一个民事案件审结时可能一个裁定也没有"。[①] 笔者认为，在对程序启动裁定予以规范和完善的情况下，当事人对诉讼程序的申请启动行为要么获取受理裁定，要么获取不予受理裁定，二者必然存在且以矛盾对立的形式择一存在，因此，每个民事案件审结时至少存在一个，通常存在两个甚至多个民事裁定，且这些民事裁定中不乏种类相同者，不存在一个案件审结后没有产生一个民事裁定的状况。

3. 运用民事裁定规范开庭通知制度

开庭审理是民事诉讼中最为重要的阶段，是对事实争点的全面调查活动，是当事人辩论权集中行使的阶段，双方的举证、质证和法官的认证都应在庭审现场完成，对经合法传唤而拒不到庭的当事人将适用撤诉或缺席判决。因此，对开庭审理的时间、地点、人员等相关信息应以裁定的形式进行确定和通知，这既是对法官职权活动严肃性和谨慎性的要求，同时也是对当事人诉讼权利的保障。

4. 运用民事裁定规范缺席判决制度

缺席审理作为开庭审理的另一形态，旨在因被告（包括反诉中的原告）一方在言词辩论期日没有出庭应诉或虽出庭但没有进行实质的辩论，因而缺席判决在事实认定上必然只吸收原告一方的证据材料，法庭审理对立辩论性的缺失将带来对事实认定的片面可能性，最终导致判决结果发生客观偏移。但是，这种有违客观现实、对缺席方不利的判决结果可得到法律认同，理由在于其包含对被告违反诉讼程序、拒绝参加诉讼的惩罚性制裁，且事前给予风险提示和预警。为此，被告对缺席判决的否认与救济，首要依据在于对缺席审理的否认，即案件没有达到应该使用缺席审理的程度，特别是在我国目前公告送达制度存在缺陷和频繁滥用的情况下。此种争议属于基础性程序争议，针对的是案件的审理方式，并非实体审理结

---

① 常怡主编：《民事诉讼法学》，中国政法大学出版社2002年版，第300页。

果，因此不能对案件的审理结果直接通过上诉和再审予以救济。现行法将缺席判决与对席判决同等对待，赋予当事人对实体审理结果的上诉权和再审申请权。在二审中，法官可以根据《民事诉讼法》第 170 条的规定，以原判决遗漏当事人或者违法缺席判决等严重违反法定程序为由，裁定撤销原判决，发回原审人民法院重审，这将影响到诉讼效率。此外，《民事诉讼法》经过 2012 年的修改，在第 200 条所规定的再审事由中，将"违反法定程序可能影响案件正确判决、裁定"这一款删除，由此造成再审不能。

纵观域外法，德国《民事诉讼法》第 338 条规定："受缺席判决的宣誓的当事人，可以对判决提出异议。"① 法国《民事诉讼法》第 476 条规定："对缺席所作出的判决，可以提出取消缺席判决的异议，但如此种途径经明文规定属于被排除的情形时，不在此限。"② 《美国联邦民事诉讼规则》第 60 条规定："在法官作出缺席判决后，如未应诉的被告有如下情形，可以提出缺席判决无效的申请：其一，作出缺席判决在事务上有错误；其二，由于被告疏忽或者突然袭击等具有能被原谅的过失；其三，对方当事人欺诈或违法行为；其四，判决无效；其五，在作出判决之前有关债务已经偿还；其六，其他正当理由。在上述情形中凡以第二和第三种情形为理由提出缺席判决无效申请的，必须在作出判决后一年内提出，其他的则在相应适当的期间内提出即可。"③

就缺席判决的救济途径而言，笔者认为，当事人请求救济的对象应为缺席判决启动的程序性要件，而非当事人之间的实体权利义务关系。为此，首先，应以民事裁定的形式确定缺席判决的启动。法官凡是决定采取缺席判决的，都应先行制发缺席判决启用裁定，在该裁定中应对缺席的事实和原因予以记载和证明，这将有利于保护缺席方诉讼权益和便于其后救济的开展。其次，在缺席判决形成后的一段期日内，缺席方对缺席判决的适用不服且存在正当理由的，可就缺席判决启用裁定申请异议，请求予以撤销。缺席方申请异议时，应对不可抗力、遭受欺诈等确实不能出庭的客观理由承担证明责任。异议请求一旦得到支持，法院应做出恢复原诉讼程

---

① ［德］奥特马·尧厄尼希：《民事诉讼法》，周翠译，法律出版社 2003 年版，第 344 页。
② ［法］让·文森、塞尔日·金沙尔：《法国民事诉讼法要义》，罗结珍译，中国法制出版社 2001 年版，第 734 页。
③ 白绿铉译：《美国民事诉讼法》，经济日报出版社 1996 年版，第 73 页。

序的裁定，原缺席判决启用裁定和缺席判决即失去法律效力，此时诉讼恢复到缺席前的状态，原缺席方获得重新参与一审审理的机会，加入诉讼中的对抗并行使言词辩论权。此种程序设计可有效防范在恶意缺席的预谋下，利用审级制度实施二审突袭并直接获取终审结果。

5. 运用民事裁定规范公告送达制度

公告送达作为一种拟制送达，最终引发的法律后果可能是与现实情况不一致的，那么运用民事裁定对公告送达的启动加以规范就显得十分必要和必需。公告送达作为一种程序性诉讼行为，从性质上而言是符合民事裁定的基本要求的。由于公告送达的运行可能引发危险，因而从保障受送达人的角度考虑，公告送达裁定应是可以引发救济的民事裁定。将公告送达纳入民事裁定的范畴，即赋予了受送达人对危险程序的救济权。此种救济为程序意义救济，不同于对所公告的判决不服而提起上诉的实体意义救济。

6. 运用民事裁定规范诉讼费用问题

首先，将判决书中的诉讼费用承担问题剔出，用民事裁定的形式加以规定。诉讼费用的承担作为程序性事项，通过民事裁定加以明细更为合理。尽管此种做法没有将其和判决结果一并用判决书加以公布显得方便，但在性质上是更为合适的。"确定诉讼费用额之裁定在性质上属于本案判决确定后与诉讼事件有关之裁定。"① 其次，对是否准许减交缓交诉讼费用的问题也应通过相关裁定予以规范。

7. 用民事裁定对人数不确定的代表人诉讼中未参加登记的权利人的权利和义务进行确定

在人数不确定的代表人诉讼中，未参加登记的权利人在诉讼时效期间内提起诉讼的，人民法院若认为其诉讼请求成立，应当以裁定的形式准许其适用人民法院已做出并生效的本诉判决与本诉裁定。《民事诉讼法》第54条规定："诉讼标的是同一种类、当事人一方人数众多在起诉时人数尚未确定的，人民法院可以发出公告，说明案件情况和诉讼请求，通知权利人在一定期间向人民法院登记。向人民法院登记的权利人可以推选代表人进行诉讼；推选不出代表人的，人民法院可以与参加登记的权利人商定代表人。代表人的诉讼行为对其所代表的当事人发生效力，但代表人变更、

---

① 杨建华：《问题研析——民事诉讼法（二）》，三民书局1999年版，第353页。

放弃诉讼请求或者承认对方当事人的诉讼请求,进行和解,必须经被代表的当事人同意。人民法院作出的判决、裁定,对参加登记的全体权利人发生效力。未参加登记的权利人在诉讼时效期间提起诉讼的,适用该判决、裁定。"

8. 用民事裁定规范民事检察建议制度

再审检察建议具有程序上的刚性效力与实体上的柔性效力(见表1-10)。《民事诉讼法》第208条第2款规定:"地方各级人民检察院对同级人民法院已经发生法律效力的判决、裁定,发现有本法第二百条规定情形之一的,或者发现调解书损害国家利益、社会公共利益的,可以向同级人民法院提出检察建议,并报上级人民检察院备案;也可以提请上级人民检察院向同级人民法院提出抗诉。"为此笔者认为,人民法院在收到人民检察院的再审检察建议后,应当组成合议庭进行审查,并自收到再审检察建议之日起3个月内做出再审裁定或不予再审裁定。裁定不予再审的,应当在裁定书中说明理由。

表1-10 再审检察建议的刚柔并济的效力

层次	复合性监督力度	具体表现	
制发层面	刚性效力 (强制性)	对检察建议的接收与审查	1. 接收再审检察建议 2. 接收后对再审建议内容的审查
接纳层面	柔性效力 (可采性)	1. 是否接受和采纳检察建议 2. 是否启动纠错程序	1. 不予接受和采纳再审检察建议 2. 接受和采纳再审检察建议
回复层面	刚性效力 (强制性)	对检察建议的回复	1. 接受和采纳再审检察建议后的回复 2. 拒绝接受和采纳再审检察建议后的回复
制约层面	刚性效力 (强制性)	1. 拒绝接收 2. 接收后拒绝回复或回复不当 3. 接受后怠于整改或整改不力	1. 跟进监督 2. 提请上级人民检察院提出抗诉,强制启动再审程序 3. 受监督法院的审判委员会予以答复 4. 制发工作改进型检察建议 5. 统计归纳后定期进行通报 6. 报告人大常委会

第二章 民事裁定的形成过程

民事裁定的形成是指本位民事裁定的产生过程，连续性和阶段性这两大民事诉讼基本规律充分体现其中。"正义不仅应得到实现，而且应当以人们能看得见的方式得以实现。"[①] 民事裁定作为代表国家意志的权威性判定，是实施判断的权力主体、法律依据和正当过程等因素综合作用的结果。民事裁定的成立要件包括须由法定的法院和法官做出，有接受裁定的当事人存在，须采用法定形式和合法宣判。对法院做出各种民事裁定的过程进行司法化构建，对提升民事程序的公正与效率具有重要意义。"对于非讼程序，乃适用非讼法理；而诉讼事件则适用诉讼法理，此乃一般性之原则，学理上似亦可容许有部分例外。然而在民事诉讼中之裁定程序，又应适用何等法理？就此，对于其简速性而言，似较倾于非讼法理。"[②]

第一节 民事裁定的启动

一、民事裁定的启动主体

民事裁定在诉讼中的任何环节都可以做出。民事裁定不完全遵照严格的当事人对立结构，有时只针对一方当事人。"裁定的对象非以当事人为

---

① 罗书平：《阳光下的公正》，《中国律师》2000 年第 6 期。
② 姜世明：《民事诉讼法基础论》，元照出版有限公司 2011 年版，第 293 页。

限,对于当事人以外的诉讼关系人也可以作出,例如法院对于证人、鉴定人、执有证物的第三人、代理人处以罚金或命令其负担诉讼费用的裁定。"① 程序性裁判程序的启动是以原被告双方对有关程序问题存在争议为前提的。根据民事裁定启动方式的不同,可将其分为申请裁定和职权裁定。其中,部分裁定只能依申请或依职权启动,部分裁定既可依申请又可依职权启动。

1. 民事裁定依法院职权启动

某些民事裁定只能由法官依职权直接做出,譬如不予受理裁定。此类裁定是法院视案件进展情况自行做出的,从产生上看具有一定的强制性,无须经当事人的同意。

2. 民事裁定依当事人申请启动

某些民事裁定只能依当事人的申请启动。作为对程序性请求的态度,此类裁定具有当事人意志的表达性,是否启动完全依靠当事人的主观意愿,但该裁定成立与否还需经法院的审查,譬如管辖权异议裁定、诉前保全裁定、先予执行裁定、撤诉裁定等。当事人启动程序性请求成功后,还可根据情况撤回启动申请。《民事诉讼法》第127条规定:"人民法院受理案件后,当事人对管辖权有异议的,应当在提交答辩状期间提出。人民法院对当事人提出的异议,应当审查。异议成立的,裁定将案件移送有管辖权的人民法院;异议不成立的,裁定驳回。当事人未提出管辖异议,并应诉答辩的,视为受诉人民法院有管辖权,但违反级别管辖和专属管辖规定的除外。"《民事诉讼法》第101条规定:"利害关系人因情况紧急,不立即申请保全将会使其合法权益受到难以弥补的损害的,可以在提起诉讼或者申请仲裁前向被保全财产所在地、被申请人住所地或者对案件有管辖权的人民法院申请采取保全措施。申请人应当提供担保,不提供担保的,裁定驳回申请。人民法院接受申请后,必须在四十八小时内作出裁定;裁定采取保全措施的,应当立即开始执行。申请人在人民法院采取保全措施后三十日内不依法提起诉讼或者申请仲裁的,人民法院应当解除保全。"《民事诉讼法》第145条规定:"宣判前,原告申请撤诉的,是否准许,由人民法院裁定。"

由于启动申请权是受同一程序性事项牵制的双方当事人平等享有的诉

---

① 齐树洁主编:《台港澳民事诉讼制度》,厦门大学出版社2010年版,第136页。

讼权利，因此存在申请竞合的情况。首先，正如在判决程序中双方当事人针对同一诉讼标的可以分别提出本诉和反诉一样，原被告双方也可针对同一程序性争议分别请求法院做出同类但指向对立的民事裁定。其次，鉴于抵消性法律效果的存在，在一方当事人申请裁定成功后，对方当事人可以申请与之相对应的撤销性裁定。譬如，在一方当事人申请财产保全裁定获得成功后，对方当事人即保全财产的所有人在提供担保后可申请解除财产保全裁定。最后，针对同一程序性争议，双方当事人可分别申请不同的民事裁定予以处理，这是由民事裁定内容上的竞合所造成的。譬如，针对同一仲裁裁决，一方当事人申请撤销该仲裁裁决，而另一方当事人则申请对该仲裁裁决不予执行。《民事诉讼法》第237条规定："对依法设立的仲裁机构的裁决，一方当事人不履行的，对方当事人可以向有管辖权的人民法院申请执行。受申请的人民法院应当执行。被申请人提出证据证明仲裁裁决有下列情形之一的，经人民法院组成合议庭审查核实，裁定不予执行：（一）当事人在合同中没有订有仲裁条款或者事后没有达成书面仲裁协议的；（二）裁决的事项不属于仲裁协议的范围或者仲裁机构无权仲裁的；（三）仲裁庭的组成或者仲裁的程序违反法定程序的；（四）裁决所根据的证据是伪造的；（五）对方当事人向仲裁机构隐瞒了足以影响公正裁决的证据的；（六）仲裁员在仲裁该案时有贪污受贿，徇私舞弊，枉法裁决行为的。人民法院认定执行该裁决违背社会公共利益的，裁定不予执行。裁定书应当送达双方当事人和仲裁机构。仲裁裁决被人民法院裁定不予执行的，当事人可以根据双方达成的书面仲裁协议重新申请仲裁，也可以向人民法院起诉。"

在共同诉讼中，对民事裁定的申请启动应视共同诉讼的类型而定。《民事诉讼法》第52条规定："当事人一方或者双方为二人以上，其诉讼标的是共同的，或者诉讼标的是同一种类、人民法院认为可以合并审理并经当事人同意的，为共同诉讼。共同诉讼的一方当事人对诉讼标的有共同权利义务的，其中一人的诉讼行为经其他共同诉讼人承认，对其他共同诉讼人发生效力；对诉讼标的没有共同权利义务的，其中一人的诉讼行为对其他共同诉讼人不发生效力。"在必要共同诉讼中，任何一个共同诉讼人的诉讼行为，经其他共同诉讼人承认，对其他共同诉讼人发生效力，这种承认包括明示承认和默示承认；在普通共同诉讼中，任何一个共同诉讼人的诉讼行为，对其他共同诉讼人均不发生效力。因此，必要共同诉讼中的单独个人对民事裁定启动的申请效力不同于普通共同诉讼中的单独个人。

3. 民事裁定的职权启动和申请启动的相结合

既可依申请又可依职权启动的民事裁定同时具备申请开启和职权开启的双重属性，其包括诉中保全裁定、诉讼中止裁定、诉讼终结裁定等。《民事诉讼法》第100条规定："人民法院对于可能因当事人一方的行为或者其他原因，使判决难以执行或者造成当事人其他损害的案件，根据对方当事人的申请，可以裁定对其财产进行保全、责令其作出一定行为或者禁止其作出一定行为；当事人没有提出申请的，人民法院在必要时也可以裁定采取保全措施。人民法院采取保全措施，可以责令申请人提供担保，申请人不提供担保的，裁定驳回申请。人民法院接受申请后，对情况紧急的，必须在四十八小时内作出裁定；裁定采取保全措施的，应当立即开始执行。"职权启动和申请启动之间不存在主次先后之分，但不能重复启动。

二、民事裁定的启动期限

民事裁定的启动期限因各个裁定在诉讼中产生阶段的不同而有所差别。譬如，在诉前阶段，就不予受理裁定而言，法院审查起诉的最长期限为7日。《民事诉讼法》第123条规定："人民法院应当保障当事人依照法律规定享有的起诉权利。对符合本法第一百一十九条的起诉，必须受理。符合起诉条件的，应当在七日内立案，并通知当事人；不符合起诉条件的，应当在七日内作出裁定书，不予受理；原告对裁定不服的，可以提起上诉。"就诉前保全裁定而言，鉴于情况的紧急性，法院必须在接受申请后48小时内做出保全裁定。根据《民事诉讼法》第101条的规定，对于诉前保全，人民法院接受申请后，必须在48小时内做出裁定。

在诉中阶段，就管辖权异议裁定而言，当事人应当在案件受理后至答辩期限届满前提出异议申请，法院则应在收到异议申请之日起15内完成审查并得出相关裁定结论。《民事诉讼法》第127条规定："人民法院受理案件后，当事人对管辖权有异议的，应当在提交答辩状期间提出。人民法院对当事人提出的异议，应当审查。异议成立的，裁定将案件移送有管辖权的人民法院；异议不成立的，裁定驳回。当事人未提出管辖异议，并应诉答辩的，视为受诉人民法院有管辖权，但违反级别管辖和专属管辖规定的除外。"1994年《最高人民法院关于在经济审判工作中严格执行〈中华人民共和国民事诉讼法〉的若干规定》规定，人民法院对当事人提出的管辖权异议，应当在15日内做出异议是否成立的书面裁定。就诉中保全裁定而言，法律没有做出具体的硬性规定，只要求法院对紧急情况必须在48小时内做出保全裁定。根据《民事诉讼法》第100条的规定，对于诉中保全，人民法院接受申请后，对情况紧急的，必须在48小时内做出裁定。

第二节 民事裁定的生成

在诉讼过程中，法官可以就程序性争议促成双方举行和解，甚至直接进行调解，双方的合意在一定程度上可对程序性裁判结论产生决定作用。对于法官的违法裁定行为，应对其诉讼法律责任进行追究。"对于人民法院作出的错误裁定所造成的损害赔偿，我国民事诉讼立法也有必要根据具体情况结合过错原则对其加以明确规定；法官进行违法裁判的，还应当追究其民事诉讼法律责任。"①

一、审判组织

在我国，合议制审判和独任制审判的划分标准在于诉讼程序的审级和种类，即第一审简易程序及其内含的小额诉讼程序、特别程序（选民资格案件除外）实行独任制审判，其余均实行合议制审判，判决和裁定适用相同规则。《民事诉讼法》第39条规定："人民法院审理第一审民事案件，由审判员、陪审员共同组成合议庭或者由审判员组成合议庭。合议庭的成员人数，必须是单数。适用简易程序审理的民事案件，由审判员一人独任审理。陪审员在执行陪审职务时，与审判员有同等的权利义务。"第

---

① 廖永安、雷勇：《论我国民事诉讼复议制度的改革与完善》，《法律科学》2008年第3期，第141页。

40条规定:"人民法院审理第二审民事案件,由审判员组成合议庭。合议庭的成员人数,必须是单数。发回重审的案件,原审人民法院应当按照第一审程序另行组成合议庭。审理再审案件,原来是第一审的,按照第一审程序另行组成合议庭;原来是第二审的或者是上级人民法院提审的,按照第二审程序另行组成合议庭。"第178条规定:"依照本章程序审理的案件,实行一审终审。选民资格案件或者重大、疑难的案件,由审判员组成合议庭审理;其他案件由审判员一人独任审理。""裁判是法院实施的诉讼行为,是法官行使其审判职务的行为,因此,书记员、执行员以及其他非法官的职务行为都不能视为裁判行为,这些人在诉讼中的行为只能是一种处分。"①

在日本,"诉讼指挥原则上由法院(合议制时为合议体)为之。但诉讼指挥大多不需要全体共同为之,故其中一部分常委由属于合议体构成员的个别法官,即审判长或受命法官为之。有时,诉讼指挥也委由非受诉法院法官的其他法官(如受托法官或行准备程序的法官)为之"。②在俄罗斯,一审程序中,"裁定都应由合议庭做出,但对于受理起诉或拒绝受理起诉的裁定,在法庭审理前的案件准备阶段所作的裁定,以及将案件连同上诉状或抗诉状送交上级法院的裁定及其他一些在判决执行阶段所作的裁定等,则可以由法官一人单独做出。裁定一般都应由合议庭依照《俄罗斯联邦民事诉讼法典》第16条所规定的程序在评议室里做出。但对于一些解决非复杂问题的裁定,则可以当庭做出,而不必退入评议室。该类裁定一经做出,便应立即予以宣读。不过,即使裁定系在不退入评议室的情况下做出,其仍然应当包括《俄罗斯联邦民事诉讼法典》第224条第4、5、6项所列举的内容,该内容并应记入法庭笔录"。③二审程序中,"上诉案件审理过程中,在案件参加人陈述完毕及检察长对案件做出结论以后,全体合议庭成员即进入评议室对案件做出裁定。上诉审法院在对一审判决是否合法和有无根据进行审查后所做出的决定即被称为上诉裁定。该裁定是由法官在评议室里做出的。裁定做出过程中所产生的一切问题均由全体法官按照多数意见决定和解决;对每一个问题的解决,合议庭的任何一个

---

① 江伟:《民事诉讼法》,高等教育出版社2007年版,第335页。
② [日]三月章:《日本民事诉讼法》,汪一凡译,五南图书出版公司1997年版,第351页。
③ 张家慧:《俄罗斯民事诉讼法研究》,法律出版社2004年版,第307—309页。

成员都无权放弃表决，审判长最后表决；不同意多数意见的成员有权以书面形式陈述自己的单独意见"。① 在英国，"判决和命令一般由法院草拟，但也存在例外情况：法院可以命令或允许当事人草拟判决或命令；法院亦可以认定没有必要草拟判决或命令"。②

笔者认为，某一民事案件中诉讼程序性问题和实体性问题的审判人员同一化有着积极意义，毕竟对程序性事项的处理和对实体争议的判断紧密相关。但是在合议制审判过程中，如何将对程序性事项的合议落到实处，使其不流于形式，是司法实践中有待解决的问题。目前法院诉讼案件数量的庞大、承办法官负责制的实行和某些程序性问题特别是程序指挥裁定所欲解决问题的简单性和快捷要求，使得对民事裁定的合议显得虚化和程序化。按照现行法所规定，受理—审前准备—开庭审理—评议—裁判的审判流程只能实现对程序关口裁定的合议，完全忽略了对诉讼中所形成的民事裁定的合议。开庭审理后的评议所能解决的只是案件的实体问题和当下的程序问题，对于受理、审前准备、开庭审理三个阶段所出现的程序性争议需要及时合议处理，不能等到评议阶段与实体争议一并处理。因此，对在诉讼各阶段出现的程序性争议，均要适时合议处理。此种合议可以采取简便易行的方式。追求建立完善的程序保障体制，为法官的工作提出了更高的要求。

二、审理方式

"自然公正主要包括两项最基本的程序规则：一是任何人或团体不能为自己的法官；二是任何一方的诉词都要被听取。"③ 民事诉讼的审理方式可以分为直接审理和间接审理，具体表现为开庭审理和书面审理，这是对繁简有别原则的贯彻。目前在我国，"对于大多数程序性争议问题，法院通常按照行政审批的方式加以裁决，而没有给予控辩双方加以举证、质证和辩论的机会。结果，在程序性争议的解决方面，法院只给出程序性裁判的结果，而没有举行程序性听证的过程"。④ 在德国，就程序性争议的

---

① 张家慧：《俄罗斯民事诉讼法研究》，法律出版社2004年版，第390—392页。
② 汤维建主编：《外国民事诉讼法学研究》，中国人民大学出版社2007年版，第43页。
③ ［英］戴维·M. 沃克：《牛津法律大辞典》，光明日报出版社1988年版，第628页。
④ 陈瑞华：《程序性裁判中的证据规则》，《法学家》2011年第3期，第140页。

解决，法院可以决定采取对审方式通知双方当事人到场进行言词辩论，也可以采取一面书面审理。

1. 书面审理

大多数民事裁定的形成过程中，开庭辩论并非其生成要件，法官可通过书面审查相关材料而径行做出。开庭审理需要花费通知当事人、当事人准备辩论等时间，纯程序性问题的复杂、零散和绵长使得某些程序性争议在一次开庭中未必能一次性、集中性解决，而特地的单独、多次开庭势必会加大对诉讼资源的浪费。特别是双方对程序性问题不持异议而只需确认的情况下，法庭没有必要举行庭审和言词辩论程序。对民事裁定进行书面审理的优势在于提高诉讼效率，避免程序性裁判过程的繁杂冗长，对程序性争议的尽快解决将为程序救济留下程序空间。

书面审理是间接审理原则的具体体现，其要求以书面形式进行诉讼，有权做出最终裁判的法官可根据相关的书面材料和证据来认定事实并做出裁判。就书面审理的适用范围而言，其主要针对程序性请求，也包括部分程序性争议。适用书面审理的民事裁定包括：第一，诉前裁定和诉后裁定。鉴于这两类裁定在产生时间上的特殊性，通常只能通过书面予以审理。譬如，不予受理裁定即为诉前裁定，因为无法开庭，只能通过书面审查得出结论，其属于一面审理。第二，程序指挥裁定。纯程序性争议的裁判结论会对民事诉讼的进程产生不同程度的影响，但一般不会直接影响案件的实体结果。第三，紧急情况下的实体性裁定。譬如诉前和仲裁前的行为保全、财产保全、证据保全裁定，对其实施开庭审理与其紧迫性直接冲突，开庭审理有可能导致审理的本案化，致使法院无法及时做出裁定。

书面审理包括单方参与审理结构与对席审理结构。单方参与审理结构即一面审理，只根据一方当事人（通常为裁定启动申请方）提供的诉讼材料和程序性请求进行审理；对席审理应根据双方提供的诉讼材料和程序性争议进行审理。原告或被告向法官提出程序性请求或争议并提交证据后，法官就书面材料直接进行审查并做出裁判，不一定要召集双方进行对质和交叉询问，但在必要时法官也可以要求申请人到庭询问相关事实。

2. 开庭审理

开庭审理是直接审理原则的具体体现，其要求有权做出最终裁判的法官必须在亲自参加证据审查、听取当事者双方的主张和辩论并直接接触证据的基础上做出裁判，其只属于对席审理。适用开庭审理的程序性问题主要是程序性争议，其可产生的民事裁定包括非紧急情况下的实体性裁定和程序关口裁定。

对程序性争议的开庭往往与对实体性争议的庭审相结合，即在一次开庭的过程中同时处理实体性争议和程序性争议。因此庭审可分为两个阶段，第一个阶段应首先确定有无程序性事项需要审理，如有，则法官应仅就程序性事项进行审理，经过举证、质证、辩论做出裁定后，再进行第二个阶段的实体性事项审理。如此一来，实体庭审过程可避免因程序性事项的审理而中断。如无待审理的程序性事项，则可以直接进入实体审理阶段。

我国现行法没有设置双方当事人在开庭审理过程中对程序性争议进行辩论的程序，民事裁定的形成基本不以辩论为要件。"裁定只有在例外情况下基于必要的言词辩论作出，通常情况下无言词辩论或在任意可选择的言词辩论之后作出。"[1] 在我国台湾地区，"有无行言词辩论，或命关系人以书面或言词陈述之必要，由为裁定之法院、审判长、受命法官或受托法官，依其自由意见为之"。[2] "裁定原则上不经言词辩论，由法官或审判长，受命法官就当事人或其他关系人非实体上争点或其他程序事项，不须经一定程式或书面为之意思表示。"[3] "裁定前，不经言词辩论者，除别有规定外，得命当事人或其他关系人以书状或言词陈述。"[4] 笔者认为，对于开庭审理的程序性争议，应遵循言词辩论程序，法官、当事人和证人等应在法庭上直接参与审判，当事人在法庭上通过言词形式开展质证和辩论，法官亲自听取当事人陈述和证人作证。言词审理具有简便迅速的特点，有助于法官和当事人尽快发现争议焦点，进而提高发现真实的效率，推动诉讼迅速进行。

在开庭审理过程中可能出现一方当事人缺席的情形。对席裁定是法院在双方当事人均到庭参加案件开庭审理的基础上所做的裁定，其是诉讼的常态。法庭开庭审判时，当事人或其诉讼代理人必须到庭，法官必须亲自、直接从事法庭调查和证据采纳。"当事人虽于言辞辩论期日不到场，或到场不为辩论，仍得专据卷宗，而为裁定。即两造迟误此项期日，亦不

---

[1] 赵蕾：《非讼程序论》，中国政法大学出版社2013年版，第155页。
[2] 陈计男：《民事诉讼法论》，三民书局2009年版，第401页。
[3] 庄柏林：《民事诉讼法概要》，三民书局2010年版，第85页。
[4] 庄柏林：《民事诉讼法概要》，三民书局2010年版，第85页。

生合意停止问题。"① 与对席裁定相对的是缺席裁定。从客体上看，缺席裁定的适用行为包括当事人无故不参加庭审和虽已参加庭审，但未经法庭许可而无故退庭。从主体上看，缺席裁定的适用对象包括被告、无诉讼行为能力的被告的法定代理人、被告反诉情况下的原告及法院裁定不准许撤诉的原告。

三、程序性证明

程序性证明是指在民事诉讼中一方或双方当事人就案件中的程序性争议或程序性请求运用证据向法官进行的论证、说服活动。程序性证明是诉讼证明的重要组成部分，其和与其相对应的实体性证明是以证明对象的性质为区分标准的。程序性证明制度同样由证明对象、证明主体、证明责任、证明标准、证明程序等要素构成。"在裁定程序中，仍有举证责任分配之问题，且除非法有明文应释明者外，其仍应为证明之程序，在证明度上仍与释明有所区别。"② 目前我国程序性证明的缺陷在于法律只是笼统地规定证明对象和证明责任，没有将程序性争议事实完整、独立地纳入证明对象，没有具体设置双方当事人对程序性事项的举证、证明程序，进而未能构建本应包含证明责任和证明标准的证明规则体系。

1. 证明阶段

程序性证明贯穿于民事诉讼整个过程。程序性证据的特点在于部分产生于诉讼启动之前，部分产生于诉讼运行之中，因此程序性证明除贯穿于诉讼程序之中外，还可以存在于诉前或诉后阶段，并且该类情况在整体数量中占有一定比例。

2. 证明对象

程序性证明的对象或客体是包括程序性请求的理由和程序性争议在内的程序法事实。其中，程序性争议是指原被告双方对某一程序事实的合法性发生的争议，程序性请求则是原告或被告为启动某一程序或实现某项程序权利向法官提出的请求事项。对于"无需当事人主张法院就应当主动查明的程序性事项，其是否存在虽然也同样需要用证据证明，但是由于人

---

① 王甲乙、洪慧慈、郑健才：《民事诉讼法新论》，三民书局2007年版，第247页。
② 姜世明：《民事诉讼法基础论》，元照出版有限公司2011年版，第293页。

民法院在民事诉讼中不是承担举证责任的主体，因此，此类程序性事实不应被视为证明对象"。①

3. 证明责任

《民事诉讼法》第64条规定："当事人对自己提出的主张，有责任提供证据。当事人及其诉讼代理人因客观原因不能自行收集的证据，或者人民法院认为审理案件需要的证据，人民法院应当调查收集。"因此在司法实践中时常出现两种自相矛盾的做法。第一，当事人对程序性事项不负证明责任，其属于法院自行审查和单方决定的范围，法官决定程序性事项的权力处于近乎不受控制的状态。譬如，《最高人民法院关于民事诉讼证据的若干规定》第15条对法院依职权调查收集证据的范围进行了规定："'人民法院认为审理案件需要的证据'，是指以下情形：（一）涉及可能有损国家利益、社会公共利益或者他人合法权益的事实；（二）涉及依职权追加当事人、中止诉讼、终结诉讼、回避等与实体争议无关的程序事项。"第二，法院要求当事人对自己的全部主张负完全的证明责任，剥夺当事人行使权利的机会。"由于程序性裁判机制的缺乏，程序性证明只发生在审判程序中，且与实体性证明掺杂在一起，没有形成独立的证明活动，这就不可避免地使程序性证明成为实体性证明的附庸。"② 笔者认为，对程序性事项的查明，部分需要法官依职权或依申请查明，部分需要当事人承担证明责任。就当事人对程序性事项所承担的证明责任而言，首先，程序性请求应由请求方承担证明责任。请求方在提出程序性请求时，对方可能尚未参与到诉讼程序中，即使已参与到诉讼程序中，也可能尚未提出异议，因此提出程序性请求的一方对自己的请求应承担证明责任。其次，程序性争议应视具体情况由双方当事人共同承担证明责任，通常主张事实存在的当事人负有举证责任。

4. 程序性证明与实体性证明的关系

程序性证明与实体性证明交错进行，但独立于实体性裁判，与实体性证明相分离。实体性证明通常只能在各审判程序（包括一审、二审、再审程序等）中进行，"实体证明最早开始于一审程序（并不仅局限于一审），且必须要在一审法庭开庭审理时按照举证、质证、认证等证明环节

---

① 宋朝武：《民事诉讼法学》，中国政法大学出版社2012年版，第190页。
② 闵春雷：《刑事诉讼中的程序性证明》，《法学研究》2008年第5期，第147页。

顺次展开"。① 与之不同,程序性证明的开展具有灵活性,可以根据案件的需要随时展开。当当事人提出程序性争议或程序性请求时,法官应及时中止实体性证明,就该程序法事实是否成立展开新的独立的程序性证明。

四、基础裁定

某一民事裁定在刚做出之时未必拥有基础裁定的性质,但其后相关裁定的做出是以其存在为基础的,进而使其成为基础裁定。基础裁定不是一个独立的概念,而是一个与其后裁定相对应的事后概念,具有手段性、阶段性、服务性的特点。为此,某一民事裁定所拥有的基础裁定地位的形成源于客观上诉讼情况的进展,而非出自其做出时的主观目的,因此其并非预备性裁定。譬如,对于在起诉受理阶段尚无法辨明是否符合立案条件的案件,一般先予受理,受理之后发现其不符合立案条件的,再裁定驳回起诉,这其中的先予受理裁定就呈现出基础裁定的属性。《最高人民法院关于适用〈中华人民共和国民事诉讼法〉若干问题的意见》第139条第1款规定:"起诉不符合受理条件的,人民法院应当裁定不予受理。立案后发现起诉不符合受理条件的,裁定驳回起诉。"又如,若原告的撤诉申请得不到法庭的支持,则对于其经传票传唤无正当理由又拒不到庭的行为,法院是有权缺席判决的。那么不准撤诉的裁定相对准予实施缺席判决的裁定而言,便处于基础裁定的地位。再如,对于无法直接送达传票,经公告送达后仍不出庭的当事人,可以采取缺席判决。那么启动公告送达的裁定相对启动缺席判决的裁定而言,便属于基础裁定。基础裁定必然是在诉讼过程中做出的,其具有预决力,使其所认定的程序性事实和产生的法律后果将对其后的民事裁定产生约束力,但必然不会发生终结诉讼的法律后果。

五、中间裁定

中间裁定是指为了实现终局裁定,法官就待解决的程序性问题中的先

---

① 孙记:《程序性证明——一个证据法学不可缺失的概念》,《北方法学》2007年第5期,第112页。

决问题所预先做出的裁定。中间裁定的形成源于程序性先决问题的存在，程序性先决问题作为预备性程序事项，其是相对独立的裁定对象。"中间之争点包括诉讼进行中所生程序上之争执，与本案之实体中间争执无关。将此中间程序上之争点以中间裁定方式行之，不仅符合裁判之一贯形式，而裁定程序较判决程序简化，实务上亦必乐于适用。"① "先决性程序事项作为裁判事项与作为裁判理由在效力和救济途径上均存在差异，就程序性先决事项而言，争议均应经当事人辩论作出中间裁判。"② 对于中间裁定，不一定要单独提起中间救济，当事人可就中间裁定事项与终局裁定一并提起救济，这有利于救济机关在救济程序中对事实和争点的全面审查。

六、先行裁定

先行裁决是指在民事诉讼中对一些事项先行予以裁判，此种裁判处理方式所针对的既可是实体性事项，也可是程序性事项；既可是诉讼进行中的判决，也可是终局判决。其中，先行裁定又称一部裁定、部分裁定，是指法官为促进案件的审理、为使当事人早日获得确定的裁定从而使权利能得到迅速救济，有意识地将待裁定程序性事项中的一部分分离出来并率先做出裁定。先行裁定是受诉法院有意在待裁定的程序性事实中选择已达到可裁定的部分提前做出裁定，而余下部分则待时机成熟时再做出裁定，其目的在于避免诉讼程序的混乱与滞延。"诉讼程序上之部分争点，达于可为裁判之程度者，法院得先为裁定。"③

先行裁定的存在基础在于待裁定的程序性事项的可分性。可分性要求待裁定的程序性事项的内部组成部分不是单一的，彼此之间虽然相关联、形成整体，但可进行分割，分割后相对独立并可单独存在。鉴于先行裁定是受诉法院有意识的行为，因而法官可在民事裁定书中或以口头的形式将相关情况告知当事人。譬如，当事人申请对多项财产进行保全，若其中部分财产的归属尚存争议，法院则可就其中的已无争议财产先行保全，其余部分待经调查归属明确后再行保全。当先行裁定与余后裁定之间在内容上

---

① 杨建华：《问题研析——民事诉讼法（二）》，三民书局1999年版，第161页。
② 相关观点参见傅郁林《先决问题与中间裁判》，《中国法学》2008年第6期，第160页。
③ 陈计男：《民事诉讼法论》（下），三民书局2009年版，第7页。

产生矛盾时，应将所有待裁事项收归成一个整体进行综合判断，以消除先、后裁定中的非协调因素。

第三节　公证活动对民事裁定形成的辅助效用

公证活动对民事裁定形成的辅助效用缘于公证对民事诉讼程序法律事实的探知。公证的法律效力主要体现在证明力，公证的证明效力是指公证文书在诉讼中作为可靠证据，经法定程序公证证明的法律事实和文书在诉讼中将成为免证对象，通常情况下被推定具备真实性和合法性，可直接作为认定事实的根据而无须当事人另行举证。《公证法》第36条规定："经公证的民事法律行为、有法律意义的事实和文书，应当作为认定事实的根据，但有相反证据足以推翻该项公证的除外。"《最高人民法院关于适用〈中华人民共和国民事诉讼法〉若干问题的意见》第75条规定："下列事实，当事人无需举证：……；（5）已为有效公证书所证明的事实。"《最高人民法院关于民事证据的若干规定》第9条规定："下列事实，当事人无需举证证明：……；（六）已为有效公证文书所证明的事实。前款（一）、（三）、（四）、（五）、（六）项，当事人有相反证据足以推翻的除外。"公证的证明效力具有相对性，公证的本质是"可反驳的推定"，允许当事人提出反证予以推翻。

2012年《民事诉讼法修正案》对公证范围进行了整理。《民事诉讼法》第69条规定："经过法定程序公证证明的法律事实和文书，人民法院应当作为认定事实的根据，但有相反证据足以推翻公证证明的除外。"鉴于法律事实按照是否与当事人的意志有关，可包括法律行为和法律事件，因此本次修法在公证证明的对象中取消了法律行为一项。此条修改是对公证活动的适用范围的表达进一步科学化，理顺了法律行为和法律事实的关系，仅属于规范性的技术调整，并没有对公证范围进行根本性扩大或缩小，对未来公证行业的业务范围不会产生实质性影响。

一、对民事诉讼程序法律事实实施公证的积极意义

"现代社会之法律思想，已经由传统之事后损害赔偿制裁之救济方

法，进入以事前预防损害及实现权利之保护措施。"① 对于许多特别是在诉讼活动开启前所发生的相关事实，由于其表面上并没有与实体纠纷形成直接关联而容易被起诉前的利害关系人所忽略。然而在诉讼程序启动之后，当该利害关系人转化为当事人并发现之前所经历的相关事实对诉讼进展有着重要性而企图予以运用时，往往由于该事实证明材料的消灭而取证不能，最终只能因举证困难陷入难以请求、选择开展对其有利程序措施的被动状态。"程序中某一环节一旦过去，或者整个秩序一旦结束，就不能回复或者重新启动，这是程序有序性的必然延伸和逻辑归结。"② 因此，在诉讼前或诉讼中及时对相关程序法律事实进行及时保全是十分必要的。但由于此种保全具有一定的前提性、先知性和急迫性，因此对相关利害关系人的法律知识水平、社会经验的丰富程度、对事实的敏感程度、对自身权利的保护意识以及对诉讼解决纠纷的心态都有着较高程度的要求。

对于利害关系人或当事人承担证明责任的程序法律事实，若发生在诉讼之中，当事人一般会以向法院申请证据保全作为常用手段。但有时法院难以提供有力保障或难以及时、全面地满足当事人的请求，此时当事人向公证机关请求合法援助不失为有效途径。对于发生在诉讼程序启动之前、今后一旦起诉势必将用于影响诉讼活动的相关事实，尽管也有诉前证据保全这种先行向法院请求保护的铺垫性保全方式，但由于法院整体上对诉前纠纷介入具有缺乏性、被动性、缓慢性的特点及在司法实践中常常出现消极不作为的情况，因此公证机关在此情况下相关作用的发挥更显得积极必要。公证活动所具有的固定、保全功能与程序法律事实的短暂性、流逝性、不可逆性有着天然的吻合契点。公证服务的有偿性使公证活动所体现出的及时高效与公证活动的随时性、自主性、不依附诉讼性以及公证文书的免证效力相结合，对程序法律事实的固化提供了工具性保障。

二、对民事程序法律事实进行公证性固化的操作

为了免除或减轻自行收集证据的压力，当事人及其代理人可以通过公

---

① 陈荣宗、林庆苗：《民事诉讼法》，三民书局1999年版，第882—883页。
② 陈桂明：《程序理念与程序规则》，中国法制出版社1999年版，第4页。

证的方式进行证据收集。当前司法实践中，通过公证所固定的证据的被采证率的提高意味着公证对证据证明力的加强有着积极的意义。对程序法律事实的公证一般属于申请公证，对民事程序法律事实的公证性固化的实施是以案件利害关系人或当事人的积极主动为基本条件的，对其诉讼意识和法律水平都有着较高的要求。审判的被动性和公证活动开展的被动性均遵循着"不告不理"的私权保护理念，对自我权益保护所应具有的主动性是将程序法律事实和证据公证保护这两大领域联系起来，并最终实现公证性固化，进而影响诉讼结果的纽带。

1. 起诉要件——送达——缺席判决

《民事诉讼法》规定的起诉条件包括"有明确的被告"，司法实践中通常将提供被告的住址、工作单位、电话等个人信息视为对该项条件的满足。《民事诉讼法》第121条规定："起诉状应当证明下列事项：……；（二）被告的姓名、性别、工作单位、住所等信息，法人或者其他组织的名称、住所等信息……"若原告提供的上述信息无法使法院积极有效地联系到被告进而不能实施送达活动，即视为起诉条件的不满足，将引发裁定不予受理或驳回起诉的结果。细析送达不能的原因，原告所提供的相关信息不准确的情况固然存在，但被告有意逃避诉讼的情形还是较为常见的。被告有意逃避诉讼是缺席判决的适用条件。为此，利害关系人若在诉前及时实施非争议性事实证明性公证，将所欲起诉的对象的住址、工作单位、电话等个人信息通过公证予以固化，则可在起诉后应诉通知书等材料送达不能的情况下将相关公证证明材料提交至法官，进而最终获得缺席判决这一程序性审判结论而非不予受理、驳回起诉等诉讼不予启动的裁定。

2. 管辖

被告住所地是确定管辖的重要连接点。在当前的司法实务中，恶意诉讼、地方保护主义的盛行致使原告常常利用自己所掌握的被起诉人住所、居所不定的事实或通过编造被起诉人的住所地，向有利于自己进行诉讼的法院起诉。受诉法院明知自己没有管辖权却坚持立案，并在随后的管辖权异议程序中进一步实施倾向性的违法保护。为了打破以管辖为首要目标的诉讼偏向，被告应在诉讼前就加强对自身利益的保护，以身份公证来作为支持"被告住所地"判断的有力工具。当事人在向公证机关办理身份公证时，应提交居民身份证、户口登记簿等相关证明材料。

3. 确定诉讼身份

法定代表人、其他组织负责人的诉讼地位、诉讼权限、诉讼行为的效力、诉讼责任的承担等内容在涉及法人和其他组织的诉讼中有着特殊性和重要性。然而法定代表人、负责人、经理、厂长等人事资格的可变性与营业执照、社团登记证、企业章程变更登记的滞后性使得身份资格的认定成为该类案件所需解决的首要问题。为此，特殊身份公证、法人资格公证、个人独资企业资格公证及领导资格公证在此类案件中可发挥有效作用。

4. 公告送达

公告送达的效力在于突破客观事实的限制，以假想事实的存在为根据产生一种推测的法律效果。公告送达作为一种拟制送达，其所产生的法律后果是推定出来的，且具有较大的诉讼风险，常常出现法律事实和客观事实不一致的情形。现行法将公告送达的适用条件界定为"下落不明，无法按其他方式送达"。在语意上，"下落不明"并非可以量化的语句，对此的解释将因人而异，因此由原告承担对被告下落不明状态的证明责任是启用公告送达的基础之所在。对原告所提交的用于证明被告下落不明的证据，为达到较高的证明力要求，原告只有持相关公权力机关所出具的文书方可到法院办理公告送达手续。若被告为自然人，由住所地的村民委员会、居民委员会、公安机关户籍登记管理部门等协助；若被告为法人或其他组织，由工商行政登记管理机关等协助。上述相关措施的开展需以村民委员会、居民委员会等单位的积极配合为前提，若地方保护主义存在，势必会给原告的取证工作带来困难，此时身份公证等非争议性事实证明性公证的作用可以有效发挥。

5. 电子送达

《民事诉讼法》在 2012 年修订时，新增加了电子送达这种独立的送达方式。《民事诉讼法》第 87 条规定："经受送达人同意，人民法院可以采用传真、电子邮件等能够确认其收悉的方式送达诉讼文书，但判决书、裁定书、调解书除外。采用前款方式送达的，以传真、电子邮件等到达受送达人特定系统的日期为送达日期。"如同电子数据产生的背景一样，在人口快速流动的当下时代，法院送达工作面临人口迁移和路途遥远的挑战。《民事诉讼法》在修改中对电子送达方式的增加，旨在实现对诉讼文书快速、有效的送达，顺利地推进诉讼进程，进而提高诉讼效率、降低诉讼成本。传真、电子邮件等送达方式本身所具有的隔空性和技术故障可能性使得当事人在接受人民法院电子送达时需承担一定的风险。尽管电子送达方式的采用必须以受送达人同意为前提条件，但当事人在选择之后还应进行自我风险防范，运用公证进行自我保护无疑是积极选择。譬如，电子送达日期是以传真、电子邮件等到达受送达人特定系统的日期为确定标准的，对该日期进行公证可防范由此而产生的争议。

6. 证人不能出庭

证人证言具有较强的主观性，其真伪需要以质证的形式加以辨别。证人证言势必只能对处于对抗中的一方当事人有力，不利方与证人的辩论将成为查清案件事实的重要手段。因此证人出庭作证是程序公正的基本要求，是保障诉讼程序得以顺利进行的前提，是其参与诉讼的重要组成部分，是其承担的基本诉讼义务，是直接言词原则的重要体现，有利于提升案件审理的透明度。但是，证人出庭也应本着尊重人权的原则，对因客观条件的限制而确实无法亲自到庭的证人，允许其以其他的方式代为作证。对无法到庭作证条件满足与否的判断在司法实务中存在较大的难度，长期以来证人出庭难已成为我国司法制度改进中的瓶颈问题。

《民事诉讼法》在2012年修订时对证人不能出庭作证的理由及替代性作证方式进行了全新规定。《民事诉讼法》第73条规定："经人民法院通知，证人应当出庭作证。有下列情形之一的，经人民法院许可，可以通过书面证言、视听传输技术或者视听资料等方式作证：（一）因健康原因不能出庭的；（二）因路途遥远，交通不便不能出庭的；（三）因自然灾害等不可抗力不能出庭的；（四）其他有正当理由不能出庭的。"言词证据的证据能力的取得及证明力的发挥是以案件关联人在特定的时间、地点向特定的主体进行思想交流和表达为基本要求的。证人提供书面证言是指证人在法庭审判之时以书面证言的方式代替到法庭进行亲口陈述，采用书面证言只能是无奈之举，是例外的、非常规的、非首选的作证方式。书面证言因庭审过程中当事人很难针对证言展开必要的质证、询问、控辩，进而在客观性和真实性上有所下降。尽管本次修法也规定了视听传输技术或者视听资料等方式作证，但其作为现代化科技水平的发展产物，对客观条件有着较高要求，现阶段难以在全国范围内普及。

为此，对证人在庭外作证的过程和结果进行公证是实现庭外作证有效性的积极措施，此种保全性公证的优势在于其使得庭外作证活动的开展不受时空的限制，对因某种原因不能到庭的证人的证言的保全体现出较大的灵活性和便利性。譬如，"向有危重伤病的人提取证人证言时，应当由医生证明其意识状况并对全过程录音或者录像；向未成年人或者间隙性精神病患者提取证人证言时，应当审查其年龄、智力或者保全时的精神健康状况，并有监护人在场"。① 当然，对庭外证人证言的保全公证虽不能从根本上解决庭外证人证言可信度这一难题，但在一定程度上可以起到缓解作用，该公证即使难以充分保证该证人证言的真实性，但对其客观性还是能给予有力支持的。

7. 电子证据

2012年《民事诉讼法》在修订时增加电子数据作为一种独立的证据形式。《民事诉讼法》第63条规定："证据包括：（一）当事人的陈述；（二）书证；（三）物证；（四）视听资料；（五）电子数据；（六）证人证言；（七）鉴定意见；（八）勘验笔录。证据必须查证属实，才能作为认定事实的根据。"电子数据是指以电子形式存在的可以证明案件事实的一种证据形式，其是现代科学技术的发展、无纸化办公已成为社会主流的产物。从本质上讲，电子数据与以往传统的证据并无实质差异，只是证据的承载主体不同。目前电子数据在我国的发展相对比较成熟，在司法实践中常见的电子数据主要包括手机短信、电子邮件、网络聊天记录、电脑手机等访问网页材料、电子数据文件等。鉴于电子数据附于一定的物质载体之上，易被删除和篡改，因此需要及时保全。当然在2012年修法之前，公证实务中对电子数据的保全已非常频繁，该类公证业务业已发展得较为成熟。在法律赋予电子数据独立证据形式的新背景之下，如何将电子数据的保全在保全时间、保全方法、收费标准等方面与传统的书证和物证相区别，以更为新颖和独特的方式运用于公证实务之中，是值得进一步研究和探讨的问题。

8. 不可抗力

针对已经发生的不可抗力事件，当事人可以请求公证机关对与其相关的新闻报道、调查报告、查验报告等加以证明。首先，必须到庭的当事人或其他诉讼参与人应当到庭而没有到庭的，将引发撤诉或缺席判决的法律后果，除非有不能到庭的正当理由。不可抗力事件及对其的公证是未到庭

---

① 张文章主编：《公证制度新论》，厦门大学出版社2005年版，第253页。

人解释违反法庭规则的理由和证明自己免责的工具。其次，对不可抗拒事件的公证在促进当事人恢复、延长诉讼期限的申请理由中具有推进作用。《民事诉讼法》第65条第2款规定："……当事人在该期限内提供证据确有困难的，可以向人民法院申请延长期限，人民法院根据当事人的申请适当延长……"第83条规定："当事人因不可抗拒的事由或者其他正当理由耽误期限的，在障碍消除后的十日内，可以申请顺延期限，是否准许，由人民法院决定。"2001年《最高人民法院关于民事证据的若干规定》第36条规定："当事人在举证期限内提交证据材料确有困难的，应当在举证期限内向人民法院申请延期举证，经人民法院准许，可以适当延长举证期限。当事人在延长的举证期限内提交证据材料仍有困难的，可以再次提出延期申请，是否准许由人民法院决定。"再次，不可抗力是引发诉讼中止的原因之一。不可抗力事件往往发生于诉讼活动之外，当事人在向法院申请中止诉讼时，必须向法院提交相关的证据材料作为申请依据，不可抗力事件公证可成为促进诉讼中止裁定生成的有效工具。

9. 诉讼中止和诉讼终结

自然人死亡是引发诉讼终结的直接原因，也是引起诉讼中止的构成性条件之一。公证机关对某一自然人已经死亡的事实予以确认的死亡公证有着重要作用，其所出具的载有死者的姓名、性别、死亡日期及地点、死因等信息的死亡证明书是启动诉讼终结、诉讼中止的有力证据。同理，法人资格公证、非法人组织资格公证可用于对法人或其他组织终止的资格证明，进而对涉及法人、非法人组织的诉讼终结、诉讼中止程序同样起着重要的作用。

10. 申请宣告失踪和宣告死亡

下落不明是启动一般地域管辖中"被告就原告"情形的条件之一。"对于下落不明的自然人申请公证，或者对于在某次意外事件或不可抗力中无生还的自然人申请死亡公证的，公证机关应当严格按照我国民事诉讼法的规定告知当事人向有关法院启动相应的非讼程序，而公证本身无权受理。"[①] 然而，在申请宣告失踪、宣告死亡的程序中，对监护人身份的确定非常关键。因此，公民、法人或其他组织就被监护人的监护权问题向公证机关申请确认亲属关系的公证在此类案件中有着积极意义。同

---

① 杨荣元主编：《公证制度基本原理》，厦门大学出版社2007年版。

理,"公证机关根据当事人的申请,对当事人之间的收养法律关系,依法证明其真实性与合法性的活动在此类案件中也有着相似的意义"。①

11. 诉讼契约

诉讼契约作为以产生诉讼法上的效果为直接目的的当事人之间的合意制度,尽管在我国当前立法中尚未明确确立,但协议管辖、简易程序约定、举证期限约定等现有的相关制度是对诉讼契约制度的具体细化和表现,体现出诉讼契约的发展潮流和趋势。诉讼契约既可在诉讼过程中形成,也可在诉讼开启之前形成,并且大多数都形成于诉讼之前。因此,可对文书签字、单位盖章的真实性、合法性予以证明的文书签名、印鉴、日期公证将对诉讼契约制度今后的蓬勃发展起到推动和支持作用。

---

① 吴凤友主编:《中华人民共和国公证法释义》,中国法制出版社2005年版,第49页。

第三章 民事裁定的表达形式

民事裁定的形式即民事裁定的程式和载体，是民事裁定所依据的事实和理由、推理过程、结论及效力的表现方式。法官对程序性争议的内心解读和判断只有通过合理的渠道表现出来才能达到良好的效果，科学的载体是体现民事裁定效果的基本要素。

第一节 民事裁定的形式种类

形式服务于内容，合理、完整、科学的形式更能全面、准确地反映内容。内容和形式的辩证关系决定了司法过程中的形式理性对维护当事人诉讼权利的重要性。民事裁定包括口头裁定和书面裁定两种形式。

一、口头裁定

口头裁定的意义在于及时快速地推进案件进程，通常其和书面裁定具有相同的效力。尽管口头裁定不需要制作单独的书面文件，但应对相关情况制作成笔录附卷或附记于其他裁判之中，该规定类似于对调解书和调解笔录之间简化关系的设计。《民事诉讼法》第 154 条规定，"口头裁定的，记入笔录"。在我国台湾地区，"裁定无一定程式，得以文书为之，亦得以言词为之。以言词为裁定者，谨由书记官记明笔录为已足"。[1] 笔者认

---

[1] 郭杏邨：《民事诉讼法》，商务印书馆（香港）有限公司 1936 年版，第 157 页。

为，口头裁定仅仅是书面裁定的一种例外和补充，主要适用于情形简单和情况紧急两种特殊场合。将口头裁定适用范围设置得过宽并大量适用将丧失法律的权威性和严肃性，易助长法官在实施裁定行为上的随意性，进而直接损及当事人的诉讼权利。为此笔者建议，口头裁定仅能适用于程序指挥裁定，并且限于情况紧急下使用。

二、书面裁定

书面裁定即民事裁定书，是民事裁定的基本和全面的表现形式。民事裁定和民事裁定书是不同的诉讼概念，二者既有联系又有区别。民事裁定书是记载民事裁定内容的书面形式，其除了记载争议的程序问题、裁定理由和处理结果外，还包括其他事项。

1. 书面裁定的意义

首先，优质民事裁定书的科学逻辑体系和完整结构编排有利于反映并促进法官形成优良的思考顺序，减少因逻辑混乱而造成的误判。合理的心证与科学的文书形式相辅相成，良好裁定书的顺序构成既符合认识规律，也易于法官的清楚表达。"民事裁判思考是一个分阶段的理性论证过程。一般认为，民事裁判思考过程分为发现事实、寻找法律和适用法律三个阶段。从认识科学和裁判实践来看，民事裁判思考过程应分为浏览式思考和实证性思考（包括发现事实、寻找法律和适用法律）两阶段。两阶段裁判思考路径作为一种法学方法论，具有域内的普适性，对裁判效益的提高、司法公正的实现意义非凡。"[①]

其次，当事人及社会公众可以通过民事裁定书所拥有的透明度和客观性形式对法院具体的论证过程有所了解，从而增加案件的审理透明度。民事裁定书作为展示司法程序的静态记录，对法院的审判活动和诉讼程序具有重现功能。"怎样才能使司法程序合法且被公知？审判程序的公开是一种努力。但众所周知，一个一直运动的过程是很容易异化而不被觉察的。让运动的痕迹停顿下来、保留下来，在动中加入静的成分，动之以成静，静之以辅动，是更有效的制约。"[②] 通过民事裁定书公开诉讼过程、反映

[①] 卢雪华：《民事裁判思考过程解析》，《国家检察官学院学报》2009年第1期，第143页。
[②] 魏伟：《判决书写作模式再思考——以理论重构和制度保障为视角》，《东方法学》2008年第4期，第147页。

诉讼原貌和法官心证，有利于对当事人知情权的保护。此外，符合程序正义要求的诉讼程序还可以增进判决结果的合乎正当性。"现代司法之所以强调裁判文书的说理论证，其目的是为了证明司法权力行使的正当化，促使当事人自觉接受裁判结果，服判息诉。"[1]

再次，完整的民事裁定书能有效限制和防范法官对自由裁量权的滥用，防止司法腐败，实现对诉讼活动的法律监督。民事裁定书对审判过程和诉讼程序问题解决方式的全面再现和公开，可以使当事人从中判断诉讼程序的合法性，增加法官在实施自由裁量权时的心理压力，有利于社会各界对法官及法院审判活动的知悉，进而取得监督和制约法官的权力、保障当事人的诉权和诉讼权利的法律效果。"裁判文书的主要目的一方面在于向当事人展示法官的判断过程，使当事人能够了解和监督法官的审判活动，从而保证审判过程和作为其结果的判断具有公正性与合理性；另一方面则是为上诉裁判提供审查的对象和材料，但归根结底是要为审判的公正合理提供保障。"[2]

最后，民事裁定书是对民事裁定进行救济的首要证据。"程序制度所解决的问题是，如何为寻求救济的当事人提供一个公平、高效的通道。"[3]民事裁定书作为对程序性问题的处理证据和依据，是对当事人诉讼权利行使状况的反映，其对民事裁定救济措施的开展具有积极意义。救济的本质在于判断，其是建立在初次判断和前几次判断的基础之上的，只有对先行判断进行完整的记载和保存，才能使后判断达到最大限度的精准和迅捷。程序活动本身具有抽象性，唯有民事裁定书可以对相关诉讼进程予以证明。

2. 强制书面裁定

通常情况下，法官对民事裁定表达形式的选择具有自由裁量权。在我国长期司法实践中，口头裁定的运用较为混乱，法官常常在案件的审理过程中，在对当事人的诉讼意向予以否定的场合发布口头民事裁定并且拒绝在笔录中记载相关情况，这不仅使当事人无法证明自己曾经提起过程序请求，也变相阻碍和剥夺了其本应拥有的救济权，使其在不服法院否定其诉

---

[1] 褚红军：《再审裁判文书制作中存在的问题及其解决》，载蔡则民主编《再审裁判文书的制作与实例评析》，人民法院出版社2004年版，第15页。

[2] 王亚新：《对抗与判定——日本民事诉讼的基本结构》，清华大学出版社2002年版，第55页。

[3] 冀宗儒：《民事救济要论》，人民法院出版社2005年版，第5页。

讼意向时，因缺乏相应的救济凭证而无法向有关救济机关提供证据以请求救济，并且这一系列行为与其结果也无法在日后的卷宗中得到体现。为此，《民事诉讼法》规定了强制书面裁定制度，在一定程度上缓解了书面裁定的混乱运用。但目前强制书面裁定的适用范围很有限，有待于进一步扩大。

首先，在案件受理环节，法院不予受理仅口头告知的现象屡见不鲜，该类问题呈现出集中和消极的特点。2007年《民事诉讼法》第112条规定："人民法院收到起诉状或者口头起诉，经审查，认为符合起诉条件的，应当在七日内立案，并通知当事人；认为不符合起诉条件的，应当在七日内裁定不予受理；原告对裁定不服的，可以提起上诉。"有法院认为，"如果对每一起不符合立案条件的纠纷都出具裁定书，法院的立案工作量将增加许多，这会进一步加剧立案窗口人手紧张的问题。"① 此外，"对于敏感案件、群体性纠纷等案件，尽管符合民诉法规定的起诉条件，但根据司法政策，经领导研究后，口头告知不予受理，司法政策或者领导决定不能作为裁定不予受理的规范依据，所以不会出具裁定书；对于法律和司法解释没有明确规定受理的新类型案件，逐级请示，避免各行其是，草率收案，造成工作被动，因此在7日内不能出具不予受理裁定书。"② 可喜的是，《民事诉讼法》在修改过程中强制规定人民法院应当保障当事人依照法律规定享有的起诉权利，要求法院对不予受理的情形必须做出书面裁定。2012年《民事诉讼法》第123条规定："人民法院应当保障当事人依照法律规定享有的起诉权利。对符合本法第一百一十九条的起诉，必须受理。符合起诉条件的，应当在七日内立案，并通知当事人；不符合起诉条件的，应当在七日内作出裁定书，不予受理；原告对裁定不服的，可以提起上诉。""《民事诉讼法》加大了对当事人起诉权和上诉权的保护，但这种保护是以'强制裁定书面化'为手段的，尚未上升到检察监督这种公权力途径。"③ 对此，有观点指出："人民法院受理原告的起诉材料

---

① 上海市浦东新区法院立案庭：《上海市浦东新区法院关于立案审查工作的调查报告》，载苏泽林主编《立案工作指导》（2007年第2辑），人民法院出版社2008年版，第232页。
② 柯阳友：《起诉权保障与起诉和受理制度的完善》，载张卫平主编《民事程序法研究（第九辑）》（中国民事诉讼法学研究会会刊），厦门大学出版社2013年版，第93页。
③ 汤维建、胡思博：《民事检察监督的载体对象研究——以民事裁判的种类和特性为视角》，《中国法学》（英文版）2013年第5期。

后，逾期不立案也未裁定不予受理的，可比照《民事诉讼法》第209条第2项的相关规定进行监督即可，不必通过支持起诉或者其他方式来保护当事人的合法权益。"①"立案监督可以通过检察建议进行，还应当配套实行立案登记制度。当事人一起诉，法院就进行登记，然后再审查是否符合立案条件。"②

其次，《民事诉讼法》第124条规定："人民法院对下列起诉，分别情形，予以处理：（一）依照行政诉讼法的规定，属于行政诉讼受案范围的，告知原告提起行政诉讼；（二）依照法律规定，双方当事人达成书面仲裁协议申请仲裁、不得向人民法院起诉的，告知原告向仲裁机构申请仲裁；（三）依照法律规定，应当由其他机关处理的争议，告知原告向有关机关申请解决；（四）对不属于本院管辖的案件，告知原告向有管辖权的人民法院起诉；（五）对判决、裁定、调解书已经发生法律效力的案件，当事人又起诉的，告知原告申请再审，但人民法院准许撤诉的裁定除外；（六）依照法律规定，在一定期限内不得起诉的案件，在不得起诉的期限内起诉的，不予受理；（七）判决不准离婚和调解和好的离婚案件，判决、调解维持收养关系的案件，没有新情况、新理由，原告在六个月内又起诉的，不予受理。"对此，有观点认为："第（一）项至第（六）项是对第123条规定的例外，可以采取口头告知不予受理及其理由。第（七）项中因起诉人与立案人员可能在有无'新情况、新理由'方面有不同认识，若不予受理应作出裁定书。"③

再次，1994年《最高人民法院关于在经济审判工作中严格执行〈中华人民共和国民事诉讼法〉的若干规定》第5条规定："人民法院对当事人在法定期限内提出管辖权异议的，应当认真进行审查，并在十五日内作出异议是否成立的书面裁定。当事人对此裁定不服提出上诉的，第二审人民法院应当依法作出书面裁定。"可见，此处对书面裁定的强制要求同样是出于保障救济权有效行使的考虑。

---

① 参见孙加瑞《民事检察制度新论》，中国检察出版社2013年版，第301页。
② 全国人大常委会法制工作委员会民法室编：《民事诉讼法立法背景与观点全集》，法律出版社2012年版，第189页。
③ 参见柯阳友《起诉权保障与起诉和受理制度的完善》，载张卫平主编《民事程序法研究》（第九辑）（中国民事诉讼法学研究会会刊），厦门大学出版社2013年版，第91页。

第二节　对我国民事裁定书样式和内容的改革与完善

一、以合理的思维顺序全面列举并详细分析证据的可采性和证明能力

对民事程序性事实的认定需要通过相关证据予以支持。此类证据部分发生在诉讼启动之前，部分产生于诉讼运行之中；部分需要当事人承担证明责任，部分需要法官依职权或依申请查明。《最高人民法院关于民事诉讼证据的若干规定》第15条对法院依职权调查收集证据的范围进行了规定："《民事诉讼法》第六十四条规定的'人民法院认为审理案件需要的证据'，是指以下情形：（一）涉及可能有损国家利益、社会公共利益或者他人合法权益的事实；（二）涉及依职权追加当事人、中止诉讼、终结诉讼、回避等与实体争议无关的程序事项。"目前大多民事裁定书中对证据要么缺乏展示，要么展示的顺序不尽合理，要么对证据实施的阐述和论证的针对性和说明性不强，形成事实展现在先、"某证据能够证明上述事实"的简要说明在后的逻辑顺序颠倒模式，给人一种以已明确的事实反过来验证证据效力的错误感觉。

笔者认为，证据作为对事实的证明工具，在逻辑顺序上理应首先展示，然后法官据此得出相关的认定结论，只有将事实作为证据运用的结果才符合认识的逻辑过程。为此，民事裁定书的撰写首先应遵循顺畅的思维过程，在时间上体现出按一定顺序逐步展开的特点。其次民事裁定书在引用证据时，应当先对证据内容进行概括，不能只简单引用证据编号；应重视对证据的分析，切勿仅简单堆砌、罗列证据。

二、裁定理由应在强化和细化的基础上充分公开

"不含理由说明的裁判无效。"① "裁判文书是否说明理由不应当以结

---

① ［法］埃皮尔·尚邦：《法国诉讼制度的理论与实践》，陈春龙、王海燕译，中国检察出版社1991年版，第229页。

案方式为标准。美国裁判文书是否说明理由不是根据程序问题或实质问题区分的，而视所涉问题是否有向当事人、上级法院及公众制作审理报告的价值而定，即使仅为程序事项，只要说明理由对于解释复杂问题、创制司法判例或说明自由裁量的理由等方面具有意义，法官也会像处理实体问题一样长篇大论，而大量判例恰恰是在对程序事项和法律适用问题的说理部分（holding 判决理由）创立的。"① 就民事裁定而言，裁定理由作为裁定结论成立的依据，是裁判结论得以形成的前提和基础，是对心证公开、适时行使释明权等诉讼要求的遵循。强化和细化裁定理由是保障裁定书说理透彻、论证充分的基础，是增强裁定书正当性和说服力的条件，是评判法官的审理活动合法、合理与否的标准。在法律规定过于原则致使没有具体的法律规定、法律规定存在漏洞致使法律规范相互冲突的审判情形中，裁定理由的重要性更显突出。"对所引用法律条文的含义进行详尽的解释和说明，是裁判者构建裁判理由的重要任务。"② 此时法官要发挥自由裁量权，自我创设一个规则来填补。"如果不能够找到可供适用的法条，而需要援引有关原则的话，或者需要通过公平正义的观念来做出判决，都需要在判决书中做出详细的说明，在许多情况下还需要根据法理来论证。"③

裁定理由既是法官做出该裁定的心理动机，又是说服当事人的方法，还是裁定结论得以成立的具体依据。裁定理由包括事实认定理由和法律适用理由，其分别归于民事裁定书的事实部分和法律部分。其中，事实认定理由是指法院对案件事实进行认定的依据，即"为什么认定该事实（为什么不认定其他事实）"，④ 其重点在于法官对证据的分析、比较和阐述。民事裁定书应当充分说明认定某一事实的理由，即对当事人所争议的事实如何查明、有何证据予以证明等情况进行逐一说明。法律适用理由是指依照法律和法理对案件事实进行的论证，即"为什么适用该法律规定（为什么不适用其他法律规定）、为什么在法律规定的范围内作出该选择（而不作出其他选择）"。⑤

当前我国司法实践中对民事裁定书在分析说理上的要求依旧简单和

---

① 傅郁林：《民事裁判文书的功能与风格》，《中国社会科学》2000 年第 4 期，第 129 页。
② 王利明：《司法改革研究》，法律出版社 2002 年版，第 352 页。
③ 王利明：《论中国判例制度的创建》，《判决与研究》，人民法院出版社 2000 年版，第 23 页。
④ 方洁：《判决书应当陈述理由》，《法商研究》2001 年第 4 期，第 116 页。
⑤ 方洁：《判决书应当陈述理由》，《法商研究》2001 年第 4 期，第 116 页。

粗略，往往只有对程序性问题的处理结果，而无对事实问题和法律问题的有效分析。目前许多民事裁定书仅是简单地援引法律条文，连对该条文的适当性解释都没有，更无准确的解释和详细的说明。目前民事裁定说理最常见的格式性写作手法表现为在裁定书的最后一段只写明"依照××法律规定……"或"依照我国法律的有关规定……"等。如果当事人对法律条文的含义与具体内容不甚了解，将极大削弱民事裁定的公示作用。

"加快裁判文书的改革步伐，提高裁判文书的质量。改革的重点是加强对质证中有争议证据的分析、认证，增强判决的说理性；通过裁判文书，不仅记录裁判过程，而且公开裁判理由，使裁判文书成为向社会公众展示司法公正形象的载体，进行法制教育的生动教材。"① 2012 年《民事诉讼法》对裁定结果及裁定理由做出新规定。《民事诉讼法》第 154 条规定，裁定书应当写明裁定结果以及做出该裁定的理由。同时参照判决书中判决理由的写作手法，《民事诉讼法》第 152 条规定："……判决书内容包括：……；（二）判决认定的事实和理由、适用的法律和理由；……"此外，《最高人民法院关于民事证据的若干规定》第 79 条规定："人民法院应当在裁判文书中阐明证据是否采纳的理由。对当事人无争议的证据，是否采纳的理由可以不在裁判文书中表述。"《最高人民法院关于裁判文书引用法律、法规等规范性法律文件的规定》第 1 条规定："人民法院的裁判文书应当依法引用相关法律、法规等规范性法律文件作为裁判依据。引用时应当准确完整写明规范性法律文件的名称、条款序号，需要引用具体条文的，应当整条引用。"第 2 条规定："并列引用多个规范性法律文件的，引用顺序如下：法律及法律解释、行政法规、地方性法规、自治条例或者单行条例、司法解释。同时引用两部以上法律的，应当先引用基本法律，后引用其他法律。引用包括实体法和程序法的，先引用实体法，后引用程序法。"第 4 条规定："民事裁判文书应当引用法律、法律解释或者司法解释。对于应当适用的行政法规、地方性法规或者自治条例和单行条例，可以直接引用。"第 6 条规定："对于本规定第三条、第四条、第五条规定之外的规范性文件，根据审理案件的需要，经审查认定为合法有效的，可以作为裁判说理的依据。"第 7 条规定："人民法院

---

① 《人民法院五年改革纲要》，《中华人民共和国最高人民法院公报》1999 年第 6 期。

制作裁判文书确需引用的规范性法律文件之间存在冲突，根据立法法等有关法律规定无法选择适用的，应当依法提请有决定权的机关做出裁决，不得自行在裁判文书中认定相关规范性法律文件的效力。"笔者认为，裁判理由未依法公开于民事裁定书中的，应将该民事裁定书视为无效，同时相关制作人员应受行政处分。

三、加强民事裁定书中事实部分和法律部分的相互呼应和论证

"适用法律并非完全机械地操作法律，法律规则不单单表现在书本上，而应是活的法律，它必须要能够针对特定的事实而加以灵活地运用，才能产生法律调整的最佳效果。法律规则自身不会运用于特定的案件，必须借助于法官对规则的准确理解，对规则是否可运用于特定事实的准确判断，从而使规则得到最佳的运用。"① 静止、相对固定的法律规定与变动、相对开放的个案事实之间的契合应以法官的主动融合为前提，法官不仅应当引用法律，更为重要的是应当结合具体的案情对所引用的法律进行必要的解释，以此说明为何引用这些法律以及其对本案有何作用。

民事裁定的最终目的在于对诉讼程序问题做出法律判断，而该判断是以事实认定与法律的结合为基准的。决定裁定结果的事实和法律密不可分，将抽象的法条与具体的事实有机地联系在一起，加强民事裁定书中事实部分和法律部分的相互呼应和论证，使二者在裁判层面紧密融合，是改革"厚事实、薄法律"文风的有效措施。"对事件作法律判断的法官，应当并实际已在追问所有与法规范的判断有关的情事，以这种方式缩短或补充原本的讲述（未经加工的案件事实），使最终陈述的案件事实只是在法规范的适用上有意义的实际事件的构成要素。"② 民事裁定书中对事实问题与法律问题的陈述虽然是按先后顺序分别进行的，但事实和法律的关联性决定了其后必须实现二者的统一和互动，实现事实与法律间的循环论证。从民事裁定书文本整体结构上看，"适用法律的理由"部分应当负担将事实与法律相结合的功能。

---

① 高升：《论判决书应详述判决理由》，《当代法学》2002年第6期，第86页。
② [德] 拉伦茨：《法学方法论》，陈爱娥译，商务印书馆2004年版，第182—183页。

四、裁定书和判决书就程序性事项的记载与公开的竞合

民事判决书中通常会对法院的审判行为和审判活动进行书面反映和宣扬，予以彰显诉讼程序的公正与公开。在同一民事案件中，判决书对程序性事项的介绍应到何种程度，其应如何区别和联系相关裁定书中所先行记载的程序性事项，目前存在一定的争议。

支持判决书全面记载程序性事项的观点认为，"我国长期以来重实体、轻程序，程序事项在格式化的裁判文书中无法找到自己的位置。在由职权主义向当事人主义靠近的诉讼程序改革中，裁判文书隐匿程序事项更为法官在两种模式的夹缝中徇私或实行地方保护主义提供了契机"。① 判决书作为对整个民事诉讼的归纳和总结，其目前对诉讼程序的交代不够，对案件审理过程的表述过于简单，审理过程未能通过文书得到全面、客观的反映，最终未能反映案件审理的全貌。"人们判断判决结果的正当性一般只能从制度上正当程序是否得到了保障来看，如果法院在制度性的正当程序方面得到了公众的信赖，判决也能获得极大的权威。民事判决书中要充分体现程序的正当性，法官应将案件主要诉讼过程在判决书中列明，使案件审理的程序合法性能在判决书中得到充分体现。"② 为此，民事判决书应对影响当事人权益的程序性事项进行全面的阐述和说理，对案件审理过程中的诉讼活动进行明确表达。

反对判决书重复记载程序性事项的观点又分为主张完全不予记载和主张部分记载两种。主张完全不予记载的观点认为，法官在判决书的撰写中机械地理解裁判文书应体现的程序公开要求，把整个诉讼过程中的受理、管辖权异议、回避、审判组织或审理程序的变更、当事人的追加与变更、开庭日期变更、举证期限、传唤、撤诉、保全和先予执行措施、中止诉讼、终结诉讼等程序性问题在本已有书面裁定和通知的情况下在判决书中再次叙述，造成重复劳动。因此，对于在诉讼程序中已先行做出书面

---

① 傅郁林：《民事裁判文书的功能与风格》，《中国社会科学》2000年第4期，第129页。
② 罗筱琦：《民事判决书的实践性构建》，《中国民事诉讼法学六十年专论》，厦门大学出版社2009年版，第101页。

通知和裁定的，不需在判决书重新叙述。主张部分记载的观点认为，判决书只需对重大的、主要的、引发法律后果的诉讼过程和程序问题，关系到当事人实体权益的诉讼活动，关系到审理程序合法性的诉讼活动及当事人提出质疑的诉讼活动予以记载即可，并非所有的程序性事项都需引用法条。"在不少案件中，涉及到当事人申请保全、先予执行和委托鉴定等，人民法院未支持当事人申请，或未依职权采取上述有关措施时，在判决书中可以不予反映。但是，一旦采取了相应措施，则应在判决书查明事实部分作出相应反映。"[1]

笔者认为，判决书对程序性事项的记载应遵循繁简分流的原则，实行内容全面公开、形式相对简化。就内容全面公开而言，一案之中的裁定书和判决书之间并非并列关系，民事裁定书的相继做出是判决最终得以形成的基础和铺垫，先裁定书中认定的程序性事实和得出的程序性结论对后判决书具有预决力，因此判决书中应对全部程序性问题据以记载。就形式相对简化而言，鉴于民事裁定书已对部分程序性问题先行、专门和全面处理，判决书对程序性问题的记载方式可划分为简略和全面两种。简略记载是指对于已用专门民事裁定书予以评定的程序性问题，在判决书中只需对其简要提及并注明民事裁定书的序号即可，将所有的裁判文书视为整体是对审判资源的合理配置。全面记载是指对于某些没有单独通过民事裁定书具体予以记载和表达的程序性活动，诸如具体的庭审过程，举证、质证、认证的过程等，需要在判决书中予以详细描述。

五、法官不同合议意见应记录进民事裁定书

合议庭成员对案件的裁判意见一致、达成统一裁判理由和结论固然为佳，但法官内部对裁判事项存在争议亦是正常现象，其是合议制度的产物。现行法不允许不同的合议意见出现在裁判文书中，长期以来在我国审判实践中对部分法官的不同意见采取仅作为内部资料进行附卷归档而不予对外公开的做法。《最高人民法院关于人民法院合议庭工作的若干规定》第11条规定："合议庭进行评议的时候，如果意见分歧，应当按多数人的

---

[1] 吴庆宝：《二审民事判决书对事实的认定与处理——兼评制作二审民事判决书应注意的几个问题》，《人民司法》2000年第10期，第55页。

意见作出决定，但是少数人的意见应当写入笔录。评议笔录由书记员制作，由合议庭的组成人员签名。"目前理论界对是否公开裁判中的不同意见存在较大争议，赞成派认为将不同意见纳入民事裁判书除具有"彰显审判民主、强化裁判说理、促进法律发展、抚慰败方心理的作用"[①]外，还体现出对持不同意见的法官的尊重和进行错案追究时的责任豁免；反对派则认为该种做法有违合议的秘密性，有损司法权威。

细分合议群体中的少数意见，其包括反对意见、巧合意见与补充意见三种（见表3-1）。反对意见是指少数法官不赞同多数法官的判断进而提出的与多数意见截然不同的个别意见。巧合意见则指少数法官对多数法官的裁定结论尽管表示赞同，但是对裁定理由持有不同认识，结论的一致只是一种偶然。补充意见则是指少数法官对多数法官的裁定结论表示赞同，但认为裁定理由还应进一步增强和完善。

表3-1 民事裁定书中法官不同意见的分类

	多数意见	不同意见 & 少数意见						
		反对意见	巧合意见			补充意见		
裁定结论	肯定	否定	肯定	肯定	肯定	肯定	肯定	肯定
予以认定的事实	肯定	否定	肯定	肯定	否定	肯定	完善	完善
予以适用的法律	肯定	否定	否定	肯定	否定	完善	肯定	完善

笔者认为，在合议中当合议庭成员对案件的看法发生分歧、产生了不同意见时，多数意见将作为撰写民事裁定书的依据，裁定理由和结论应根据多数意见来确定，但少数不同意见应当在民事裁定书中予以公布，其不具备法律上的规范效力和事实效力，价值在于参考和对评议结果的展示。就公布的意义而言，首先，程序性事项要么涉及诉讼的开始与结束，要么涉及诉讼的进展，许多判断意见只分为肯定和否定两种，譬如，对某案要么予以受理，要么不予受理；要么准予撤诉，要么不准予撤诉。意见类型的简单化使得少数意见的公布成为可能，不会占用过多的司法资源。其次，在普通诉讼程序中，对程序性问题合议制度的贯彻和执行需要以少

[①] 孙笑侠、褚国建：《判决的权威与异议——论法官"不同意见书"制度》，《中国法学》2009年第5期，第167页。

数意见的公布作为必要的限制和监督。再次，对民事裁定的后续救济要求简洁而快速，特别是程序指挥裁定，其对诉讼进程的控制和指挥决定着对其救济的简便和迅速，因此，将不同意见记录进民事裁定书是有助于救济主体在据以参考的基础上快速判断并形成救济实施方案，为救济机关的判定提供参考意见。就公布的方式而言，不同意见应视类型分别记载于与其相对应的多数意见之后，即对事实的少数意见和对法律的少数意见分别列于事实部分和法律部分的尾部，而对裁定结论的不同意见置于裁定主文之后。

第三节　民事裁定书的科学构造

具体样式和记载内容是对法官制作民事裁定书的基本要求和必要限制。"程序法之解释，旨在程序之安定、效率、便捷和经济。"① 民事裁定书的诉讼程序服务性决定其在样式和内容上应以简洁为基本风格，过于复杂不利于诉讼问题的及时解决。但简洁并不等同于简略，简洁之风仍以基本要素的全面具备和清晰排列为前提。目前司法实践中对民事裁定书的设计过于简略，反映出我国当下司法实务中对程序性问题处理的轻视与随意。

在我国台湾地区，"裁定原不须具备任何何种程式，即可无主文，亦可无事实理由，有时谨记载于笔录即可，但驳回声明或就争执之声明所为之裁定，因牵涉抗告有无理由，应附理由"。② "裁定书之制作，并无一定之程式。关于判决书之程式，于裁定书非必适用。关于诉讼指挥之裁定，多毋须作成裁定书。其余应制作成裁定书者，其主文事实理由，分栏记载与否，悉依为裁定者之意见。且除驳回声明或就有争议之声明所为裁定，应附理由外，余均得不附理由。其为裁定之法官，应于裁定书内签名，其因故不能签名者。"③

---

① 陈荣宗、林庆苗：《民事诉讼法》，三民书局1997年版，第26页。
② 庄柏林：《民事诉讼法概要》，三民书局2010年版，第85页。
③ 王甲乙、洪慧慈、郑健才：《民事诉讼法新论》，三民书局2007年版，第247页。

一、民事裁定书的通用要素

民事裁定书一般由首部、主体和尾部三部分组成,在写作体例上贯彻层次性和格式性,实行公式化下的适度调整(见图3-1)。

一、首部		
二、主体	1. 裁定所依据的事实	认定事实的理由(分析论证性)
		最终认定的事实(陈述性)
	2. 裁定所适用的法律	适用法律的理由(分析论证性)
		最终适用的法律(陈述性)
	3. 裁定得出的结果(民事裁定书主文)	最终结论(判断评价性)
三、尾部		

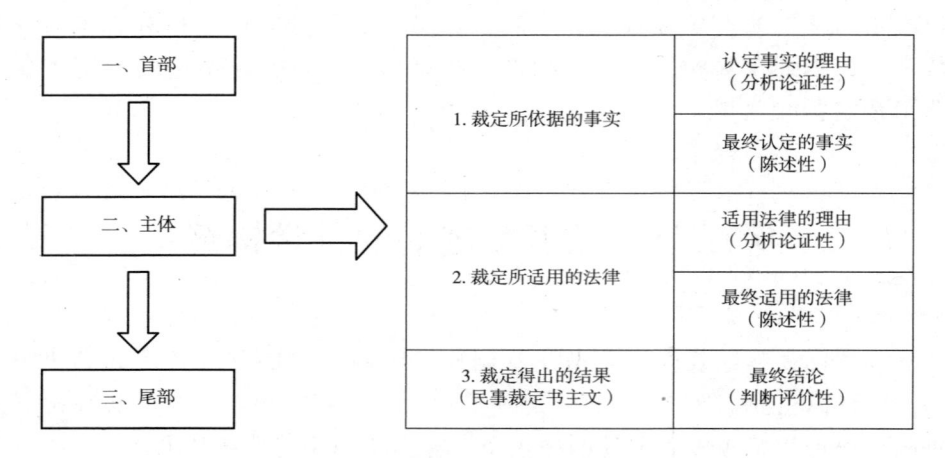

图3-1 民事裁定书的标准样式和完整内容

1. 首部

民事裁定书的首部应写明法院的全称、裁定书的年号和编号、当事人的基本情况。参照《民事诉讼法》第121条的规定,当事人的基本情况包括原告的姓名、性别、年龄、民族、职业、工作单位、住所、联系方式,法人或者其他组织的名称、住所和法定代表人或者主要负责人的姓名、职务、联系方式;被告的姓名、性别、工作单位、住所等信息,法人或者其他组织的名称、住所等信息。

2. 主体

民事裁定书的主体由事实、法律和结论三部分组成,三者以时间先后顺序为撰写线索,有利于降低当事人和普通民众的阅读和理解难度。"案件事实的认定与案件事实的法律评判,是两个不同的问题,尽管它们之间有着密切的联系,但也不应将二者混同。"[①]

---

① 尹西明:《裁判公开制度研究》,《河北法学》2003年第5期,第56页。

第一，民事裁定所依据的事实。民事裁定所依据的事实是指案件在程序上发生的或者客观出现的实际情况，其包括认定事实的理由和最终认定的事实两大板块。具体而言，首先，介绍程序性争议产生的缘故和过程、有待解决的诉讼程序问题等基本案情。其次，以诉称和辩称的形式引入双方当事人对该程序问题所持的基本观点和意见。再次，以证据展示和分析的形式指出认定的理由。最后，指明法院经审理查明和认定的事实。鉴于一个案件中可以出现多个民事裁定，每个民事裁定所欲解决的诉讼程序问题是单一的，因此一份民事裁定书中所交代的事实仅限于其所欲解决的某一或某些程序问题的主要事实及相关辅助事实，即为整个案件事实的一部分，无须对案件的全部事实进行展示。裁定书中可对该程序问题进行集中和细致的介绍，除基本事实外，还应特别交代可能发生法律后果的特殊因素和环节。"裁定亦非如判决之必将主文事实理由逐项记载，只需将其内容记明即可。"① 鉴于部分程序性问题的突发性、诉讼进程的对应性以及民事裁定的启动包括法院依职权和依当事人申请两种情形，民事裁定书与起诉状、答辩状所记载的内容不一定完全对应，当事人的诉讼请求、案件的诉讼标的及当事人就实体问题的争议焦点无须完全列入其中。

第二，民事裁定所适用的法律。民事裁定所适用的法律是指做出民事裁定的法律依据，其包括适用法律的理由和最终适用的法律两大板块。具体而言，首先，列举所引用的法条，对法律的引用注明条款出处。其次，分析条文的内容和基本含义。再次，指明所引用的条文与本案的对应关系，避免其与本案无关的情况发生。接下来，阐述援用该法的理由，运用该法条对案件事实进行实际分析，使得法律和事实相融合，体现出二者的关联度。"法律的适用不是自动发生的，而是对特定事实的规范反应，需要案件事实来发动。"② 最后，得出适用该法条的结论。鉴于以不予受理、驳回起诉、管辖权异议为代表的部分程序性结论的得出是以对实体性事项的先行分析为前提的，即实体性先决事项的存在。此时若仅从程序法规定中推导出实体结论，势必违反逻辑演绎规则。因此当引用的条文既包含实体法又包含程序法时，应当率先引用作为基础的实体法。

第三，裁定得出的结论。裁定得出的结论即民事裁定书的主文，是裁

---

① 郭杏邨：《民事诉讼法》，商务印书馆（香港）有限公司1936年版，第157页。
② 龙卫球：《民法总论》，法律出版社2001年版，第80页。

判者对特定诉讼程序问题的处理意见，是法官根据事实和依照法律做出的对当事人具有法律效力的最终判断，其为民事裁定书的结果部分和最终落脚点，是对国家意志的表达。裁判文书最重要的功能是判断而非论证，论证只是判断的基础，因此明确处理结果并将裁定结果单独列出，旨在对其进行强调和总结，有利于突出其在民事裁定书中的核心地位。

3. 尾部

民事裁定书的尾部应有审判员、书记员的署名，做出该裁定的年、月、日，并加盖法院印章。《民事诉讼法》第154条规定，裁定书由审判人员、书记员署名，加盖人民法院印章。

二、民事裁定书的特有要素

1. 审级

如果是终审裁定，则应在裁定书的尾部写明"本裁定为终审裁定"。

2. 救济措施

按照现行法的规定，对于不予受理、对管辖权有异议或驳回起诉的裁定，当事人可以上诉，为此应在此类裁定书的尾部写明上诉期间及上诉法院。对于其他不得上诉的裁定，则应写明"本裁定不得上诉"。2013年3月重庆市高级人民法院出台的《关于小额诉讼程序若干问题的解答》规定，在小额诉讼判决书、裁定书、调解书中，应当载明"本院依法适用小额诉讼程序审理了本案"，援引《中华人民共和国民事诉讼法》第162条作为裁判依据，并在判决书和驳回起诉、管辖权异议的裁定书尾部载明"本判决（裁定）为终审判决（裁定）"。

3. 副本

对于民事裁定书的副本，应注明"本裁定与原本相符"。

第四节　民事裁定书的公开

民事裁定书的公开是指对其进行形式意义上的公开，即法院将审理民事案件中所产生的民事裁定书予以公布。对民事裁定书的公开不同于对其的宣告，宣告只是对诉讼当事人的公开，不能将其视为向社会公开的路径和方法。《民事诉讼法》第 148 条规定："人民法院对公开审理或者不公开审理的案件，一律公开宣告判决。当庭宣判的，应当在十日内发送判决书；定期宣判的，宣判后立即发给判决书。宣告判决时，必须告知当事人上诉权利、上诉期限和上诉的法院。宣告离婚判决，必须告知当事人在判决发生法律效力前不得另行结婚。"

一、民事裁定书公开的意义

"裁判公开与审理公开是审判公开制度的两大基本内容，其有利于显示司法民主、遏制司法腐败、保障正义实现、提高诉讼效益、培育法官素养、保证裁判质量、发现法律漏洞和促进学术研究。"[①] 对社会而言，裁判文书的公开承载着向社会展示司法公正的功能，对民事裁定书的公开可最大限度地满足社会公众的知情权，是公开审判原则的具体体现，是构建我国判例指导制度的前提，能满足增强法院的公信力和预防腐败的需要，有利于实现对司法裁判的社会监督，对提升法学理论研究水平和进行法制宣传亦有重要的意义。

二、民事裁定书公开的途径

裁判公开具有多层面性，民事裁判文书向社会公开的路径和方法是多样的，包括对民事裁定书的书面查阅和复制、网上公开、在公开发行的报纸和刊物上刊登、公开出版民事裁定书的合辑、通过新闻媒体对外公布等，审判机关可根据自身的实际情况而定。《宪法》第 125 条规定："人民法院审理案件，除法律规定的特别情况外，一律公开进行。被告人有权获得辩护。"2012 年《民事诉讼法》第 10 条规定："人民法院审理民事案件，依照法律规定实行合议、回避、公开审判和两审终审制度。"第 134 条规定："人民法院审理民事案件，除涉及国家秘密、个人隐私或者法律另有规定的以外，应当公开进行。离婚案件，涉及商业秘密的案件，当事人申请不公开审理的，可以不公开审理。"2013 年《最高人民法院关于人

---

① 尹西明：《裁判公开制度研究》，《河北法学》2003 年第 5 期，第 57 页。

民法院在互联网公布裁判文书的规定》第4条规定:"人民法院的生效裁判文书应当在互联网公布,但有下列情形之一的除外:(一)涉及国家秘密、个人隐私的;(二)涉及未成年人违法犯罪的;(三)以调解方式结案的;(四)其他不宜在互联网公布的。" 2002年发布的《最高人民法院裁判文书公布管理办法》指出:"为推进审判方式改革的深入发展,维护司法公正,最高人民法院决定从今年起有选择地向社会公布裁判文书。"《最高人民法院关于为构建社会主义和谐社会提供司法保障的若干意见》指出,"加强司法民主建设,增加司法透明度。健全公开审判制度,做到立案公开、庭审公开、裁判结果公开、执行过程公开"。《最高人民法院关于加强人民法院审判公开工作的若干意见》指出:"各高级人民法院应当根据本辖区内的情况制定通过出版物、局域网、互联网等方式公布生效裁判文书的具体办法,逐步加大生效裁判文书公开的力度。"《最高人民法院关于司法公开的六项规定》指出,"为进一步落实公开审判的宪法原则,扩大司法公开范围,拓宽司法渠道,保障人民群众对人民法院工作的知情权、参与权、表达权和监督权,维护当事人的合法权益,提高司法民主水平,规范司法行为,促进司法公正,根据有关诉讼法的规定和人民法院的工作实际,依照依法公开、及时公开、全面公开的原则,制定本规定"。"人民法院可以根据法制宣传、法学研究、案例指导、统一裁判标准的需要,集中编印、刊登各类裁判文书。除涉及国家秘密、未成年人犯罪、个人隐私以及其他不适宜公开的案件和调解结案的案件外,人民法院的裁判文书可以在互联网上公开发布。当事人对于在互联网上公开裁判文书提出异议并有正当理由的,人民法院可以不在互联网上发布。为保护裁判文书所涉及到的公民、法人和其他组织的正当权利,可以对拟公开发布的裁判文书中的相关信息进行必要的技术处理。"

1. 查阅民事裁定书

2012年《民事诉讼法》对裁判文书向社会公开的路径和方法进行了以书面查阅为代表的首次规定。《民事诉讼法》第49条第2款规定:"当事人可以查阅本案有关材料,并可以复制本案有关材料和法律文书。查阅、复制本案有关材料的范围和办法由最高人民法院规定。"第156条新增规定:"公众可以查阅发生法律效力的判决书、裁定书,但涉及国家秘密、商业秘密和个人隐私的内容除外。"首先,就查阅主体而言,可以查阅到裁判文书的主体不仅包括本案当事人，还应包括普通民众。当公民需要查阅有关民事裁定书时，应当向持有该民事裁定书的审判机关提出申请，在不损害案件当事人及其他诉讼参与人利益的情况下，审判机关不应予以拒绝。其次，就查阅提供主体而言，法院作为民事裁定的制作者，承担着对民事裁定书保管的义务，进而承担着主要的查阅提供义务。当事人作为民事裁定书的受送达主体，有权公开其所涉及的民事裁定书，但其并非查阅的提供主体，其有权拒绝公众向其提出的查阅申请。再次，就查阅方式而言，应允许公众公开自由地进行实体书面查阅，即直接查阅案卷。对于实体书面查阅，当公民需要查阅有关民事裁定书的原件时，应依据法定程序向掌控该文书的审判机关提出申请，在不损害案件当事人及其他诉讼参与人利益并符合法定条件的情况下，审判机关不得无故对该申请予以拒绝。接下来，就查阅范围而言，裁判公开要求裁判文书对社会予以展示，法院应当将适宜公开的所有民事裁定书全部完整地公开，不能只公开其中一部分。最后，就查阅时间而言，鉴于民事裁定在产生时间上的特殊性，既包括公开宣告裁判结果时的查阅和诉讼结束后的查阅，也包括诉讼中的查阅即审理过程中的查阅。

2. 网络公开民事裁定书

根据2013年出台的《最高人民法院关于人民法院在互联网公布裁判文书的规定》的规定，人民法院应对所有的生效裁判文书在互联网公布。笔者认为，民事裁定与判决相比，其所解决的是个案性明显且技术性、专业性较强的诉讼程序问题，且民事裁定书的模式性特点突出，为此对法院在案件审理过程中针对程序性事项做出的大量民事裁定书进行公开的社会意义不大。"大量的撤诉裁定书和调解书宣示性的效果比较差，亦很少为公众所关心；而过于冗繁的文书也容易产生信息垃圾，反而给公众检索带来困难。因此，在选择上网的法律文书时，应当以具有社会宣示性效果的、公众关心的、社会影响比较大的裁判文书为主。"[1] 加之法院对民事裁定书的公开在其实施过程中难免会遭遇因财力和人力的有限而遇到困难，因此对民事裁定书的公开不必广泛运用上网等法院主动披露方式，可限定在较为经济和便利的被动性书面查阅。

---

[1] 吴园妹：《裁判文书上网的界限》，《人民法院报》2010年3月3日第8版。

三、民事裁定书公开的范围

原则上,民事裁定应原本公开,即完整公开和全面公开,与原本保持一致,以保证文书内容的连续性和完整性,不能缩略,不能是部分摘录或修饰后的公开。

当然,毫无限制地向社会公开所有的裁判文书有可能造成对诉讼参与人利益的损害,因此法院应从全方位维护当事人合法权益的立场出发,对一些裁判文书的社会公开做出必要的限制。"裁判文书的公开一方面要满足公众希望了解案件真相的知情权,另一方面要防止过分公开而给当事人及社会公共利益带来损害。所以也需要借助秘密来平衡这一对矛盾。所谓秘密,一般是指国家秘密、当事人隐私及其他法定不能予以公开的利益。"[①] 具体而言,当民事裁定书在向社会公众公开时,首先,其中所涉及的当事人的姓名、企业的代码以及证人的姓名等个人信息,不应视为隐私,可予公开和保留,但是对于工作单位、家庭情况、联系方式及通讯地址等个人信息,因其具有固有的需要保密的因素,应基于利益衡量而加以保护,对其进行适当的技术处理,酌情删除,以便保护个人资料的安全性。其次,鉴于涉及国家秘密、商业秘密和个人隐私的案件实施不公开审理,对其所做的民事裁定连同判决一起不宜公开。再次,涉及当事人名誉、信誉、商誉等私人信息外漏的民事裁定,公开可能会给当事人造成利益的损失,其内容如果确需向社会公开,应事先对民事裁定书进行一些技术处理。复次,影响社会秩序或道德风俗的民事裁定书不宜公开。最后,非典型案件的民事裁定书具有特殊性和偶然性,当非广泛性与有限人力、物力形成矛盾时,可以不硬性地要求此类裁判文书必须向社会公开。2013年《最高人民法院关于人民法院在互联网公布裁判文书的规定》第6条规定:"人民法院在互联网公布裁判文书时,应当保留当事人的姓名或者名称等真实信息,但必须采取符号替代方式对下列当事人及诉讼参与人的姓名进行匿名处理:(一)婚姻家庭、继承纠纷案件中的当事人及其法定代理人;(二)刑事案件中被害人及其法定代理人、证人、鉴定人;(三)被判处三年有期徒刑以下刑罚以及免予刑事处罚,且不属于

---

① 郝振江:《裁判文书的公开是审判公开的重要内容》,《人民法院报》2009年4月16日第5版。

累犯或者惯犯的被告人。"第 7 条规定:"人民法院在互联网公布裁判文书时,应当删除下列信息:(一)自然人的家庭住址、通讯方式、身份证号码、银行账号、健康状况等个人信息;(二)未成年人的相关信息;(三)法人以及其他组织的银行账号;(四)商业秘密;(五)其他不宜公开的内容。"

四、拒绝公开的法律后果

对于法律规定应当公开的民事裁定书而法院未予公开的,应对法院及其工作人员追究相应的法律责任。民事裁定制作主体未依法向当事人公开自己的民事裁定书的内容时,该民事裁定书不生效;未依法向社会公开时,审判机关及相关人员则应采取相应的补救措施予以公开,同时相关人员还应受到行政处分。

第四章 民事裁定的救济途径

民事裁定的救济是指某一司法机关对另一司法机关已经做出的程序性裁判给予肯定性或否定性评价。其中,肯定性评价是指对相关司法机关的诉讼行为及其决策予以维护,否定性评价是指对相关司法机关的诉讼行为及其决定予以撤销,要求其重新做出诉讼行为及决策并给予程序性制裁。"诉讼是要讲求效率的,如果所有的裁定均如同判决一样进行完善的程序保障,则必然影响诉讼进程。因此,对待裁定的救济制度应与判决有所区别。"①

民事裁定救济方式包含广义和狭义两种。广义的民事裁定救济措施涵盖补正与更正,狭义的民事裁定救济措施仅指更正,② 补正和更正在性质上存在区别(见表4-1)。补正的特点在于快捷迅速,无须另行启动新的审判程序,属于审级内自我监督,其建立在既有裁定主体内容无误的基础上,只需对其进行补充和修正。更正是以新的审判程序来审查和判断既有裁定,针对的是民事裁定中可能存在的根本性错误。"凡是在宣判补正程序中提出的救济错误,承办法官没有纠正,致使这类错误是通过上诉或再审程序而得到纠正的,那么就可以认定承办案件的法官应承担枉法裁判的法律责任。"③

---

① 汤维建:《民事诉讼法的全面修改与检察监督》,《中国法学》2011年第3期,第77页。
② 有观点认为,民事裁定救济制度是指在民事诉讼中,在民事裁定尚未生效时或已经生效后,由于某种法定的因素而引起的复议、上诉审程序或再审程序,因此,对民事裁定的救济是以复议、上诉审程序或再审程序为途径,通过对原本存在瑕疵的裁定进行矫正,保护当事人的合法权益的一种法律制度,其目的是依照有关法律规定制止或矫正原审法院的裁定,从而使当事人合法权益获得补救。参见金蓓蓓《民事裁定救济制度研究》,硕士学位论文,南京师范大学,2008年,第9页。
③ 周艳波:《论民事宣判补正程序及其设置》,《法治研究》2012年第6期,第130页。

表 4-1 民事裁定救济中补正与更正的比较

民事裁定	范围	方式	措施	诉讼成本
补正	主体内容无误,程序违法极其轻微	补充和修正	形式补正、实质补正、回转补正	低廉
更正	可能存在根本性程序错误	以新的程序审查和判断	复议、异议、上诉、申请再审、检察监督	高昂

民事裁定的救济看似仅是一个简单的程序保障问题,实际上是一个系统工程,其涉及多种民事诉讼制度及其相互关系,有着重要的实际意义和较大的构建难度。民事裁定的救济直接关系着程序正义,也在一定程度上影响着实体正义的实现,是保障司法公正的重要途径和措施。"我国的司法实践中所反映出来的对诉讼程序的公然践踏已经使得对程序性违法的治理到了刻不容缓的地步。其中最为突出却至今未受到学术界和实践部门重视的问题,就是法官程序性违法的救济问题。"[①] 我国现行法已规定诸多的民事裁定救济措施,然而现有救济措施看似种类丰富,实则适用范围狭窄,部分民事裁定的救济存在根本性缺乏;救济体系看似已然建立,实则各类救济措施彼此之间的依存关系稀疏,衔接混乱且漏洞频频,未能很好地发挥出救济本应起到的作用,急需进一步完善。民事裁定救济体系的构建在符合诉讼规律和诉讼基本原理的同时,还应符合我国当前审判现状和民众的司法观念,在以诉讼原理支撑和统领的基础上,注重制度设计的整体协调,切忌头痛医头、脚痛医脚。

第一节 民事裁定的救济意义

"一切有权力的人都容易滥用权力,这是万古不易的经验。"[②] 司法公正通常以承载着司法结果的判决和民事裁定这两种形式表现出来。"法官

---

① 赵旭光、侯冀燕:《论法官程序性违法的救济——以民事诉讼程序为视角》,《江苏科技大学学报》(社会科学版)2007年第2期,第47页。

② 孟德斯鸠:《论法的精神》,商务印书馆1982年版,第391页。

不是完人，他们可能错判，从而造成冤案。"① 民事裁定的错误类型详见图 4-1。司法不正不仅存在于法治文明发展程度低的社会，就是在法治高度发达的超理想状态下也有其发生的必然性，这主要是由法律技术的漏洞、司法人员专业知识的局限性、在一定客观条件下对主观事实认定的有限性等原因造成的，因此对法律结果的救济在任何社会状态下都是必然且必要的。

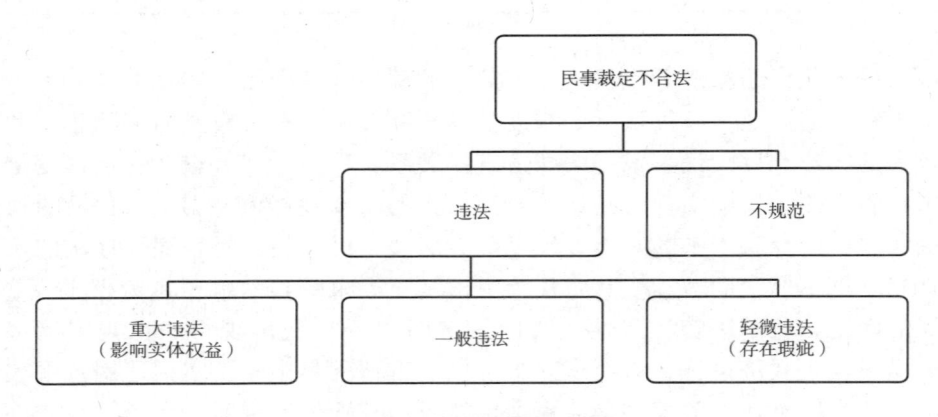

```
            民事裁定不合法
           /            \
         违法           不规范
        / | \
  重大违法  一般违法  轻微违法
 （影响实体权益）        （存在瑕疵）
```

图 4-1　民事裁定的错误类型

一、社会层面的意义

民事裁定的救济可以纠正已生成民事裁定的客观错误，提高民事裁定的正当性几率，维护程序正义和实体公正。合法程序是减少不满、打消疑虑、弱化对抗、获取正义的重要途径。现代化的法官在司法活动中要始终坚持程序与实体并重的司法理念，要抛弃重实体、轻程序的传统法律观念，不能只将案件的审理结果作为诉讼所追求的唯一价值目标，应将对当事人的诉讼权利的保障亦作为自己必须履行的义务。民事裁定作为以处理程序性事项为主的解决纠纷的手段，在其发生错误时，相关救济措施的功能发挥无疑首先对维护程序正义起到了先锋作用。程序正义是现在法治社会的基本精神，是一种新型前卫的司法理念，因此民事

---

① ［英］丹宁：《法律的正当秩序》，群众出版社 1984 年版，第 49 页。

裁定救济立法符合当前社会的法治潮流。此外，民事裁定在处理程序性事项之余也会部分地、间接地、侧面地涉及案件的实体问题，因此对民事裁定的救济无论是在目的上还是在方向上都会与对判决的救济相吻合，形成了法律内部的有机联系。程序正义推动并促进实体公正是不容争辩的真理，民事裁定救济客观上会促进最终判决的公正，达到一箭双雕的理想效果。

二、当事人层面的意义

"有权利必有救济，亦可表述为有一般形态的权利或者第一位阶的权利，就有救济性的权利或者第二位阶的权利。当事人诉讼权利作为权利的一个小分支，同样具有双重性。"① "当事人民事诉讼权利法律救济是指在民事诉讼的进程中，当事人所享有的民事诉讼权利已经受到或可能受到侵害的情况下，依照法律规定的方法、程序和制度所进行的救济。"② 当事人诉讼权利受到或可能受到法院违法行为侵害是诉讼权利救济机制得以启动的前提，因此对当事人诉讼权利的救济，主要体现在司法机关对违背诉讼程序行为的纠正或补救。"裁判制度与救济制度的协调一致性对于实现制度的预设价值具有意义。"③

民事裁定的救济可以提高司法的公信力和当事人对裁判及裁判程序的接纳度、服从认可度、结果信赖度、信服感及自觉履行度，可以减少或消除当事人及利害关系人对裁定结果的不满情绪及由此对社会秩序造成的不利影响，增强其感觉上的正当性。"对行使权利而产生的结果，当人们将其作为正当的东西而加以接受时，这种权利的行使及其结果就可以称之为具有'正当性'或'正统性'。"④ 尽管民事裁定在司法实践中产生错误可能性较小、程度较轻，尽管当事人单就民事裁定请求救济的案件比重偏低，但就司法制度的设计而言，对任何一项会产生一方当事人得益而另一方当事人受损的制度都应赋予其必要合理的救济措施，这是双重维护理念的要求。法律权威的树立在依靠强制力的同时，还需要人们内心对法律的

---

① 雷勇：《当事人民事诉讼权利救济机制研究》，硕士学位论文，湘潭大学，2008年，第5页。
② 许少波：《民事诉讼当事人诉讼权利的法律救济》，《河北法学》2005年第1期，第46页。
③ 相关观点参见傅郁林《先决问题与中间裁判》，《中国法学》2008年第6期，第160页。
④ [日]谷口安平：《程序的正义与诉讼》，王亚新、刘荣军译，中国政法大学1996年版，第10页。

真正认同。在程序理念淡薄的我国社会,如何鼓励当事人勇于为维护自己的程序权益去斗争,如何限制法官在办案过程中对程序自由裁量权的滥用——立法设置民事裁定救济措施无疑是最佳途径。就现行法相关规定的单薄、简陋而言,充满着保障的法律才是一部能使当事人看到希望、敢于信赖并勇于用其去维权的法律。

三、法官层面的意义

民事裁定的救济可以减轻法官因审判案件所产生的责任和压力,使其职权行为有监督制约的途径。鉴于我国当前司法资源有限、法院办案人手不足的国情,一个法官往往要同时审理若干个案件,而每个案件中又往往可能产生若干个民事裁定,因此法官难免会发生民事裁定不当的错误。民事裁定救济措施的完善赋予了法官纠正自身错误的机会,同时也可鼓励法官在重大疑难案件的审理中勇于公开见解、大胆审判、创新审判技术。救济是一把双刃剑,既是对当事人的保护,又是对法官的约束;既是对法官的减压,又是对当事人的控制,体现出诉权和审判权的对立与统一。

第二节　民事裁定救济的特征

民事裁定的救济制度与其价值、内容、功能等自身特点密切相关,在一定程度上能够反映出其所拥有的法律属性和构建要求。"在法治社会,权利应该具有客观性和实在性,即应该保证权利主体可以切实享有和实现法律赋予的权利。这种现实性既是通过义务方履行义务来实现,也是通过救济机制的有效性来实现,直接体现为法律权利的可诉性。权利救济的作用就是通过设立一系列救济制度和救济程序确定权利义务、追究法律责任。受到裁定不利影响的当事人享有要求法院重新考虑自己行为合法与否的权利,通过一定的救济程序,维护自己的程序利益。"[①]

---

① 卢鹏:《民事裁定复议制度的检讨与重构》,《西南政法大学学报》2010年第5期,第74页。

一、公力救济

民事纠纷作为实体性纠纷，既可运用诉讼外的和解、调解、仲裁等非讼途径予以解决，也可通过民事诉讼予以解决。即便是在诉讼过程中，实体性纠纷也可适用诉讼内的和解、调解等含有当事人自治因素的私力方式。程序性纠纷作为解决实体性纠纷最终方式——民事诉讼这一公力纠纷解决机制的产物，其是实体性纠纷的繁衍品，只能通过公共权力加以化解。

二、司法救济

以公共权力为基础的公力救济，其外延较为广泛，包括行政救济、司法救济等相关形式。当事人在民事纠纷解决过程中所产生的程序性争议是司法权运行的结果，因此必须由司法权加以干预和调整。程序性纠纷的可诉性使其被纳入了法院主管事项的范畴，排除了行政权等相关权力对其控制的可能性。

三、程序救济

当事人所享有的程序救济权具有从属性、依附性，属于附属于受到侵害或发生争议的诉讼权利的从权利，诉讼权利和救济权利在产生上具有先后性。民事裁定主要用于解决程序性问题，当事人对民事裁定的质疑主要是基于法院对程序性问题的处理结果，因此救济机构最终生成的救济结果只能围绕程序性争议而绝不能直接干预案件的实体处理。

四、独立救济

对程序性违法的救济不能等到实体法对最终裁判结果做出判断后才予实施。程序性争议是在诉讼程序对实体性争议加以解决的过程中产生的，尽管其表面上具有依附性、辅助性，但实质上具有独立性。这种独立性不仅体现在对程序性争议的解决上，而且体现在对解决结果的进一步审核上。程序性救济的独立性通常表现为对民事裁定的救济可在案件的实体审理结果产生之前先行进行，允许当事人只请求对民事裁定的救济而不要求对判决进行救济，程序性救济不以有助于案件的实体审理为要件。对民事裁定救济程序的设计应单独，便于当事人及利害关系人即时对其声明不服，而不必等到判决形成后再一并寻求救济。

五、可选择性救济

"当事人及相关案外人所享有的民事裁定救济权在性质上属于诉权，其本质是私权上的派生权。"[①] 根据不告不理原则，只有当事人及相关案外人主动提出对民事裁定的质疑并请求予以救济时，法定救济机关才能进行职权性审查，审查必须以相关人员的请求为前提条件。

六、法定救济

民事裁定救济的法定性要求救济主体是做出原裁定的法院或上级法院；救济客体是法院做出的尚未生效的或已经发生法律效力的民事裁定；救济理由在于该民事裁定存有错误或瑕疵，损害了当事人或案外人的合法权益；救济途径必须符合法律的规定，法定救济措施是当事人或利害关系人仅有的可选择途径。

七、进一步救济

"救济制度是权利的后续力量，是防止权利受到侵害的最后一道防线。"[②] 诉讼作为对当事人受损或争议权利的初次救济，在诉讼过程中因法官的认知局限、思维定式、案件的复杂程度、情感偏差以及当事人的证据收集、法律法规之间的冲突等主客观原因难免发生裁判错误，此时以接近案件客观事实为目标，对诉讼错误的救济便成为救济过程中的再救济。"考虑当事人为权利救济提出程序性申请本身就具有救济的性质，因此我们将这种针对程序性裁决所提出的程序异议称为再救济。"[③]

[①] 冉思东：《民事诉权制度：一种私权的公力救济》，《现代法学》2007 年第 2 期，第 18 页。
[②] 冀宗儒：《民事救济要论》，人民法院出版社 2005 年版，第 94 页。
[③] 陈瑞华：《问题与主义之间——刑事诉讼基本问题研究》，中国人民大学出版社 2003 年版，第 150 页。

第三节　对民事裁定救济机制的比较法考察

"他山之石，可以攻玉。"1703年英国阿什比诉怀特案的首席大法官曾指出："如果原告拥有一项权利，他就必然要有维护和保持该权利的方法，如果他在行使权利时遭到侵害则必须要有救济，对权利的需求和对救济的需求是相互的。一个人得到救济，也就得到了权利；失去救济，也就失去了权利。"世界各法域均对民事程序性裁判的救济进行了较为详细的规定。

一、我国台湾地区[①]

在我国台湾地区，对民事裁定的救济途径主要是抗告和异议。

1. 抗告

当事人或者诉讼关系人就法院或者审判长所为不利于己或尚未确定的裁定，向上级法院声明不服而请求废弃或变更该裁定的诉讼行为，称为抗告。我国台湾地区《民事诉讼法》第428条规定，对于裁定，得为抗告。但别有不许告之规定者，不在此限。由此可见对民事裁定的准许抗告为一般原则，不许抗告为例外规定。

（1）抗告的提起要件

抗告的合法要件与上诉的合法要件类似，但与抗告的有效要件不同

---

① 相关资料参见庄柏林《民事诉讼法概要》，三民书局2010年版；吴明轩《中国民事诉讼法》，三民书局2000年版；《民事诉讼法修订资料汇编》，五南图书出版公司2000年版；蔡长林《程序公正理论与事务之研究》，我国台湾地区"司法院"2001年版；杨仁寿《法学方法论》，中国政法大学出版社1999年版；杨建华《民事诉讼法论文选辑（下）》，五南图书出版公司1984年版；王甲乙、杨建华、郑健才《民事诉讼法新论》，三民书局2005年版；蔡律师《民事诉讼法概要》，高点文化事业有限公司1992年版；庄柏林《民事诉讼法概要》，三民书局2010年版；杨建华《问题研析——民事诉讼法（二）》，三民书局1999年版；王甲乙、洪慧慈、郑健才《民事诉讼法新论》，三民书局2007年版；李木贵《民事诉讼法》，元照出版有限公司2007年版；郭杏邨《民事诉讼法》，商务印书馆（香港）有限公司1936年版；邵勋《中国民事诉讼法论》，中国方正出版社2004年版；齐树洁《台港澳民事诉讼制度》，厦门大学出版社2003年版，第134—140页。

（上诉与抗告的比较见表4-2），抗告的有效要件是指所抗告的裁定对于抗告人不利，属于不当或者违法的情形。第一，抗告的提起者不限于当事人，包括其他利害关系人在内的证人、鉴定人和代理人均可提起抗告，但其利益应受到裁定侵害，抗告的裁定应对抗告人不利并属于不当。第二，必须在裁定送达后十日内（不变期间）提起抗告，在送达之前提起抗告的也有相应的效力，不变期间的遵守采取到达主义，所以要求书状到达法院时未超过不变期间。第三，抗告人须未舍弃抗告权也没有撤回抗告。抗告人在抗告法院裁定前将抗告撤回的将丧失其抗告权。第四，缴纳裁判费用。当事人或者其他诉讼关系人对于裁定提起抗告，不问本案诉讼标的的价值如何，一律缴纳裁判费新台币1000元，再为抗告者亦同。第五，符合管辖的相关规定。首先，对于通常事件过程，对于地方法院的裁定，可以抗告于管辖的"高等法院"或者其分院；对于"高等法院"或者其分院的裁定，可以抗告于"最高法院"。其次，对于简易事件程序，地方法院独任法官的裁定，可以抗告于管辖的同院合议庭；对于同院合议庭的裁定，可以越过"高等法院"或者其分院径行向"最高法院"提起抗告。再次，对于小额事件过程，地方法院独任法官的裁定，可以抗告于管辖的同院合议庭；对于同院合议庭的裁定，不得抗告不发生其直接上级法院的问题。第六，原裁定应为可以提起抗告的裁定，不得抗告的裁定有以下几类。首先，诉讼程序进行中所为之裁定不得抗告，但对以下程序中做出的裁定仍可以抗告：关于参加应否准许的裁定；关于声请提供担保的裁定；关于应否准许返还或者变换担保的裁定；关于诉讼救助的裁定；关于声明承受诉讼以及依职权命令续行诉讼的裁定；关于停止诉讼程序以及关于撤销停止的裁定；关于违背证人与鉴定义务而处以罚款的裁定；关于拒绝证言或者拒绝鉴定得当与否的裁定；以拒却鉴定人为不当的裁定；因为第三人不提出证书或者勘验物而处以罚金或者命令强制处分的裁定；关于证人或者鉴定人或提出证书勘验物的第三人请求费用的裁定；对于调解期日不到场科处罚金的裁定；关于假扣押处分声请的裁定；除权判决所附的限制或者保留的裁定；因人事诉讼本人不到场科罚金的裁定；关于保护应监护或者监护人的处分及撤销其处分的裁定；等等。其次，不能上诉到第三审法院的案件中第二审法院所做的裁定不得抗告，但可通过异议制度予以救济。此类裁定包括命法院书记官、执达员、法定代理人、诉讼代理人负担诉讼费用之裁定；对证人、鉴定人、通译或执有文书、勘验物之第三人处以罚款之裁定；驳回拒绝证言、拒绝鉴定、拒绝通译之裁定；强制提出文书、勘验物之裁定。再次，受命法官或受托法院之裁定不得抗告，其原因在于受命法官或受托法官并非审判的法官而是受法院委托行使一定职权的人，其所做出的裁定不能与法院的裁定同等看待。复次，不得声明不服的裁定不得抗告，这其中包括：驳回更正裁判声请的裁定；调解程序暂时性处置的裁定；小额程序第二审的裁定；抗告法院裁定前，为停止原裁定的执行或其他必要处分的裁定；宣告监护的裁定；驳回撤销监护声请的裁定。最后，法律特别规定不得抗告的其他裁定不得抗告，这其中包括：指定管辖的裁定；驳回移送诉讼的声请的裁定；回避声请正当的裁定；拒绝鉴定人声明为正当的裁定；准许证据保全的裁定；驳回调解声请的裁定；将简易程序改为通常程序的裁定；依职权将小额程序改为简易程序的裁定；第二审中关于假执行的裁定；驳回支付令申请的裁定。第七，抗告采

表4-2 我国台湾地区民事诉讼中上诉和抗告的比较

	上诉	抗告
对象	对未确定之判决声明不服	对未确定之裁定声明不服
当事人	诉讼当事人才可提起上诉	诉讼当事人或利害关系人均可提起抗告
期间	上诉提起之不变期间为20日	抗告提起之不变期间为10日
原审于有理由时的处理	原审法院或原审判长不得径行变更原判决	原审法院或原审判长得径行撤销或变更原判决
效力	判决除经宣告假执行外，原则上须经确定方有执行力	裁定无须确定即有执行力，抗告并无停止执行之效力
得否附带	被上诉人于二审不得附带上诉，但三审为法律审，被上诉人不得附带上诉	无附带抗告之规定
三审特性	三审为法律审，不得提出新事实证据	提起抗告以原裁定适用法规显有错误及所涉及法律见解具有原则上重要性为限，故为法律审之性质，自不得新事实及新证据
三审限制	以二审判决违背法令为限	仅得以原裁定适用法规显有错误为由，并须经原法院许可
方式	应以书面表明上诉理由	应表明抗告理由
诉讼代理人	须特别授权	无须特别授权
程式	应以书状为止	除以书状为之，第一审适用简易程序事件或关于诉讼救助提起抗告及由证人、鉴定人或持有证物第三人提起抗告者，亦得以言词为之

用法定的形式。抗告的提起原则上要求向做出原裁定的法院或原审判长所属法院提出抗告状。抗告状并无统一的形式要求，但应表明抗告理由。但对于第一审适用简易程序或小额程序的案件，因诉讼救助提起的抗告，由证人、鉴定人或持有证据的第三人提起的抗告均可采用言词的形式提起，由书记员将抗告人的陈述记载于笔录之中以代替抗告状。

（2）抗告的撤回

抗告权人在裁定宣示或送达后，抗告法院做出裁定前，可以撤回抗告以舍弃抗告权，至此发生丧失抗告权的效果。抗告案件因抗告权的舍弃或撤回而终结，抗告法院应将卷宗送交原法院。

（3）对抗告案件的裁判

针对抗告，除特别规定由原法院或原审判长处理之外，应将抗告案件交由原法院的上一级法院即抗告法院进行处理。第一，原法院或原审判长对抗告的处理。首先，对已超过抗告期限或法律规定不得抗告的裁定的抗告，应以裁定予以驳回。其次，对有理由的抗告，应撤销或变更原裁定，回复到原裁定产生之前的状态。再次，原法院或审判长未以抗告不合法驳回抗告，亦未撤销或变更原裁定的，应速将抗告事件提交抗告法院，如认为必要时应送交诉讼卷宗并得添具意见书。送交案件已经移转到上级法院（抗告法院）的，应当由上级法院加以处理。第二，抗告法院对抗告的处理。首先，对已超过抗告期限、法律规定不得抗告的裁定、抗告形式不合法以及原裁定对抗告人并无不利或并无不当的抗告，抗告法院应裁定驳回抗告。此后当事人不得再提出抗告，但可向原审法院提出异议。其次，对有理由的抗告，抗告法院应废弃或变更原裁定，并视具体情况做出新的裁定，或命原法院或原审判长做出新的裁定或直接在新裁定中记载"原裁定废弃"。抗告法院所做的裁定如果属于不得再抗告的范畴，则应将该裁定的正本纳入卷宗，送交原法院或原审判长所属法院；如果属于可再抗告的范畴，则应将该裁定送交再抗告法院。

（4）抗告的效力

第一，阻断裁定确定的效力。提起抗告有阻断原裁定确定的效力，就此而言与上诉同。虽然抗告没有停止执行的效力，但是法院或者审判长或者抗告法院可以在抗告事件裁定前，停止原裁定的执行或者为其他必要处分，有特别规定的从特别规定。第二，移审。提起抗告后，原法院或者审判长做出撤销或者变更原裁定或驳回抗告之时发生移审的效力。第三，不停止原裁定的执行。在抗告程序终结以前原裁定所生的执行力不因为提起抗告而停止，但不停止执行也有例外情形，如对于命令返还提存物或保证书的裁定、认定拒绝证言当否之裁定、原法院或审判长或抗告法院在抗告事件裁定前停止原裁定之执行或为其他必要处分等。在抗告程序终结以后应视抗告法院的裁定结果情形而定。抗告法院维持原裁定时当然继续执行，但如果原裁定经过废弃而没有变更为裁定时，原裁定已经变成不存在的状态，无从继续依照裁定为执行，与没有裁定没有差别，当然不产生执行的问题。

(5) 再抗告程序

再抗告是指针对抗告法院所做裁定进行的抗告。再抗告并非抗告程序外的另一种程序，而是抗告的一种，所以原来属于不得声明不服或不得抗告的裁定即使符合再抗告的要件也不许为抗告。抗告与再抗告的区别在于抗告针对做出裁定的原法院所做成的初次裁定声明不服，而再抗告针对上级法院（抗告法院）的抗告裁定第二次做出声明不服的表示。第一，再抗告的主体。对于抗告因无理由而被驳回的情形，抗告人可以提起再抗告并成为再抗告人。对于抗告有理由进而废弃或变更原裁定者，抗告相对人可以提起抗告并成为再抗告人，抗告人成为再抗告相对人。第二，再抗告的要件。管辖法院只能是"最高法院"。对于原本就不得抗告的裁定及抗告法院以抗告不合法为由裁定驳回抗告的情形，不得对该裁定提起再抗告，但后者可向原法院提出异议。应以抗告法院的裁定适用法规显有错误为理由。应经过原抗告法院的许可，许可的事项应当以原则上具有重要性者为限。当事人或其他诉讼关系人对于抗告法院的裁定再行抗告之时应向原法皖（抗告法院）提出再抗告状并应当表明再抗告的理由。如果提起再抗告而未表明理由的，原法院无须在规定期间内命令其补正，可以直接以裁定驳回。第三，再抗告的审理。再抗告时应表明再抗告的理由，否则原抗告法院无从审查原抗告之裁定适用法规是否有错误的情形；如果没有记载，没有必要让其补正可以径行驳回。当事人或者其他诉讼关系人对于抗告法院的裁定再为抗告，已于再抗告状内表明再抗告理由的，原审法院审查的结果认为其抗告应得到许可的应当添加意见书并说明符合许可再抗告要件的理由，径行将诉讼卷宗送交再抗告法院。再抗告案件审理过程中法院不调查新事实、证据。在通常诉讼程序以及简易程序中对于第二审法院的裁定直接向最高法院提起抗告的时候，两者都应以原裁定适用法规显然有错误为其抗告或再抗告的合法要件,其性质属于法律审的范围,因而再抗告法院的裁判不得斟酌当事人所提出的新事实及证据。第四,再抗告的裁判。再抗告的效力与抗告的效力基本相同。如果法院认为再抗告不合法则径行裁定驳回。法院认为没有理由的,裁定驳回。法院认为有理由的,废弃或者变更原裁定。除非有必要,不得命原法院或审判长为裁定。

2. 异议

第一,于第二审法院受裁定之人,因本案诉讼事件不得上诉第三审而不得抗告时,得向原法院提出异议以为救济,以保障受裁定人程序上的权利。异议准用于对法院同种裁定抗告之规定,受诉法院就异议所为的裁定不得声明不服。包括:命法院书记官、执达员、法定代理人、诉讼代理人负担诉讼费用之裁定;对证人、鉴定人、通译或执有文书、勘验物之第三人处以罚款之裁定;驳回拒绝证言、拒绝鉴定、拒绝通译之裁定;强制提出文书、勘验物之裁定。

第二,诉讼系属于第三审法院者,其受命法官或受托法官所为之裁定,得向第三审法院提出异议。不得上诉于第三审法院之事件,第二审法院受命法官或受托法官所为之裁定得向受诉法院提出异议,以贯彻合议审判之精神及保障受裁定人程序上权利。

第三,对于抗告法院以抗告不合法而驳回抗告之裁定不得再抗告,但得向原法院提出异议以保障抗告人之权利。

二、德国[①]

在德国,抗告是在法律有特别规定的情况下或者对于不经言词辩论而驳回有关程序的申请的裁判进行上诉救济的专门方式,其与控诉、上告相并列,是上诉的类型之一。

1. 抗告的对象

对于判令给付诉讼费用的裁判,只在抗告标的的价额超过 200 德国马克时才许可提起抗告;对于其他关于费用的裁判,只在抗告标的的价额超过 100 德国马克时才许可提起抗告。对于州法院在控诉程序和在抗告程序

---

① 相关资料参见谢怀栻译《德意志联邦共和国民事诉讼法》,中国法制出版社 2000 年版,第 133—136 页。

中的裁判不许提起抗告。对于高级州法院的裁判不许提起抗告。

2. 抗告的管辖

抗告由审级上的直接上级法院进行裁判。

3. 抗告的审理

第一,抗告的提起。抗告应向做出被声明不服的裁判的法院或做出裁判的审判长所属的法院提出;在紧急情况下,也可以向抗告法院提出。提起抗告应提出抗告状。诉讼案件现在或过去在第一审不属于律师诉讼,抗告是有关诉讼费用的救助或抗告是由证人或鉴定人提起时,可向书记科陈述,由其做成记录。

第二,审理形式。对抗告的裁判可以不经言词辩论为之。法院命令为书面陈述时,陈述由律师为之。如果抗告是向书记科提起由其做成记录时,这种陈述也可以向书记科为之,由其做成记录。

第三,抗告中可以提出新事实和新证据作为理由。

4. 抗告的效力

对于部分裁判的抗告,有停止执行的效力。法院或审判长在其裁判被声明不服时可以命令停止裁判的执行。抗告法院在裁判前可以发出暂时命令,命令可停止被声明不服的裁判的执行。

5. 抗告的裁判

抗告法院应依职权调查抗告本身是否准许、是否依法定方式在法定期间内提起。欠缺以上要件之一的,以其抗告为不合法而驳回之。抗告法院认为抗告有理由的,可以命令原来做出被抗告的裁判的法院或审判长为必要的处分。

6. 即时抗告

《德国民事诉讼法》第577条规定,即时抗告应在自裁判送达时开始的两周的不变期间内提起。向抗告法院提出的,即使抗告法院认为并不是紧急情况,只要遵守不变期间仍为合法。合乎取消之诉或回复原状之诉的要件时,即使在已逾不变期间后,只需在适用于各该诉讼的不变期间内,也可以提起抗告。法院对它受到抗告的裁判无权予以变更。

7. 再抗告

对于抗告法院的裁判,在该裁判中有新的独立的抗告理由且法律有特别规定时,可以提起再抗告。对缺席判决声明异议被驳回而提起即时抗告的,对高级州法院以裁定就即时抗告所为的裁判可以提起即时再抗告,但以对同样内容的判决可以上告时为限。

8. 附带抗告

抗告的对方当事人即使在舍弃抗告后或在抗告期间届满后仍得提起附带抗告。抗告被撤回或因不合法而被驳回时,附带抗告失去效力。对方当事人在抗告期间届满前对附有期间的抗告提起附带抗告而未舍弃抗告的,附带抗告视为独立的抗告。

三、日本[①]

在日本,抗告是对判决以外的裁定和命令独立提起的简易上诉。

1. 抗告的对象

并非所有的裁定和命令均允许上诉,只限法律有特别规定的情形。"《日本新民事诉讼法》第328条规定,不经过口头辩论驳回有关诉讼程序申请的裁定或命令,可以抗告。对不能以裁定或命令进行裁判的事项,如果已作出裁定或命令,可以抗告。"[②] 当事人不服受命法官或受托法官的裁判时可以向受诉法院提出异议申请,但该裁判已成为受诉法院的裁判时,可以抗告的以能抗告的为限。

2. 抗告的分类和种类

第一,通常抗告和即时抗告。通常抗告无特别的提起期限,只要具有请求废弃原判的利益随时均可提起。可提起通常抗告的裁定或命令应为未经必要言词辩论而驳回有关诉讼程序声请的裁定或命令。可提起即时抗告的裁定应有法典的个别性允许,包括声请被驳回或被准许的裁定,其与停止执行的效力相联系。《日本民事诉讼法》第332条规定,即时抗告应该在从告知裁判之日起一周的不变期间内提起。

第二,第一次抗告和再抗告。当事人对简易法院的裁定或命令可向地方法院提起第一次抗告,对地方法院的裁定或命令可向高等法院提起第一次抗告,抗告的程序准用第二审上诉的规定。再抗告是指对于第一次抗告的抗告裁定的抗告。对抗告法院的裁定,以该裁定有宪法解释错误或有其

---

① 相关资料参见 [日] 三月章《日本民事诉讼法》,汪一凡译,五南图书出版公司1997年版,第541—542页。
② 白绿铉编译:《日本新民事诉讼法》,中国法制出版社2000年版,第111页。

他违反宪法的事项或者违反法律明显地影响裁定之理由为限，可以再进行抗告。当事人对简易法院第一审的裁定或命令应向高等法院提起再抗告，再抗告属于对有关裁定或命令的法律申请，因此，应准用第三审上诉的规定。对地方法院第一审的裁定或命令不能提起再抗告。

第三，特别抗告。对于不得提出声明不服的地方法院和简易法院做出的裁定及命令以及高等法院的裁定或命令，以该裁判有宪法解释错误或有其他违反宪法的事项为理由时，可从收到裁判的告知之日起5日内向最高法院提出特别抗告。

3. 抗告的提起

抗告应以书面或言词的形式向原审法院或抗告法院提起，抗告法院应为与原裁判法院最近、最直接的上级法院。鉴于裁定或命令有时只针对一方当事人，因此，抗告不一定采取严格的当事人对立结构。

4. 抗告的审理

在对抗告不进行口头辩论的情况下，抗告法院可以审问抗告人及其他利害关系人。

5. 抗告的效力

原抗告法院或做出原裁判的法院或者法官在对抗告做出裁定之前可以命令停止执行原裁判及其他的必要处分。"《日本新民事诉讼法》第334条规定，抗告以即时抗告为限，具有停止执行的效力。抗告法院或作出原裁判的法院或者法官，在对抗告作出裁定之前，可以命令停止执行原裁判及其他的必要处分。"[①]

6. 对抗告的裁判

抗告法院对请求抗告的事实或法律进行审理后，应视情况分别做出裁定：对不合法的抗告应裁定驳回抗告；对合法但无理由的抗告应裁定驳回抗告；对有理由的抗告应裁定抛弃原裁判，按案件的需要发回原审法院或改判。

四、俄罗斯[②]

在俄罗斯，对民事诉讼中第一审法院的裁定可以通过上诉及抗诉进行

---

① 白绿铉编译：《日本新民事诉讼法》，中国法制出版社2000年版，第112页。
② 相关资料参见张家慧《俄罗斯民事诉讼法研究》，法律出版社2004年版，第392—394页。

救济。

1. 提起上诉的期限及要求

俄罗斯民事诉讼中，双方当事人及依法享有上诉权的其他案件参加人不仅可以对第一审法院依照诉讼程序所做出的判决提起上诉，而且还可以对第一审法院在审理和解决案件过程中所做出的裁定单独提出上诉；检察长也可就裁定提出抗诉。对法院裁定的上诉不同于对法院判决的上诉，当事人对法院裁定的上诉称为局部上诉，而检察长对裁定提出的抗诉也称为局部抗诉。根据《俄罗斯联邦民事诉讼法典》第315条的规定，除了俄罗斯联邦最高法院所做出的裁定以外，对于俄罗斯联邦境内的其他所有第一审法院所做出的裁定都可以由双方当事人或其他案件参加人与判决分开而单独提起上诉，检察长也可以对裁定提起抗诉，但需在法律规定的情况下；在法院的裁定阻碍诉讼继续进行的情况下。

具体地说，对于下列裁定，可以与判决分开而单独提起上诉或抗诉：拒绝受理起诉的裁定；证据保全的裁定；有关拒绝免除罚款的裁定；关于恢复所延误的诉讼期间的裁定；等等。对于第一审法院所做出的阻碍诉讼继续进行的下列裁定也允许提出局部上诉或抗诉：有关拒绝接受诉状的裁定；有关搁置诉状的裁定；有关中止案件审理的裁定；有关终结案件审理的裁定；等等。

第一审法院所做出的另外一些裁定，由于并不会直接影响到案件实体解决的正确性，因此，就没有必要在判决做出之前提起上诉。例如，对于有关法院拒绝调取某种书面证据的裁定就没有必要在判决做出之前提起起诉。因为这类裁定并不具有相对性的特征，而且即便没有它，法院也可能会有足够的证据做出合法而有根据的判决。因此，对于这类裁定就不能与判决分开而单独提起上诉。但是，如果请求调取书面证据的一方当事人或第三人认为第一审法院所做的判决不正确，则他可以在上诉状中指出第一审法院对调取这类证据的要求的拒绝是不合理的，亦即当事人可以将这一不合理的裁定作为其上诉状中的一个理由。对于不能单独提起上诉的裁定，检察长也可以将对它的异议写在其抗诉书中。

同样，对于并不妨碍诉讼继续进行的第一审法院的裁定，一般情况下也不能与判决分开而单独提起上诉。譬如，对于第一审法院所做出的受理案件或申请的裁定、预备将案件提交法庭审理的裁定、确定出庭审理案件时间和地点的裁定以及延期审理案件的裁定等，当事人就不能提起上诉。不过，对于这类裁定虽不能单独提起上诉或抗诉，但如果双方当事人或其他诉讼参加人认为这些裁定不正确，则他们有权在上诉状或抗诉书中对此提出反驳或质疑。

作为例外，对于第一审法院依据《俄罗斯联邦民事诉讼法典》第225条的规定所做出的裁定，即使其不妨碍诉讼的继续进行，检察长也可以对其单独提起抗诉。同时，根据该条第5款的规定，当事人对于由第一审法院提起刑事案件的裁定也可以单独提起上诉。而在另外一些情形下，譬如，按照《俄罗斯联邦民事诉讼法典》第337条第2款的规定，对于第一审法院所做出的根据新发现的情节对判决、裁定和决定进行再审的裁定，不允许单独提起上诉或抗诉。

原则上，对于第一审法院的裁定提起上诉的主体只限于案件当事人，但在法律有明确规定的情况下，对于个别裁定也可以由诉讼的其他参与人甚至非诉讼参与人提出上诉。非案件当事人有权提起上诉的裁定主要有：根据《俄罗斯联邦民事诉讼法典》第65条及第70条的规定被罚款的未参与诉讼的公职人员或公民和第62条的规定被法院追究刑事责任的证人；根据《俄罗斯联邦民事诉讼法典》第76条的规定被法院追究刑事责任的专家；根据《俄罗斯联邦民事诉讼法典》第134条第3款的规定被处以罚款的人以及根据《俄罗斯联邦民事诉讼法典》第152条的规定被处以罚款或被法院追究刑事责任的翻译人员等。

2. 上诉审法院对裁定的审理和处理

对裁定提起局部上诉或抗诉及其审理与对判决提起上诉或抗诉及其审理大致相同。所不同的是，对第一审法院所做出的裁定提起局部上诉或抗诉无须交纳国家规费；同时就提起上诉的期限而言，对于个别裁定提起上诉的期限不是从裁定做出之时起算，而是从当事人知道法院做出裁定之时起算。根据《俄罗斯联邦民事诉讼法典》第317条的规定，在对局部上诉或抗诉审理完毕之后，上诉审法院有权维持原裁定，对上诉或抗诉请求不予满足；撤销原裁定并将案件发回原审法院重审；全部或部分撤销原裁定并对案件进行实质性解决。对于上诉审法院就局部上诉或抗诉所做出的裁定不得再行上诉或抗诉，该裁定自做出之时起立即发生法律效力。

第四节 民事裁定的补正

民事裁定的补正是指在民事裁定所包含的程序性违法行为程度较轻、双方对其违法性的争议不大、其对诉讼程序的进展不会产生实质性的影响且对相关利害关系人的权利近乎不会发生损害或损害极其小时,通过对该诉讼行为的补正,使其成为有效行为,发挥同合法行为相同的法律效果的救济制度。

一、补正的属性

民事裁定补正程序并非独立的新程序,也不是二审程序、再审程序,而是原审程序的继续,其作为原审程序的辅助程序、新的子流程,附随于原审程序,是对原审程序的延续和辅助,旨在对原审程序的缺陷进行审查式的修补。"从案件流程管理上看,它是原审程序系统中的子系统,它在原审程序的系统内作为一个相对完整和半封闭式的子系统存在。因此,补正程序不构成对原审程序破与废的威胁,相反它旨在尽力维护原审程序的稳定性,使之更彻底地完成终结目标。"[1] 凡是法院基于一般程序审理的民事案件所产生的本位民事裁定均适用民事裁定补正程序,无一审、二审或者再审程序的区分。鉴于一案之中多个民事裁定并存的情况,对适用裁定补正程序的案件无须再单独进行立案,案号即为原审案号。对于应属另行请求法院处理的争议性程序事宜,不能通过补正程序处理,而需由当事人向法院提出新的处理申请。

二、补正的启动

对民事裁定进行补正的启动方式,包括法院依职权和当事人依申请两

---

[1] 陈晓君:《缺陷的弥补与权利的补充救济——民事裁判瑕疵补正程序》,《法律适用》2008 年第 9 期,第 49 页。

种，二者没有先后主次之分。首先，当事人或利害关系人认为民事裁定中存在错误，有权向法院提出纠正申请，法院对当事人的申请应进行审查，经审查后认为符合补正条件的，应当予以接受并进行补正；法院认为原裁定没有错误的，应当以裁定的形式驳回申请。其次，法院作为行为主体和自查自纠主体，有必要进行自我修正，当其自行发现民事裁定存在错误且有补正必要时，可依职权启动纠正程序，以确保其做出的民事裁定的正确，进而符合实事求是、有错必纠的理念，有利于维护司法的正当性。在我国台湾地区，"故裁定如有误写、误算或其他类此之显然错误或正本与原本不符合者，得随时依申请或职权裁定更正之"。①《日本民事诉讼法》第 257 条第 1 款规定，判决如有误算、误记或其他类似明显的错误时，法院根据申请或依职权，随时可以做出更正裁定。《法国新民事诉讼法典》第 462 条第 2 款规定，裁判出现表述错误时，法院可以依一方当事人或双方当事人提出的申请，或者依职权受理。

三、补正的主体

本着对原审判组织的尊重及遵循对原审判资源充分发挥的理念，对民事裁定进行错误补正的主体应为该裁定的制作者，即由原审判组织包括原独任审判员或合议庭负责，如此一来可以发挥原审判组织熟悉案情的优势，但相关法官因死亡、丧失行为能力、离职等原因不能继续从事裁判业务或该案已经进入上诉或再审等救济程序的除外，此时应另行指定审判员或合议庭负责。在日本，"如果提起上诉的案件存在裁判表述错误，那么上诉法院可以在上诉审程序中附带对其予以更正"。②"《法国新民事诉讼法典》第 462 条第 1 款规定，判决在具体表述事实方面有错误或有遗漏时，即使其已经产生既判力，仍可由作出判决的法院进行补正，或者依据案卷所表明的问题或依道理，由已接受案卷的法院补正。即使已经向最高司法法院提出上诉，原作出判决的法院仍然可以受理补正判决的请求。"③

---

① 王甲乙、洪慧慈、郑健才：《民事诉讼法新论》，三民书局 2007 年版，第 249 页。
② [日] 三月章：《日本民事诉讼法》，汪一凡译，五南图书出版公司 1986 年版，第 349 页。
③ [法] 让·文森、塞尔日·金沙日：《法国民事诉讼法要义》，罗结珍译，中国法制出版社 2001 年版，第 261 页。

四、补正的类型

1. 民事裁定的形式补正——笔误

民事裁定的形式补正是指并不改变民事裁定的实质内容,只是订正或补充其在表述上的错误或不适当之处,使之完整无缺。形式补正不必进行重新审理和裁定,其在本质上属于技术补正。民事裁定书在认定事实、采纳证据或适用法律上存在的问题,不能适用形式补正,形式补正不能对实质问题的处理做出变更。"关于判决之更正及补充,于裁定亦有其准用。"①

第一,形式补正的适用对象——表述错误。民事裁定的表述错误是指在法官对案件已经进行了审理并做出裁定的情况下,民事裁定书在具体表述时出现了违背法官真实意思的明显错误,从而导致法官的正确意志与民事裁定书所表达的意思不相一致,出现偏差。该错误的恶劣影响在于不正当地复述法官的意志,其源于裁判者的疏忽大意或过失,属于表达性、技术性、显著性、外在性、可感知性和未产生重大影响的轻微错误,一般直接在民事裁定书中体现出来,民事裁定书是呈现裁定表述错误的主要载体。裁判表述错误不同于错案。"裁判表述错误是指裁判的实质内容是正确的,在具体表述时出现明显差错,它是裁判文书记载的内容歪曲了裁判者的真实意思而产生的技术性错误。错案是裁判实质内容上的错误,既包括实体性错误,又包括程序性错误;既涉及案件事实认定错误,又涉及适用法律错误。"②就民事裁定形式错误的种类而言,其以笔误为基本特征,包括个别文字的误写、误算,法律条文引用不当但未影响裁判结果,裁判项目的技术性遗漏,以及语法、结构、逻辑存在瑕疵等。《最高人民法院关于适用〈中华人民共和国民事诉讼法〉若干问题的意见》第166条规定:"民事诉讼法第一百四十条第一款第(七)项中的笔误是指法律文字误写、误算,诉讼费用漏写、误算和其他笔误。"《最高人民法院关于人民法院民事调解工作若干问题的规定》第16条规定:"当事人以民事调解书与调解协议的原意不一致为由提出异议,人民法院审查后认为异议成

---

① 王甲乙、洪慧慈、郑健才:《民事诉讼法新论》,三民书局2007年版,第249页。
② 胡夏冰:《裁判表述错误及其补正》,《法律适用》2009年第10期,第70页。

立的，应当根据调解协议裁定补正民事调解书的相关内容。"具体而言，"误写包括文字误载，文字表述有语法错误，文义不清产生歧义但对裁判结果正确性不产生重大影响的等。误算包括非属事实认定错误的金额误算，诉讼费误算等情形。法律条文引用不当未影响裁判结果是指对法律适用不产生影响，仅因技术原因而错引、漏引或多引法律条文的情形。裁判项目的技术性遗漏主要是指经过审理，有的甚至已在裁定说理中明示，但裁判主文中未裁定的内容。"①

第二，形式补正的措施。对民事裁定进行形式补正的具体措施因发现错误的时间不同而有所不同。首先，对于做成之后、送达之前发现民事裁定书存在文字错漏的，法院应依职权以重新打印的方式主动予以补救，无须单独制作补正裁定。其次，对于送达之后发现民事裁定书存在文字错漏的，法院应当依职权或依申请及时制作补正裁定，并将其与原裁定一并再送达给当事人，此时不以送达后的民事裁定生效为要件。补正裁定是指法院对裁判文书中的笔误所依法做出补正的书面裁定，其仅限于被补正的民事裁定书已经送达。补正裁定不限于对民事裁定的形式补正，其还可适用于对判决书、调解书及和解书的形式补正。2013年《最高人民法院关于人民法院在互联网公布裁判文书的规定》第10条第2款规定："人民法院对送达当事人的裁判文书进行补正的，应当及时在互联网公布补正裁定。"就具体程序而言，"人民法院在收到裁判瑕疵补正申请书后三日内，对补正申请书进行形式审查，决定是否予以受理，受理后三日内应通知案件双方当事人。法院以对裁判主文及相关之证据事实材料书面审查为主，可以通知该案当事人至人民法院说明情况。法官在审查书面材料并听取当事人的陈述意见的基础上作出审查结论，在受理后十五日内作出补正或驳回补正申请的裁定"。②

第三，形式补正的效力。补正裁定溯及于原裁定形成时发生法律效力，原裁定的效力不因补正裁定而受影响。"法院以裁定形式对裁判表述错误进行补正后，对法院和当事人即具有法律约束力。作为对原裁判客观存在的外在错误的修补，裁判表述错误的补正裁定所具有的效力，应当溯

---

① 陈晓君：《缺陷的弥补与权利的补充救济——民事裁判瑕疵补正程序》，《法律适用》2008年第9期，第49页。

② 陈晓君：《缺陷的弥补与权利的补充救济——民事裁判瑕疵补正程序》，《法律适用》2008年第9期，第48页。

及到原裁判形成之时，而不是补正裁定作出之日，即原裁判自始就应当被认为具备补正裁定作出后的内容。"①

第四，循环补正与法官内部管理责任的追究。对于本位民事裁定中的表述错误，在重新制作该裁定或通过补正裁定对其进行形式瑕疵补正时，若在新裁定或补正裁定中出现新的或进一步的表述错误，构成循环错误，此时需要进一步进行补正，已然形成循环补正。表述错误的出现应归结于法官的工作失误，频繁出现本可通过责任心避免的表达错误，特别是对于循环错误现象，法官难推其责，此时需要法院对相关法官进行管理性追责，实施内部处罚。

2. 民事裁定的实质补正——漏裁

第一，实质补正的基础——待裁定的程序性事项的可分性。待裁定的程序性事项的可分性使得民事裁定的脱漏与先行裁定较易混淆（见表4-3）。二者虽然表面特征较为相似，均为受诉法院仅对当事人待裁定的程序性事实中的部分做出判断，但二者在本质上截然不同，相互排斥不能并存。

表4-3 先行裁定与裁定脱漏的比较

	产生基础	法官意识性	法官的告知	合法性
先行裁定	程序性事项可分性	有	书面或口头	合法
裁定脱漏	程序性事项可分性	无	无	违法

第二，实质补正的适用对象——裁定脱漏。裁判脱漏是指法官对当事人提出的诉讼请求或者其他应当裁判的事项因疏忽而发生遗漏，进而未做出完整的裁判。裁判脱漏作为审判错误的一种，错在没有对应当裁判的所有事项进行审理和裁判，形成了不完整裁判。"从《民事诉讼法》的规定来看，与诉讼请求有关的事项均不适用裁定。因为无论是驳回诉讼请求，还是承认诉讼请求，均与案件实体处理有关，所以在规范上只能适用判决，而不适用裁定。与诉讼请求有间接关联的裁定主要是起诉不予受理的裁定、驳回起诉的裁定，因为没有直接关联诉讼请求，也就不存在遗漏或超出诉讼请求的情形。"② 民事裁定的脱漏即漏裁，是指法院在解决某一

---

① 胡夏冰：《裁判表述错误及其补正》，《法律适用》2009年第10期，第70页。
② 张卫平：《再审事由规范的再调整》，《中国法学》2011年第3期，第69页。

程序性争议过程中，只对该争议中的部分争点做出了判断，对其他争点没有予以处理。漏裁意味着受诉法院对应裁定之事项未尽全部职责，这是由于法院单方面的错误所造成的，脱漏的诉讼程序争议仍系属于受诉法院，受诉法院对脱漏的诉讼程序争议负有继续进行裁判并做出终局裁定的义务。漏裁是受诉法院主观上误认为已对待裁定的全部程序性事实做出了判断，其是法院无意识的行为，进而在民事裁定书中不可能有对脱漏理由之记载。漏裁是应裁而未裁，属于不作为性错误，涉及损害当事人的程序性权利。此外在司法实践中，民事裁定是否脱漏属于双关问题，对其的认定需要考虑多方面因素。首先，脱漏的待裁定程序性事项是一个相对概念，若当事人没有提出，法院也没有发现，则该裁定被视为完整的裁定。其次，对于部分程序性事项已经过审理，只是未在民事裁定主文中得到宣告的情形，将其认定为漏裁还是笔误性形式瑕疵，关键在于对法官在实施错误行为时的主观心态的判断。

  下面以管辖权异议裁定为例分析民事裁定脱漏的具体情形。异议请求当事人希望通过申请管辖权异议达到诉讼目标，其意思通常被申请人用文字表达为"不服受诉法院管辖并移送至××法院管辖"。就裁定结果而言，上游权利利益是下游权利利益存在的根基，指出当前管辖的错误并否定其效力是申请人的首项异议请求，法官在民事裁定书中应首先对该问题表态。在法院认定管辖有错误的情况下，将受诉案件移送至××法院管辖是进一步待裁定的事项，其是推翻当前管辖后的最终案件处理结果，二者是必然联系在一起的。《法国新民事诉讼法典》第75条规定，如认为受诉法院无管辖权，提出此种抗辩的当事人应当说明理由，并且在所有场合，均应说明请求将案件提交哪一法院。因此仅有认定"原管辖错误"或直接将案件"移送至××法院管辖"应视为裁定的疏漏，"原管辖错误，将案件移送至××法院管辖"才是完整的裁定结果。

  第三，实质补正的措施。漏裁发生后，依再审程序对民事裁定的脱漏予以救济并不符合民事诉讼之法理，不符合对再审程序的定位。2007年《民事诉讼法》第179条第1款规定："当事人的申请符合下列情形之一的，人民法院应当再审：……（十二）原判决、裁定遗漏或者超出诉讼请求的……"笔者认为，此时受诉法院应依当事人申请或依职权对脱漏部分做出民事追加裁定，即补充裁定，该裁定与先前所做的民事裁定共同构成对整个诉讼程序性争议的处理。补充裁定的范围和裁定脱漏的范围是一个问题的两个方面，由于民事追加裁定属于个别独立的民事裁定，因此法院不能在民事追加裁定中变更先前民事裁定中所确定的内容。如果漏裁的程序性争议在先前的庭审中经过了双方当事人的言词辩论并已达到可以做出裁定之程度，那么受诉法院可直接做出民事追加裁定而无须重新组织言词辩论；如果漏裁的程序性争议在先前的庭审中尚未经由双方当事人的言词辩论，那么受诉法院则应首先组织当事人对脱漏部分开展言词辩论，在此基础上做出民事追加裁定。

第四，实质补正的效力及其救济。民事追加裁定与先前民事裁定的效力相同，且生效时间具有溯及力，效力应追加到先前民事裁定生效之日而非做出之日，即先前民事裁定自始就具备民事追加裁定的内容。先前民事裁定与民事追加裁定所适用的救济措施是同一类型的，当事人可在追加裁定做出后将两个裁定视为整体申请救济，也可依照两个裁定做出时间的先后分别申请救济。当事人分别请求救济时，救济期间应分别单独计算，此时若当事人所先后提出的救济申请出现时间上的竞合，救济法院可以将两者合并审理。

3. 实体性裁定的回转补正——执行依据的失效

当被申请人不自觉履行保全裁定或先予执行裁定时，法院可强制执行。在执行过程中或执行完毕后若发现予以执行的实体性裁定存在错误，则应及时终止执行，对实体性裁定进行撤销或变更，使得执行依据失效。执行依据的失效并不具有要求原债权人返还财产的强制性，此时法院应裁定执行回转。执行回转裁定作为新的执行依据，若被申请人拒绝返还财产，执行机构应对已被执行的财产重新采取执行措施，使被申请人的财产恢复到执行程序开始前的状态，并由申请人赔偿被申请人因保全或先予执行所遭受的损失。《民事诉讼法》第233条规定："执行完毕后，据以执行的判决、裁定和其他法律文书确有错误，被人民法院撤销的，对已被执行的财产，人民法院应当作出裁定，责令取得财产的人返还；拒不返还的，强制执行。"因申请错误造成被申请人损失的，由申请人予以赔偿，因人民法院依职权采取措施错误造成损失的，由人民法院按照《国家赔偿法》的相关规定承担赔偿责任。《国家赔偿法》第38条规定："人民法院在民事诉讼、行政诉讼过程中，违法采取对妨害诉讼的强制措施、保全措施或者对判决、裁定及其他生效法律文书执行错误，造成损害的，赔偿请求人要求赔偿的程序，适用本法刑事赔偿程序的规定。"

第五节 民事裁定的更正

"人类的权利自始就是与更正相联系,当事人脱离了盲动和依附而获得了一定的权利时,也必须有与之相适应的更正手段相随。没有更正可依的权利是虚假的,犹如花朵戴在人的发端是一种虚饰。"[①] 我国现行法规定的民事裁定更正措施有复议、异议、上诉、申请再审、检察监督(抗诉、再审检察建议、纠违检察建议)、起诉(见表4-4)。

表4-4 现行法规定的民事裁判更正方式

	判决	裁定	决定	命令、通知、处分
复议	×	保全裁定 先予执行裁定 执行管辖权异议裁定 执行异议裁定	回避决定 罚款决定 拘留决定	×
上诉	√(诉讼判决) ×(非讼判决)	诉讼不予受理裁定 破产申请不予受理裁定 驳回破产申请裁定 驳回起诉裁定 诉讼管辖权异议裁定 上级向下级转移管辖权裁定	×	×
申请再审	√(诉讼判决) ×(非讼判决)	√ (部分具有可再审性)	× (不具有可再审性)	× (不具有可再审性)
抗诉	√(诉讼判决) ×(非讼判决)	√ (部分具有可再审性)	× (不具有可再审性)	× (不具有可再审性)
再审检察建议	√(诉讼判决) ×(非讼判决)	√ (部分具有可再审性)	× (不具有可再审性)	× (不具有可再审性)
纠违检察建议	×	√	√	√
起诉	×	第三人请求撤销之裁定;驳回案外人异议裁定	×	×

---

① 程燎原、王人博:《赢得神圣——权利及其更正通论》,山东人民出版社1998年版,第368页。

一、现行法所规定的民事裁定的更正措施

1. 复议

首先，可复议的民事裁定包括财产保全裁定、先予执行裁定、执行管辖权异议裁定和当事人、利害关系人执行异议裁定。《民事诉讼法》第108条规定："当事人对保全或者先予执行的裁定不服的，可以申请复议一次。复议期间不停止裁定的执行。"第225条规定："当事人、利害关系人认为执行行为违反法律规定的，可以向负责执行的人民法院提出书面异议。当事人、利害关系人提出书面异议的，人民法院应当自收到书面异议之日起十五日内审查，理由成立的，裁定撤销或者改正；理由不成立的，裁定驳回。当事人、利害关系人对裁定不服的，可以自裁定送达之日起十日内向上一级人民法院申请复议。"《最高人民法院关于适用〈中华人民共和国民事诉讼法〉执行程序若干问题的解释》第3条规定："人民法院受理执行申请后，当事人对管辖权有异议的，应当自收到执行通知书之日起十日内提出。人民法院对当事人提出的异议，应当审查。异议成立的，应当撤销执行案件，并告知当事人向有管辖权的人民法院申请执行；异议不成立的，裁定驳回。当事人对裁定不服的，可以向上一级人民法院申请复议。管辖权异议审查和复议期间，不停止执行。"

其次，可复议的民事决定包括回避决定、拘留决定和罚款决定。《民事诉讼法》第47条规定："人民法院对当事人提出的回避申请，应当在申请提出的三日内，以口头或者书面形式作出决定。申请人对决定不服的，可以在接到决定时申请复议一次。复议期间，被申请回避的人员，不停止参与本案的工作。人民法院对复议申请，应当在三日内作出复议决定，并通知复议申请人。"对于罚款、拘留问题的决定，被罚款人、被拘留人不服的可以向上一级人民法院申请复议一次，复议不影响决定的效力，复议期间不停止原决定的执行。《民事诉讼法》第116条规定："拘传、罚款、拘留必须经院长批准。拘传应当发拘传票。罚款、拘留应当用决定书。对决定不服的，可以向上一级人民法院申请复议一次。复议期间不停止执行。"

此外，对于个别通知，也可通过复议的方式予以救济。《最高人民法院关于民事诉讼证据的若干规定》第19条第2款规定："人民法院对当事

人及其诉讼代理人的调查取证申请不予准许的，应当向当事人或其诉讼代理人送达通知书。当事人及其诉讼代理人可以在收到通知书的次日起三日内向受理申请的人民法院书面申请复议一次。人民法院应当在收到复议申请之日起五日内作出答复。"

2. 上诉

可上诉的裁定包括不予受理裁定、驳回起诉裁定、驳回管辖权异议裁定、不受理及驳回企业法人破产申请裁定和上级向下级转移管辖权裁定。《民事诉讼法》第154条规定，不予受理、对管辖权有异议和驳回起诉的裁定，可以上诉。《企业破产法》第12条规定："人民法院裁定不受理破产申请的，应当自裁定作出之日起五日内送达申请人并说明理由。申请人对裁定不服的，可以自裁定送达之日起十日内向上一级人民法院提起上诉。人民法院受理破产申请后至破产宣告前，经审查发现债务人不符合本法第二条规定情形的，可以裁定驳回申请。申请人对裁定不服的，可以自裁定送达之日起十日内向上一级人民法院提起上诉。"《最高人民法院关于审理民事级别管辖异议案件若干问题的规定》第4条规定："上级人民法院根据民事诉讼法第三十九条第一款的规定，将其管辖的第一审民事案件交由下级人民法院审理的，应当作出裁定。当事人对裁定不服提起上诉的，第二审人民法院应当依法审理并作出裁定。"

3. 申请再审

原则上符合再审事由且具备可再审性的裁定可通过申请再审进行更正，但现行法明确规定可申请再审的裁定只包括不予受理裁定和驳回起诉裁定两类。《民事诉讼法》第200条规定："当事人的申请符合下列情形之一的，人民法院应当再审：（一）有新的证据，足以推翻原判决、裁定的；（二）原判决、裁定认定的基本事实缺乏证据证明的；（三）原判决、裁定认定事实的主要证据是伪造的；（四）原判决、裁定认定事实的主要证据未经质证的；（五）对审理案件需要的主要证据，当事人因客观原因不能自行收集，书面申请人民法院调查收集，人民法院未调查收集的；（六）原判决、裁定适用法律确有错误的；（七）审判组织的组成不合法或者依法应当回避的审判人员没有回避的；（八）无诉讼行为能力人未经法定代理人代为诉讼或者应当参加诉讼的当事人，因不能归责于本人或者其诉讼代理人的事由，未参加诉讼的；（九）违反法律规定，剥夺当事人辩论权利的；（十）未经传票传唤，缺席判决的；（十一）原判决、裁定遗漏或者超出诉讼请求的；（十二）据以作出原判决、裁定的法律文书被撤销或者变更的；（十三）审判人员审理该案件时有贪污受贿，徇私舞弊，枉法裁判行为的。"此外，司法解释对不予受理裁定和驳回起诉裁定的再审进行了专门规定。《最高人民法院关于适用〈中华人民共和国民事诉讼法〉若干问题的意见》第208条规定："对不予受理、驳回起诉的裁定，当事人可以申请再审。"

4. 抗诉

裁定的可抗诉性是以对不可抗诉裁定的单独规定为表现形式的。不可抗诉的裁定包括撤销或不予撤销仲裁裁决的裁定、诉讼费负担的裁定、企业法人破产还债程序终结的裁定、破产程序中债权人优先受偿的裁定、诉前保全的裁定、先予执行的裁定、中止诉讼的裁定以及执行程序中的裁定等。此外，上级人民检察院对下级人民法院已经发生法律效力的民事、经济、行政案件提出抗诉的，无论是同级人民法院再审还是指令下级人民法院再审，凡维持原裁判的判决、裁定做出后，原提出抗诉的人民检察院均不得再次提出抗诉。

1995年8月10日《最高人民法院关于对执行程序中的裁定的抗诉不予受理的批复》规定，人民法院为了保证已发生法律效力的判决、裁定或者其他法律文书的执行而在执行程序中作出的裁定，不属于抗诉的范围。因此，人民检察院针对人民法院在执行程序中作出的查封财产裁定提出抗诉，于法无据。对于坚持抗诉的，人民法院应通知不予受理。

1996年8月8日《最高人民法院关于检察机关对先予执行的民事裁定提出抗诉人民法院应当如何审理问题的批复》规定，人民检察院只能对人民法院已经发生法律效力的判决、裁定按照审判监督程序提出抗诉。人民法院对其抗诉亦应当按照审判监督程序进行再审。这种监督是案件终结后的"事后监督"。因此，对于人民法院在案件审理过程中作出的先予执行的裁定，因案件尚未审结，不涉及再审，人民检察院提出抗诉，于法无据。如其坚持抗诉，人民法院应以书面通知形式将抗诉书退回提出抗诉的人民检察院。

1996年8月13日《最高人民法院关于在破产程序中当事人或人民检察院对人民法院作出的债权人优先受偿的裁定申请再审或抗诉应

如何处理问题的批复》规定，在破产程序中，债权人根据人民法院已发生法律效力的用抵押物偿还债权人本金及利息的判决书或调解书行使优先权时，受理破产案件的人民法院不能以任何方式改变已生效的判决书或调解书的内容，也不需要用裁定书加以认可。如果债权人据以行使优先权的生效法律文书确有错误，应由作出判决或调解的人民法院或其上级人民法院按照审判监督程序进行再审。如果审理破产案件的人民法院用裁定的方式变更了生效的法律文书的内容，人民法院应当依法予以纠正。但当事人不能对此裁定申请再审，亦不涉及人民检察院抗诉的问题，对于人民检察院坚持抗诉的，人民法院应通知不予受理。

1997年7月31日《最高人民法院关于对企业法人破产还债程序终结的裁定的抗诉应否受理问题的批复》规定，检察机关对人民法院作出的企业法人破产还债程序终结的裁定提出抗诉没有法律依据。检察机关对前述裁定提出抗诉的，人民法院应当通知其不予受理。

1998年7月21日《最高人民法院关于人民法院不予受理人民检察院单独就诉讼费负担裁定提出抗诉问题的批复》规定，人民检察院对人民法院就诉讼费负担的裁定提出抗诉，没有法律依据，人民法院不予受理。

1998年7月30日《最高人民法院关于人民法院发现本院作出的诉前保全裁定和在执行程序中作出的裁定确有错误以及人民检察院对人民法院作出的诉前保全裁定提出抗诉人民法院应当如何处理的批复》规定，人民法院院长以本院已经发生法律效力的诉前保全裁定和在执行程序中作出的裁定，发现确有错误，认为需要撤销的，应当提交审判委员会讨论决定后，裁定撤销原裁定。人民检察院对人民法院作出的诉前保全裁定提出抗诉，没有法律依据，人民法院应当通知其不予受理。

1999年9月10日《最高人民检察院关于对已生效的中止诉讼的裁定能否提出抗诉的答复》规定，人民检察院对人民法院生效的判决、裁定提出抗诉，其后果是引起法院对案件的再审。你院请示中所述人民法院作出的中止诉讼裁定并不是对案件的最终处理，也不是诉讼程序的终结，人民法院无法进行再审。人民检察院对人民法院已经生效的中止诉讼的裁定，不宜提出抗诉。但是，人民法院已经生效的中止诉讼的裁定确属不当的，可采用检察意见的方式向人民法院提出。

2000年7月10日《最高人民法院关于人民检察院对撤销仲裁裁决的民事裁定提起抗诉人民法院应如何处理问题的批复》规定，检察机关对发生法律效力的撤销仲裁裁决的裁定提起抗诉，没有法律依据，人民法院不予受理。依照《中华人民共和国仲裁法》第九条的规定，仲裁裁决被人民法院依法撤销后，当事人可以重新达成仲裁协议申请仲裁，也可以向人民法院提起诉讼。

2000年12月13日《最高人民法院关于人民检察院对不撤销仲裁裁决的民事裁定提出抗诉人民法院应否受理问题的批复》规定，人民检察院对发生法律效力的不撤销仲裁裁决的裁定提出抗诉，没有法律依据，人民法院不予受理。

5. 起诉

可通过起诉方式进行更正的裁定包括第三人请求撤销之裁定和驳回案外人异议裁定。《民事诉讼法》第56条规定："对当事人双方的诉讼标的，第三人认为有独立请求权的，有权提起诉讼。对当事人双方的诉讼标的，第三人虽然没有独立请求权，但案件处理结果同他有法律上的利害关系的，可以申请参加诉讼，或者由人民法院通知他参加诉讼。人民法院判决承担民事责任的第三人，有当事人的诉讼权利义务。前两款规定的第三人，因不能归责于本人的事由未参加诉讼，但有证据证明发生法律效力的判决、裁定、调解书的部分或者全部内容错误，损害其民事权益的，可以自知道或者应当知道其民事权益受到损害之日起六个月内，向作出该判决、裁定、调解书的人民法院提起诉讼。人民法院经审理，诉讼请求成立的，应当改变或者撤销原判决、裁定、调解书；诉讼请求不成立的，驳回诉讼请求。"第227条规定："执行过程中，案外人对执行标的提出书面异议的，人民法院应当自收到书面异议之日起十五日内审查，理由成立的，裁定中止对该标的的执行；理由不成立的，裁定驳回。案外人、当事人对裁定不服，认为原判决、裁定错误的，依照审判监督程序办理；与原判决、裁定无关的，可以自裁定送达之日起十五日内向人民法院提起诉讼。"

二、对现行更正途径的检讨

现行法并没有对民事裁定的更正措施做出统一集中的规定，六类措施是分散于《民事诉讼法》各章之中。"现行民事诉讼制度一方面在对法院裁决的更正方面存在不充分和不全面的情形，另一方面，又存在着更正过剩、更正程序过于复杂的情形，换言之，现行民事诉讼对诉讼中的司法处理存在着更正失衡的状态。"[①]

1. 实体附带程序的落后更正模式

现有的裁判更正措施的立法价值取向有失偏颇，重实体而轻程序的落后更正模式对当事人程序权利的保护造成阻碍。传统的程序工具理念在当前我国法制进程中依然表现得较为强烈和普遍，其突出地反映于实体公正与程序公正的关系中，程序公正得不到立法者和执法者的重视成为民事裁定更正无法真正落实和体现的根本原因，而判决和裁定的关系则成为这一问题的形式表现。首先，在对实体错误和程序错误进行更正的关联性上，当前司法实践往往把对程序错误的审查看作对实体错误审查的附带品，对程序错误不单独进行审查，诉讼过程中发现程序错误后也不及时进行纠正，直到当事人对实体错误请求更正时再一并更正。"由于现代型诉讼中的争议利益事关重大，故而经常出现诉讼迟延的现象，鉴于此，设置适当的程序以进行合适的先予救济，……其是制定适合于权利侵害特点的适当的救济方法，当属一个极其紧迫的现实课题。"[②] 其次，当前民事裁定与民事判决的更正程序在很大一部分上相雷同，诸如二审审理程序、再审申请事由、再审审理程序、检察监督方式等。与域外法的抗告制度相比，现行裁定更正制度没能把握和突出民事裁定的特点和规律，程序错误更正的附从地位始终无法摆脱。

2. 现行法对各项更正措施的规定过于笼统粗略

立法的粗线条致使法院在办案过程中拥有通过发挥自由裁量权达到其有意偏袒一方的不良动机的可能。以复议为例，现行法条规定："复议原

---

① 张卫平：《管辖权异议：回归原点与制度修正》，《法学研究》2006年第4期，第148页。
② ［日］小岛武司：《诉讼制度改革的法理与实证》，陈刚、郭美松等译，法律出版社2001年版，第176页。

则上是由作出该司法行为的人民法院作为复议机关,个别的复议事项才定为上一级法院。但何种情况适用上一级法院,何种情况适用本级法院,具体的划分标准不明;另外法院具体的审理方式、相关审理人员的权力职责以及相对人的权利义务和裁判文书制作的要求等都没有作明确规定,这就使得人民法院在就复议事项进行审查时出现了无法可依的状态,严重损害了司法的权威,对相对人诉讼权利的保障也造成了重要影响。"①

3. 更正措施适用秩序的紊乱

从顺序更正的原则出发,复议和异议、上诉、申请再审、检察监督之间本应存在先后关系,但现行法对此没有规定。因此,当事人时常放弃先更正措施而直接选择具有终局性的后更正措施,丧失了更正的多元化和层次化。如当事人对不予受理裁定不服的,可不用先上诉而直接待其生效后申请再审。由于规定的缺失,前更正措施的设置成为多余,对其的相应规定如同虚设。而作为极端手段的终极更正措施负担加重,造成主次颠倒的局面,使本应处于先后状态的二者关系成为随意选择适用关系。

4. 性质相同的民事裁定被分别赋予截然不同的更正途径

多样化的更正措施与民事裁定的多种类这一特性相吻合,具有相同属性的几类民事裁定适用于同一套更正流程是构建更正体系的基本要求,民事裁定分类的科学性和必要性在此处应有所体现。然而,目前的法定更正措施之间缺乏统一规划思路,性质相同的民事裁定被分别赋予截然不同的更正途径,进而形成一个极为混乱的体系,其根源在于现行法没能从考察各类民事裁定自身属性的角度对其分门别类。这样一来,在性质相同的某类民事裁定中,某些民事裁定拥有过多的更正手段,而某些民事裁定所拥有的更正手段则明显不足,从而造成更正途径分配不公的局面。譬如,一审程序中不予受理裁定和驳回起诉裁定被允许提起上诉,但生成于再审程序中的驳回再审申请裁定虽同为程序关口裁定,却未被纳入上诉的范畴,从而成为当事人申请检察监督的少许对象。《民事诉讼法》第209条规定:"有下列情形之一的,当事人可以向人民检察院申请检察建议或者抗诉:(一)人民法院驳回再审申请的;……"

---

① 廖永安、雷勇:《论我国民事诉讼复议制度的改革与完善》,《法律科学》2008年第3期,第145页。

5. 民事裁定的检察监督范围狭窄、模式落后

(1) 当前成为民事检察监督对象的民事裁定的范围较为狭窄。众多司法解释存在着对主体法律的立法本意反向缩小性限制，缩小了检察院可监督的民事裁定范畴。"最高法院作为国家的最不危险部门，它行使司法解释权时所表现出的权力本位的特征，往往引不起人们的足够重视。但从客观方面看，我国司法解释权的运行状况有违法治原则，不利于依法治国方略的实施。"① 尽管我国一直有着司法解释修补法律的特色，但司法解释对法律所起的作用应当是细化、修补而非缩小甚至颠覆。故当前这些涉及对民事裁定进行抗诉的司法解释有违法律基本原则，且因为各自为政，不仅使其法律效力受到质疑，而且引发了司法实践中对法律理解、运用的混乱，"造成合法性危机、损害法律权威、法律适用的混乱和不统一、法院不当利益的扩张"。② 具体而言，最高人民法院自 1995 年以来陆续发布了一系列司法解释，强调检察机关对某些民事裁定不得提起抗诉。"这说明检察机关抗诉受到时间和程序的双重限制，前一重限制表明检察机关不得单独对法院在诉讼过程中的管辖权异议、保全、先予执行等裁定提出抗诉。检察机关如果认为这些裁定确有错误，只能等到一审或二审判决生效后，在对判决抗诉时一并提出抗诉。后一重限制实际上意味着只有当错误裁判落入审判监督程序的范围，可以适用这一程序再审的检察机关才能够提出抗诉。"③ 法律原则具有抽象宏观指导意义，凌驾于法律规则之上，对整部法律起着指导作用。既然民事检察监督已被确立为民事诉讼的基本原则，就意味着整个民事诉讼活动均属监督范围，应贯穿于诉讼活动的各个环节，而"最高人民法院通过发布一系列司法解释、答复等对可以抗诉的生效裁判的范围不断加以蚕食"，④ 排除了检察机关对种种本应进行监督的民事裁定的监督，使监督范围无形中缩小，变全面监督为局部监督。实质上人民法院做出的不予受理、驳回起诉、管辖权异议、保全、先予执行等民事裁定理应在法律监督范围之内。

(2) 对判决和裁定的检察监督条件无异。尽管判决和裁定同为法院对案件的处理方式，但二者在目的、运用方式和影响上有着本质区别。现

---

① 刘风景：《裁判的法理》，人民出版社 2007 年版，第 156 页。
② 洪浩：《造法性民事诉讼司法解释研究》，《中国法学》2005 年第 6 期，第 125 页。
③ 李浩：《民事诉讼监督若干问题研究》，载《检察论丛》第一卷，法律出版社 2000 年版，第 322 页。
④ 赵钢：《正确处理民事经济审判工作中的十大关系》，《法学研究》1999 年第 1 期，第 33 页。

行法对二者进行检察监督的条件未加以区别，形成了适用判决的条件也必然适用裁定的情形，对裁定实施检察监督的适用条件缺乏个性化、特定化规定，较为机械笼统。

三、更正原则

"法律原则是指法律的基础性真理、原理，或是为其他法律要素提供基础或本源的综合性原理或出发点。"① 民事诉讼基本原则是民事诉讼法所定的具体适用于民事诉讼程序的法律原则，属于二级原则。更正原则作为民事诉讼基本原则的进一步落实，属于"法外原则"②，其处于三级原则的层面，应遵从于民事诉讼的基本原则并受民事诉讼基本原则的引导与约束。更正原则承载着指导规范更正措施设置的价值与功能，其贯穿于各类更正手段运行的始终，是对更正体系构建的宏观指导标准。更正结果的效果和质量受多重因素制约，更正原则的确立应本着民事裁定的自身特点，协调好各类更正机关的相互关系，体现出民事裁定更正的实际意义。

1. 有损害就有更正原则

对民事裁定所进行更正的对象包括：表面对象，即错误的民事裁定；深层次对象，即更正申请人的程序性权利；最终对象，即更正申请人的实体性权利。无论何种更正措施都应遵循"二步"更正程序。首先，对于错误审查程序，只要相关人员提出更正请求，更正机构就应无条件地启动错误审查程序，这一程序的运行不以请求理由是否正当为前提条件。该程序启动权是案件当事人及有利害关系的案外人所拥有的主动性、绝对性权利。其次，当错误审查程序运行终结，得出被请求更正的民事裁定确有错误、已经损害相关人员的合法权益的结论时，更正机构应主动地、无条件地启动错误纠正程序，该程序的运作不以相关人员的再次申请为条件。只要错误民事裁定所造成的损害客观存在，即使更正请求人不是实际损害的遭受者，错误纠正程序也应在法官职权的运作下积极展开。

---

① 张文显：《法理学》，高等教育出版社2003年版，第95—96页。
② 法外原则是指法条中没有明确来源和出处的原则，参见刘风景《裁判的法理》，人民出版社2007年版，第165页。

2. 及时更正原则

"不公平的判断使审判之事变苦，而迟延不决则使之变酸。"① 程序性问题在得到准确解决的同时，还应体现出简便、迅速、灵活的特点，为此对更正程序的设计不宜太复杂，并且应该有严格的时间要求。"当然及时更正不等于草率更正，仓促的更正同样会有出错的风险"，② 体现效率的关键在于程序设计的可操作性。

第一，民事裁定做出至更正程序的启动之间所间隔的期限。首先，民事裁定送达的准备期限。法律没有明确规定该期限的长短，办案法官拥有较大的自由裁量权，在实践中往往会出现法官在做出民事裁定书后不及时送达，在间隔一段时间后再进行送达的情形。其次，民事裁定在送达过程中耗费的期限。该期限长短法律没有做出明确规定，但其易受到诸多客观因素的影响，确定性较差。再次，民事裁定送达后当事人请求启动救济程序的期限。鉴于更正手段的多样性、复杂性以及各种更正手段在实施机构、适用范围、使用频率方面的不同，对更正机构与民事裁定做出机构关系密切，经常被申请更正的民事裁定，适用范围广、使用频率高的更正措施应设置较短的更正启动期限；反之可设置较长的更正启动期限（该问题将在其后"各种更正手段的具体设置"部分做具体阐述）。

第二，在一个民事裁定的更正尚未完成时，诉讼径直转入对下一个程序性问题的处理。程序性问题通常环环相接且步步相连，前一个民事裁定的最终定论是生成后一个民事裁定的前提，具有诉讼内的预决力。如果一方当事人对前一个民事裁定不服启动更正，那么后一个相关民事裁定是否必须等到更正结果出炉才能做出呢？如果对前一个民事裁定的更正周期很长，那么是否影响到整个案件的审判效率呢？譬如，公告送达制度在以民事裁定进行规范后，受送达人对公告送达裁定不服请求更正，那么在最终更正结果产生之前，法官是否可以开展缺席判决呢？这其中反映出效率与公正之间的矛盾，这种矛盾在一定意义上不可调和。

3. 私权更正和公权更正相结合

"对于权力的监督制约主要有两种模式，即以权利制约权力模式和以

---

① ［英］培根：《培根论说文集》，商务印书馆1983年版，第193页。
② 傅郁林译：《危机中的民事司法》，中国政法大学出版社2005年版，第6页。

权力制约权力模式。"① 复议、异议、上诉、申请再审、申请检察监督等更正方式的运行基础在于当事人的诉权,不告不理是诉权运行的基本规则。法院依职权提起再审、检察院依职权提起检察监督则是司法权之间的相互监督。

4. 内部更正和外部更正相结合原则

更正结果的优劣在一定程度上取决于更正手段是否丰富多样,因地制宜、方式细化是完善更正措施的方向之一。内部更正的实质是当事人基于诉权进行的自身更正,外部更正的实质则是检察监督机关基于检察监督权进行的更正,两种更正互补依赖,亦可并存。

第一,内部更正。民事裁定的做出主体毫无例外地均为法院,出于及时、高效的考虑,更正机构应首先设置于法院内部。当然,在四审两审终审的审级体系内,更正权力应分散于不同级别的法院之间,以民事裁定做出法院的自行补救为首要,以上级法院的更正为升华,但不能将更正权力下放至民事裁定做出法院的下级法院。内部更正的启动以当事人的申请为原则,原因在于同一法院内部之间以及上下级法院之间贯彻独立审判原则,若赋予其职权性审查权则易在实践中发生上级法院对下级法院进行业务指导的现象,且民事裁定的即时性、中间性、非终局性决定了对其更正的启动应符合不告不理的原则。

第二,外部更正。鉴于内部更正属于同一系统内部的自我纠错,为防范上下一体局面的出现,有必要另行设置外部更正——检察机关基于检察监督权所开展的更正。检察院是我国的法律监督机关,有权对审判活动进行法律监督,对民事裁定的更正自然在其职权范围内。就更正范围而言,外部更正的范围较为广泛,既包括对民事裁定本身的更正,即内部更正所欲达到的目的,还包括对内部更正活动合法与否进行审查判断,即外部更正本身包括对内部更正的监督。就更正措施而言,与较为丰富的内部更正措施相比,外部更正措施亦应朝着多元化的方向发展,在抗诉之余,检察建议这种在实践中已经得到广泛运用并被实践证明为行之有效的新型检察监督途径经 2012 年修法纳入法定方式的范畴。

第三,内部更正与外部更正的结合。当事人依诉权应首先启动内部更正,若内部更正机关无故不作为、拖延更正或置之不理,当事人在申请内

---

① 林喆:《权力腐败与权力制约》,法律出版社 1997 年版,第 160 页。

部更正无果的情况下可直接以个人名义向检察机关申请予以外部更正。《民事诉讼法》第 209 规定:"有下列情形之一的,当事人可以向人民检察院申请检察建议或者抗诉:(一)人民法院驳回再审申请的;(二)人民法院逾期未对再审申请作出裁定的;(三)再审判决、裁定有明显错误的。人民检察院对当事人的申请应当在三个月内进行审查,作出提出或者不予提出检察建议或者抗诉的决定。当事人不得再次向人民检察院申请检察建议或者抗诉。"当然,鉴于内部更正与外部更正存在一定程度的共通性即纠错,加之内部更正与外部更正这两种更正手段的引发主体不同,而各主体在行使相关手段时又不可能事先进行联络,因此不可避免地会出现更正竞合的情况。此时检察监督作为国家公权力机关的行为,其效力应是高于内部更正这一当事人的自行更正措施的。《最高人民法院关于适用〈中华人民共和国民事诉讼法〉审判监督程序若干问题的解释》第 26 条规定:"人民法院审查再审申请期间,人民检察院对该案提出抗诉的,人民法院应依照民事诉讼法第一百八十八条的规定裁定再审。申请再审人提出的具体再审请求应纳入审理范围。"根据《最高人民法院全国审判监督工作座谈会关于当前审判监督工作若干问题的纪要》第 14 条的规定,人民法院已经决定再审的案件,人民检察院提出抗诉的,人民法院不予受理。

5. 一次性更正与多重性更正相结合原则

一次性更正和多重性更正仅是针对法院系统内部更正所进行的划分,因为部分民事裁定在一定条件下可能获得内部和外部两种更正(见图 4-2)。"作为拥有有限司法资源的法院,它不仅仅要考虑当事人诉讼权利的救济,它还得考虑社会上其他公民合法权利的救济。"① 划分一次性更正与多重性更正的基础在于唯物辩证法上矛盾的一般性和特殊性原理,而依据在于对民事裁定的性质分类,即某类民事裁定本身的作用和功能。"在现代法律制度下,程序制度趋于统一和一般化,寻求救济的当事人不必再为选错程序而遭致无法获得救济而担忧。但程序与救济的对应关系并未完全消失。在主流程序之外,仍然还存在一些辅助性程序。存在这种对应关系的主要原因是更正所设定的目的的层次不同。因而给予救济的方式方法

---

① 徐显明:《人权研究》,山东人民出版社 2008 年版。

也不相同。"① 从相互关系上看，一次性更正和多重性更正是截然分立的，有着各种的适用对象；从运行时间上看，二者又是并存的，因为一个案件中往往会产生多个民事裁定。因此从一次性与多重性更正相结合的角度出发，首先应对程序指挥裁定与程序关口裁定、实体性裁定进行更正分流，针对不同民事裁定的自身特点设置相应的更正措施，符合具体问题具体分析的事物认识基本规律。

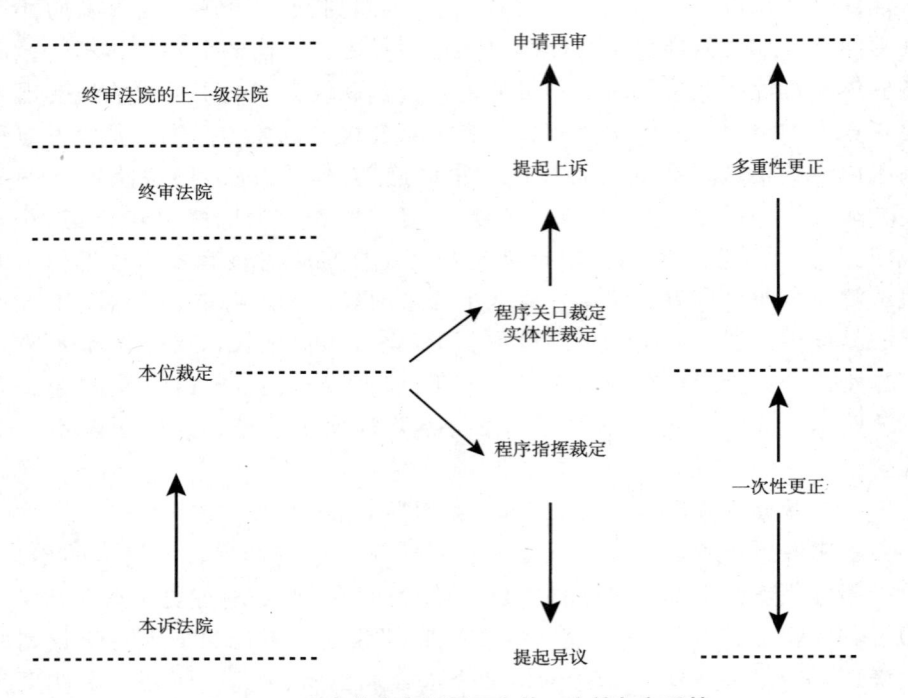

图 4-2 民事裁定内部更正中的一次性与多重性

第一，一次性更正。一次性更正是指只赋予当事人对某类民事裁定一次申请更正机会，若当事人对更正结果不服，亦无其余的补救措施，其是效率更正、经济更正和适度更正的具体体现。程序指挥裁定主要用于解决程序进展问题及具体的程序细节，其不与实体审判结果、当事人诉权及程序的启动和终结等重要性问题直接挂钩，运用难度不大，且常常出现在诉

---

① 冀宗儒：《民事救济要论》，人民法院出版社 2005 年版，第 86 页。

讼过程中，需要及时确定以便随后诉讼程序及时进行，以防止造成诉讼推迟。因此对该类民事裁定的更正应当迅速、简便，对其只赋予一次更正机会即可。为此，当事人可就程序指挥裁定直接向生成法院的相关部门提出异议，且只能异议一次，再无其余更正方式。

第二，多重性更正。程序关口裁定、实体性裁定的利害性不言而喻，实体性裁定虽然数量不多，但往往与案件的最终实体结果有直接利害关系，会与当事人的最后利益直接挂钩；程序关口裁定尽管处理的是程序性问题，但该类程序性问题具有终局性，要么涉及程序的启动，要么涉及程序的终结，在很大程度上决定着实体争议的走向。因此，应对程序关口裁定、实体性裁定设置多重性更正，体现出更正体系的层次性。多重性更正包括初级更正措施、中级更正措施和高级更正措施。就效力而言，初级更正措施是引发中级、高级更正措施的前提和基础，高级更正措施乃为终端性更正措施，是当事人请求更正的最后手段。首先，在多重性更正中，鉴于程序关口裁定、实体性裁定的属性，应将初次更正提升到一个较高的起点，以上诉为初级更正措施。此处的上诉为有限上诉，不再适用于可提起异议的程序指挥裁定，仅适用于实体性裁定和程序关口裁定。如此设计使得上诉和异议成为并存的，且处于同一层次的更正措施，二者相互排斥，只能根据待更正民事裁定的性质择一适用，进而形成更正分流。其次，对实体性裁定和程序关口裁定在上诉之后再设置申请再审这一更正措施，多重更正体系由此建立。

6. 永久性更正与临时性更正相结合原则

此原则是对一次性更正与多重性更正相结合原则在一定程度上的延伸。一般而言，一次性更正基本属于永久性更正，当事人对更正机构所生成的结果只能无条件服从。多重性更正与临时性更正是否吻合，则要视案件的具体情况而定。某些民事裁定尽管可适用多重性更正，但若当事人对初次更正的结果就已达到满意程度，进而放弃其后的更正手段，此时便形成永久性更正。相反，如果当事人按序逐一运用多重性更正中的所有更正手段，那么最终必然达到永久性更正的状态，而在其中则经历过一次或多次的临时性更正。

7. 时效更正失权原则

更正本是法律赋予当事人对诉讼权利保护的补救性权利，对其的实施必须遵循一定的程序和步骤。若当事人明知却有意违反则属破坏，由此将引发丧失请求更正权利的诉讼不利益。同诉讼时效、执行时效的属性一样，更正时效属于消灭时效的范畴，即当事人经过法定期限而不行使相关更正性权利，就会发生权利丧失的法律效果。就内部更正范畴而言，消灭时效应包括申请异议期限、提出上诉期限及申请再审期限。此外，检察机关实施外部更正措施也是有着时效要求的，特别是对当事人申请启动检察监督的情况。《民事诉讼法》第209条第2款规定："人民检察院对当事人的申请应当在三个月内进行审查，作出提出或者不予提出检察建议或者抗诉的决定。当事人不得再次向人民检察院申请检察建议或者抗诉。"

考察消灭时效的起算，更正措施可相应地划分为未生效更正措施与生效更正措施两类。未生效更正是指某些民事裁定在生效前的一段期限内当事人就可以请示予以更正。对程序指挥裁定申请异议及对程序关口裁定和实体性裁定提起上诉就属于这类情形。生效更正是指在民事裁定生效后所采取的相应更正措施，包括内部更正措施当中的申请再审和外部更正措施中的抗诉及检察建议。无论是生效性还是未生效更正措施都有着自有的期限要求，期限未至则更正措施不具备启动运行条件；期限届满则更正措施不能开展，更正权享有主体已经失权。

8. 顺序更正失权原则

顺序更正是指某些更正措施之间不是并存关系，而是先后逻辑关系，一项措施的实施完毕是另一项措施启动的先决条件。权利人自愿放弃先更正措施或因违反时效而丧失开展先措施的权利后，就不再享有通过后措施进行更正的权利。

第一，当事人请求内部更正和请求外部更正存在一定的先后关系。当事人对更正方式的选择应以内部更正为首要，只有在其提出内部更正请求后一段期限内未得到检察机关的答复或对处理结果不满方可向检察机关请求检察监督。此时外部更正作为对内部更正的再救济和补充，旨在防止内部更正过程中可能发生的相关机关的拖延、懈怠与错误。《民事诉讼法》于2012年修订中，在一定程度上贯穿了这种精神。《民事诉讼法》第209条第1款规定："有下列情形之一的，当事人可以向人民检察院申请检察建议或者抗诉：（一）人民法院驳回再审申请的；（二）人民法院逾期未对再审申请作出裁定的；（三）再审判决、裁定有明显错误的。"但检察机关依职权主动启动外部更正措施则不受此限制，在启动时间上具有任意性，视案件的进展情况自行决定。

第二，再审的补充性要求二审审结是当事人申请再审的前提和基础。再审的补充性是指再审是一种特殊的纠错程序而非具有普遍意义的第三审程序，当事人只能对生效的二审裁判不服时方可申请再审。"为了保持法律裁判的稳定性和权威性，作为一种事后的补救措施，再审的启动应有严格的限制，这是再审制度的本质属性。离开这一点，也就无所谓再审。"①再审程序的设计最为忌讳将其普适化，使其成为具有普遍意义的纠错程序而非一种只能在有限范围内适用的非常程序。与作为初级更正措施的上诉相比，申请再审属于高级更正措施，其周期长、程序复杂，需要消耗相对人更多的人力和物力，因此上诉审的终结是当事人申请再审的前提基础。首先，"如果说上诉制度蕴涵着通过构筑正当上诉程序保证私权争议获得正当裁判的诉讼理念，故将上诉制度称为对受法院未生效瑕疵民事裁判所确定之私权予以普通救济的话，那么再审制度则是以对因受生效瑕疵民事裁判损害的当事人私权利益进行特殊救济为程序目的而设置的。"②从当事人寻求更正的角度而言，不服本诉中程序关口裁定和实体性裁定的首要更正方式应为上诉，此举在保障当事人诉讼权利的同时将上诉制度的功效充分发挥，使当事人获得最为直接的更正，并将诉讼风险的负担降到最低程度。其次，从再审的补充性原理出发，当事人只能是在对上诉结果仍不服的情况下方可申请再审，不能径直放弃上诉直至一审民事裁定生效后直接申请再审。当事人在能够通过上诉进行更正却没有及时提出的情况下会发生失权的法律后果，丧失再审之诉的主体资格。当事人对在二审程序中本应知悉但由于自身的原因而没能知悉的事项以及虽然知悉但没有及时主张的事由，其后不得在再审程序中重新提出。鉴于申请再审是提起上诉之后的新一轮更正，因此程序指挥裁定已非再审之诉的客体。

再审的补充性通常是通过法律对再审事由的限定性规定体现出来的。《联邦德国民事诉讼法》第597条第2款规定，尽管有提起取消之诉的情形，但当事人如果可以通过上诉而主张原判决无效时，不能提起取消之诉。《日本民事诉讼法》第338条规定，当事人明知再审的理由未以上诉方式主张时，不得提起再审之诉。严格把握再审程序的启动前提，强化上诉纠错的广泛功能，有助于提高司法效率。我国《民事诉讼法》在2012

---

① 张卫平：《再审事由构成再探析》，《法学家》2007年第6期，第13页。
② 杨秀清：《民事再审制度的理论阐释》，《河北法学》2004年第5期，第15页。

年的修改中仍没有对上诉和再审的关系做出明确界定，但其后制定的《人民检察院民事诉讼监督规则（试行）》中的相关规定有所体现。《人民检察院民事诉讼监督规则（试行）》第32条规定："对人民法院作出的一审民事判决、裁定，当事人依法可以上诉但未提出上诉，而依照《中华人民共和国民事诉讼法》第二百零九条第一款第一项、第二项的规定向人民检察院申请监督的，人民检察院不予受理，但有下列情形之一的除外：……"第33条规定："当事人认为民事审判程序中审判人员存在违法行为或者民事执行活动存在违法情形，向人民检察院申请监督，有下列情形之一的，人民检察院不予受理：（一）法律规定可以提出异议、申请复议或者提起诉讼，当事人没有提出异议、申请复议或者提起诉讼的，但有正当理由的除外；（二）当事人提出异议或者申请复议后，人民法院已经受理并正在审查处理的，但超过法定期间未作出处理的除外；（三）其他不应受理的情形。"

9. 当事人请求更正与案外人请求更正相结合原则

当事人作为诉讼活动的参与者，毫无疑问是请求对民事裁定进行更正的主体，其不仅可以就对直接向其发出的民事裁定请求更正，还可以就向对方发出的民事裁定请求更正，此源于民事诉讼双方主体的诉讼法律地位平等，对一方利益的保护可能会对对方利益造成损害。当双方当事人对同一民事裁定分别根据不同的理由请求更正时，更正机关应对两种意见分别审查、分析，最终分别向双方出具载有更正结论相同但表述不同的法律文书。民事裁定的法律效果不仅及于双方当事人，在一定情况下还可以影响至案外人。因此赋予案外人对民事裁定的更正申请权是十分必要的。《民事诉讼法》第56条规定："对当事人双方的诉讼标的，第三人认为有独立请求权的，有权提起诉讼。对当事人双方的诉讼标的，第三人虽然没有独立请求权，但案件处理结果同他有法律上的利害关系的，可以申请参加诉讼，或者由人民法院通知他参加诉讼。人民法院判决承担民事责任的第三人，有当事人的诉讼权利义务。前两款规定的第三人，因不能归责于本人的事由未参加诉讼，但有证据证明发生法律效力的判决、裁定、调解书的部分或者全部内容错误，损害其民事权益的，可以自知道或者应当知道其民事权益受到损害之日起六个月内，向作出该判决、裁定、调解书的人民法院提起诉讼。人民法院经审理，诉讼请求成立的，应当改变或者撤销原判决、裁定、调解书；诉讼请求不成立的，驳回诉讼请求。"

四、适用于当事人的更正措施

"哪里有权利,哪里就有救济。"① 从我国当前立法和司法实务来看,无论是法官还是当事人都对民事裁定更正的重视程度不够,这一方面是由于一味追求实体公正所致,另一方面也表明完善民事裁定更正制度存在莫大的必要性和可能性。"诉讼指挥权的更正机制也可以称为诉讼指挥权的纠错机制,它实质上是对法院或法官行使诉讼指挥权的监督和制约。一个民主而理性的民事诉讼制度不可能没有诉讼指挥权的更正机制。我国现行民事诉讼法中关于诉讼指挥权的更正机制目前还基本上处于一种空白状态。这种立法上的缺憾应当在以后的民事诉讼法修改中予以弥补。"② 通过对民事裁定进行更正使当事人品尝到维护自身程序性权利的利益,是提升正当程序理念的有力途径,反之理念的提升也会使更正的开展变得更为现实可行。对民事裁定更正的改革与完善在我国司法界尚属新鲜事物,任重而道远,应将对其的创建与改进置于整个民事诉讼体制改革的宏观背景之下,准确定位,注重现实性和可操作性,以耳目一新的视角推动中国的司法改革进程。

"诉讼程序作为反映社会活动的一种程序,其发动和进行都是基于主体一定的目的性追求,总是有始有终、有因有果,有特定空间限制的。"③ 更正措施的本质是法律在特定情形下赋予当事人的一项对抗性诉讼权利,其既可引发当事人的诉权与法院的司法权的对抗,又可使下级法院司法权受到上级法院司法权的约束。严密性和完整性是程序设计的基本要求,我国民事裁定更正体系的构建应本着遵从民事裁定基本原理的理念,从民事裁定分类的角度切实把握各类民事裁定的共性和个性,使性质相同的民事裁定拥有同等的更正途径。此外,民事裁定更正体系的构建还应考虑我国现行的法院组织体系和审级制度,符合二审终审的司法原则,分配好各级法院的负担,处理好上下级法院之间的相互监督关系,协调好法院审判与检察监督的关系,力争达到对民事裁定更正的全面和充分(见表4-5)。

---

① 黄胜春、韩俊:《民事上诉权的法理透视》,《江西法学》1994年第4期,第12页。
② 黄松有:《诉讼指挥权:正当性基础与制度建构》,《中国社会科学》2003年第6期,第122页。
③ 肖建国:《民事诉讼程序价值论》,中国人民大学出版社2000年版。

表 4-5 对民事裁定更正体系的构建及相关措施明细

	适用范围	提起主体	更正机构	更正启动期限
异议	未生效的程序指挥裁定	当事人、其他诉讼参与人及案外人	裁定生成法院	裁定送达之日起五日内
有限上诉	未生效的程序关口裁定和实体性裁定	当事人及案外人	裁定生成法院的上一级法院	裁定送达之日起十日内
申请再审	经历上诉,但对上诉结果仍存争议的程序关口裁定和实体性裁定	上诉人	二审法院的上一级法院	二审裁定送达之日起六个月内
抗诉	生效的程序关口裁定和实体性裁定	裁定生成法院的上级检察机关	生效裁定生成法院的上一级法院	
再审检察建议	生效的程序关口裁定和实体性裁定	与裁定生成法院同级的检察机关	裁定生成法院	

1. 用"异议"取代"复议"

在审判程序中用"异议"取代"复议"这一现行更正措施。"民事诉讼复议是指民事诉讼参与人或者特殊案外人不服人民法院的具体司法行为,为维护自身的权益,按照法定程序向作出该司法行为的人民法院或者上一级人民法院提出申请,要求重新审查、决定的一种司法制度。"[①]

"起草法律、法规和其他规范性法的构造法律文件,注意使用明确、肯定的语言文字才便于人们正确地把握其含义,也才便于人们正确地执行法、适用法和遵守法。明确、肯定的立法语言文字是有其标志的。要做到明确、肯定,就要做到清晰确定,通常情况下无须专家作专门解释便可以使人们把握其要旨。"[②] "语词是概念的表现形式,语词使用的混乱既能反映出概念的模糊,也会进而导致概念的模糊,二者具有互为因果的效应。而且法学研究中的语言混乱还会导致法律实践中的语言混乱。因此,我们很有必要对这些语词进行清理,以便达成语言的统一和规范。"[③] 首先,民事复议与行政复议不同。目前民众所熟知的复议通常是行政复议,其是

[①] 黄胜春、王健:《论人民法院的民事诉讼复议权》,《法律科学》1993 年第 2 期,第 86 页。
[②] 周旺生主编:《立法学》,法律出版社 2009 年版,第 481 页。
[③] 何家弘:《论法律语言的统一和规范》,载于何家弘教授博客,详见 http://blog.ifeng.com/article/2512532.html。

表 4-6　现行法下民事复议制度的适用范围

	审判复议		执行复议	
	向本级法院复议	向上级法院复议	向本级法院复议	向上级法院复议
对裁定的复议	诉讼保全① 先予执行② 驳回海事保全申请③			执行管辖权异议④ 当事人、利害关系人执行异议⑤
对决定的复议	回避⑥	罚款⑦ 拘留⑧		
对通知的复议	驳回当事人申请法院调查取证⑨			

① 《民事诉讼法》第 108 条。
② 《民事诉讼法》第 108 条。
③ 《海事诉讼特别程序法》第 17 条。
④ 《最高人民法院关于适用〈中华人民共和国民事诉讼法〉执行程序若干问题的解释》第 3 条。
⑤ 《民事诉讼法》第 225 条。
⑥ 《民事诉讼法》第 47 条。
⑦ 《民事诉讼法》第 116 条。
⑧ 《民事诉讼法》第 116 条。
⑨ 《最高人民法院关于民事诉讼证据的若干规定》第 19 条。

指公民、法人或其他组织认为具体行政行为侵犯其合法权益，向行政机关提出行政复议申请，由行政机关受理、审查并做出决定的活动，其与行政诉讼和信访并存，为当事人寻求行政救济的措施之一。尽管早在 1950 年政务院法务会议即通过了《税务复议委员会组织通则》，但统一的行政复议制度在我国的最早确立则是 1990 年 12 月 24 日国务院发布的《行政复议条例》，该行政法规的发布标志着我国行政复议制度的统一建立，而 1999 年 4 月 29 日第九届全国人民代表大会常务委员会第九次会议审议通过的《中华人民共和国行政复议法》标志着行政复议制度的法律化。纵观当前民事诉讼法所规定的复议制度，其与行政复议具有很大的相似性，但实际上只是就"一些对实体权利有较大影响的程序性事项或是因情况紧迫而由人民法院作出处理的特别程序性事项提供更正"①，是只运作于法院系统内部的便利更正，与行政机关毫无联系。民事复议制度首创于

---

① 廖永安、雷勇：《论我国民事诉讼复议制度的改革与完善》，《法律科学》2008 年第 3 期，第 141 页。

1982年3月8日第五届全国人民代表大会常务委员会第二十二次会议通过的《中华人民共和国民事诉讼法（试行）》，从设立时间上看其是早于行政复议制度的，并非法律继承和移植的产物。由此可见，民事复议和行政复议在性质、适用范围、具体程序及效力等问题上截然不同，民事复议以具体的司法行为为作用对象，"是诉讼程序的一个环节，应具有司法本质和诉讼属性"，① 绝非类行政行为。目前行政复议制度从理论层面到实践层面都比较成熟，可以借鉴但不能将两者混淆。不可否认，目前行政复议的适用广度、使用频率和社会知悉度明显高于民事复议，在复议被广泛赋予行政化色彩的现状下，若在民事诉讼领域继续使用"复议"一词，则极易与行政领域的相关措施在名称上混淆，难以体现出民事纠纷的自治性和平等性。其次，在民事诉讼领域，民事复议区别于合议庭复议、审判委员会复议及上下级人民法院之间的复议。《最高人民法院关于人民法院合议庭工作的若干规定》第13条规定："合议庭对审判委员会的决定有异议，可以提请院长决定提交审判委员会复议一次。"第17条第1款规定："院长、庭长在审核合议庭的评议意见和裁判文书过程中，对评议结论有异议的，可以建议合议庭复议，同时应当对要求复议的问题及理由提出书面意见。"《最高人民法院关于人民法院执行工作若干问题的规定（试行）》第130条规定，上级法院发现下级法院在执行中做出的裁定、决定、通知或具体执行行为不当或有错误的，应当及时指令下级法院纠正。下级法院认为上级法院的指令有错误的，可以请求上级法院复议。《最高人民法院关于执行案件督办工作的规定（试行）》第8条规定，对于上级法院督办的执行案件，下级法院认为上级法院的处理意见错误的，可以按照有关规定提请上级法院复议。此种活动实际上是人民法院内部及人民法院之间的一种司法行为，其以重新合议、重新讨论为活动规则，旨在统一评议意见、纠正裁判错误和监督执行工作。再次，民事复议区别于法官、检察官不服单位内部考核结果或处分、处理决定进而提起的复议。《中华人民共和国法官法》第25条规定，法官对考核结果如有异议，可以申请复议。第44条第1款规定："法官对人民法院关于本人的处分、处

---

① 黄胜春、王健：《论人民法院的民事诉讼复议权》，《法律科学》1993年第2期。笔者与黄胜春、王健在民事诉讼复议权的本质属性上观点相同，认为民事复议性质应当是诉讼属性，并带有浓厚的行政色彩。

理不服的，自收到处分、处理决定之日起三十日内可以向原处分、处理机关申请复议，并有权向原处分、处理机关的上级机关申诉。"第4款规定："复议和申诉期间，不停止对法官处分、处理决定的执行。"最后，民事复议区别于对民事制裁的复议。《最高人民法院关于贯彻执行〈中华人民共和国民法通则〉若干问题的意见（试行）》第163条第2款规定："采用收缴、罚款、拘留制裁措施，必须经院长批准，另行制作民事制裁决定书。被制裁人对决定不服的，在收到决定书的次日起十日内可以向上一级人民法院申请复议一次。复议期间，决定暂不执行。"

"民事复议制度在创制时具有先天的弱势，民事复议制度的定性不明，法条条文零散、程序设计不周密，与上诉制度、再审制度相比，民事复议制度是有名无实。"[1] 我国民事复议制度虽以德国和日本两国民事诉讼中的抗告制度为构建依据，但在根源上仍受到我国行政体制的影响和制约，具有浓厚的行政化、职权化特点，该制度的独立性和重要价值未能得到充分保障。从立法体例上看，对民事复议条文的零散设计使得其规定分散于民事诉讼法各部，从而造成衔接不畅并存在法律冲突；从程序设计上看，简略的法律规范只是以列举的方式阐述民事复议的适用情形，却未对具体审查方式、效力等做出明确规定，最终使得该制度在整个民事诉讼体系中处于微不足道乃至几乎被忽略的地位。

长期以来在民事复议制度的改革方向上存在"废"和"存"两种观点。鉴于复议与异议在性质、功能与内容等方面的相似性，笔者认为对民事复议制度的改革应当形式上取代而实质上保留并校正。首先，我国现行法将复议和异议均定位于为受到民事裁定不利影响的当事人所实施的权利更正，是当事人不服法院的司法裁判进而请求本法院或上级法院对该司法裁判重新进行审查并做出处理的诉讼行为，但法律对二者的界定较为含糊，尤其是在适用主体、客体范围及具体程序的设置上较难区分。其次，复议和异议都以简便、迅速、成本低廉为价值追求。再次，现行民事复议制度在审级、程序等方面存在漏洞。因此笔者建议，在民事诉讼领域内取消复议这一称谓及措施，对需要进行便利更正的相关裁定一并通过异议来实施。这样一来，立法更加科学清晰，避免了当事人所易产生的文意混淆

---

[1] 易萍、孙龙军：《民事诉讼复议制度的反思与校正》，载《民事诉讼法修改重要问题研究》，厦门大学出版社2011年版。

乃至错误援用，将民事案件及民事诉讼的基本性质通过术语改动更为明确地体现出来。

2. 将"异议"的适用范围定位于程序指挥裁定

将"异议"这一更正措施的适用范围定位于程序指挥裁定，使之成为一次性、便利性更正的总和。"异议是指在案件审理过程中，当事人以某种事项或程序不当或违法为由向法院提出抗议并且要求法院作出裁决的行为，其针对的对象是法院就与当事人的利益存在重大关系的程序性事项所作的裁定。"① "民事诉讼法上的异议权，是当事人为维护自己的合法权益，在法院的诉讼行为违背诉讼法的规定时，提出异议，主张其诉讼行为无效的权利。"② 民事诉讼异议权主要是对民事程序性权利提供更正的司法权，其是民事审判权的特殊表现形式，属于司法矫正权。民事诉讼异议权具体包括：审查权——对当事人的异议申请进行审查、复核的权利；调查权——在异议审查中就相关事项向有关单位和个人调查、收集证据或要求有关部门做出鉴定的权利；裁断权——对异议请求事项进行相关审查、调查、复核后做出裁判的权利。民事异议权的性质决定了民事诉讼异议为一种司法更正制度。

"在民事诉讼中任意扩大当事人可上诉裁定的范围，当然是不妥当的，不过在民事诉讼法中的适当扩大复议的范围是值得考虑的。如果要在我国民事诉讼程序中更多地反映程序正义，提升程序的正义含量，扩大可复议的范围是一种必要的方法。"③ 笔者建议，对程序指挥裁定的更正应及时、灵活、简便，因此应允许当事人就程序指挥裁定向裁定生成法院申请异议，异议期满当事人仍未申请的则形成失权。此举与现行法的规定相比，扩展了异议的使用范围，用异议取代复议使其成为基础性更正措施之一。异议制度的设置可以在促使诉讼迅速进行的同时，保证当事人有足够和充分表达自己主张和请求的手段和行为空间。异议的客体范围仅限于程序指挥裁定且属于一次性、终局性更正，不仅与上诉相互排斥，而且也和申请再审绝缘。异议裁定一经做出即生效，不得申请再审，贯彻一议终议。我国台湾地区《民事诉讼法》第483条规定，一般诉讼程序进行中所为之裁定不得进行抗告。

我国台湾地区学者郑玉波先生曾指出："文字虽为表达意思之工具，

---

① 卢鹏：《民事裁定复议制度的检讨与重构》，《西南政法大学学报》2010年第5期，第77页。
② 朱杰、肖国耀：《民事诉讼异议制度初探》，《内蒙古社会科学》2001年第6期，第11页。
③ 张卫平：《论民事再审事由审查程序的法定化》，《法学》2000年第2期，第20页。

但究系一种符号,其意义须由社会上客观的观念定义。因而著于法条之文字,果能表达立法者之主观意思否,自非立法者所能左右。然则立法者纵属万能,但其意思须借文字以表达之故,亦势难毕现无遗,则成文法之不能无缺漏而非万能也明矣。"① 需要特别指出的是,现行法所规定的异议在本质上并非笔者所指的作为民事裁定更正途径之一的异议,而是指当事人对法院的裁决内容可提出异议,法院直接根据当事人的异议做出相应的处理。该异议是启动复议的前提,复议是其有效行使的重要保障,但并非所有的异议都能通过复议予以更正。《民事诉讼法》第 127 条第 1 款规定:"人民法院受理案件后,当事人对管辖权有异议的,应当在提交答辩状期间提出。人民法院对当事人提出的异议,应当审查。异议成立的,裁定将案件移送有管辖权的人民法院;异议不成立的,裁定驳回。"《民事诉讼法》第 216 条第 2 款规定:"债务人应当自收到支付令之日起十五日内清偿债务,或者向人民法院提出书面异议。"《民事诉讼法》第 225 条规定:"当事人、利害关系人认为执行行为违反法律规定的,可以向负责执行的人民法院提出书面异议。当事人、利害关系人提出书面异议的,人民法院应当自收到书面异议之日起十五日内审查,理由成立的,裁定撤销或者改正;理由不成立的,裁定驳回。当事人、利害关系人对裁定不服的,可以自裁定送达之日起十日内向上一级人民法院申请复议。"《诉讼费用交纳办法》第 43 条规定:"当事人不得单独对人民法院关于诉讼费用的决定提起上诉。当事人单独对人民法院关于诉讼费用的决定有异议的,可以向作出决定的人民法院院长申请复核。复核决定应当自收到当事人申请之日起 15 日内作出。当事人对人民法院决定诉讼费用的计算有异议的,可以向作出决定的人民法院请求复核。计算确有错误的,作出决定的人民法院应当予以更正。""当前民事异议与主张权、知情权一样是法律赋予当事人的一项实体性诉讼权利,它所针对的对象既可以是对方当事人的主张行为,也可以是法院的一般司法行为,只有当事人对法院就其异议所作出的裁决行为不服时,才有提起复议的可能。"② 以管辖权异议为例,当事人对管辖权问题的初次处理存在不服时,向法院提出以异议为名的重新审查

---

① 郑玉波:《民法总则》,三民书局 1979 年版,第 39 页。
② 廖永安、雷勇:《论我国民事诉讼复议制度的改革与完善》,《法律科学》2008 年第 3 期,第 140—149 页。

申请，法院对该申请的处理结果通过以管辖权异议为名的裁定予以表达，当事人对该裁定不服时运用上诉以请求更正。上诉是对管辖权异议裁定的法定更正途径，因此管辖权异议应被定位为一种以上诉为更正手段的法定裁定种类，而其中的异议应被解释为当事人就管辖权问题向法院提出的处理申请。2007年《民事诉讼法》第179条第1款第7项将"违反法律规定，管辖错误的"纳入再审事由，而2012年《民事诉讼法》则将此项规定取消，因此当事人既不能对管辖权异议裁定申请再审，也不能对存在管辖错误的生效判决申请再审。

异议的主体适用范围具有广泛性，除当事人及其代理人外，还包括其他诉讼参与人以及案外人。[①] 为了凸显出对程序指挥裁定迅速更正的特点，对异议机构及异议申请期限的设置都应立足于就近、简短，即当事人只能在裁定送达之日起五日内向裁定生成法院申请异议。若各方当事人未能同时收到裁定书，则应从各自收到裁定书的次日起起算申请异议的期限。法定期限内未提起申请者将于期限届满后丧失异议的权利，此时裁定生效。异议申请权属于需特别授予委托诉讼代理权的诉讼权利的范畴，委托诉讼代理人如无特别授权不能作为申请主体向法院提出异议。《最高人民法院关于适用〈中华人民共和国民事诉讼法〉若干问题的意见》第69条规定："当事人向人民法院提交的授权委托书，应在开庭审理前送交人民法院。授权委托书仅写'全权代理'而无具体授权的，诉讼代理人无权代为承认、放弃、变更诉讼请求，进行和解，提起反诉或者上诉。"此外，法院虽不可能作为异议的提起主体，但法院可以通过行使释明权告知当事人，由其决定是否提起异议。

当事人提起异议时，应向裁定生成法院提交书面形式的异议申请书及副本并附相关证据。当事人口头提起异议的，法院应当告知其在法定期间内提出书面申请。如若未在法定期间内提出书面申请，则视为未提起异议。异议申请书应当载明异议申请人的基本情况、异议请求（变更或撤销原裁定）、异议理由及事实依据等材料。法院在收取申请异议的材料后应当向异议申请人出具收件清单。《民事诉讼法》第66条规定："人民法院收到当事人提交的证据材料，应当出具收据，写明证据名称、页数、份

---

① 诉讼参与人和案外人对异议权的行使，详见本章之"适用于当事人之外的利害关系人的更正措施"。

数、原件或者复印件以及收到时间等,并由经办人员签名或者盖章。"
"在诉讼中当事人行使了异议权,但遭到法院的拒绝而未收到应有的效果,法律可以赋予当事人以法官有失公正为由,申请其回避。"①

"对于复议组织,现行民事诉讼法未作规定。在司法实践中,有的法院由合议庭或庭务会议或审判委员会来进行复议,有的法院由审判长、庭长或院长来进行,做法很不统一。这种局面严重影响了复议制度作用的发挥和法制的统一。特别是实践中由原作出决定或裁定的组织或个人进行复议的做法,弊端就更突出了。为了消除实践中的混乱局面和保证复议的实际效果,我国法律应对此作出具体规定。具体来说可采用以下做法:对由原作出决定或裁定的法院进行复议的,可按审判员(执行员)——庭长——庭务会议——院审判委员会这一次序确定复议组织。"② 笔者认为,对异议的审查和审理应统一由原审法院内部专设的诉讼异议机构所另行组成的合议庭主持。由原审法院对异议进行审查是以异议的紧迫性为出发点保障诉讼效率的,而原审法院另行组成合议庭具体实施审查则是体现出"任何人都不能做自己案件的法官"的法谚精神。

"在程序正义价值中,确保利害关系者参加的程序及保障其参加场所的程序和程序参加的结果展示是其在诉讼制度中的具体体现。"③ 合议庭在对当事人的异议申请进行审查时,应遵循全面审查原则,对事实问题和法律问题一并进行审查。审查应采用合议的方式,以书面审理为主,必要时也可传唤当事人、利害关系人进行询问,但应减少不必要的询问以防止询问带来的潜在消费和支出。"在这种程序性裁判过程中,法院需要确定相应的证据可采性之标准、证明责任分配原则以及相应的证明标准,以便使控辩双方有机会进行理性的辩论和对抗,也借此防止法官滥用其自由裁量权。"④ 在此过程中,原审法院或法官应就自己所实施的程序性事项裁判行为的合法性承担举证责任,但这并不排除当事人就原审法院或法官裁判行为的违反性提供证明。

异议权作为当事人的基本诉讼权利,属于自由处分的范畴。因此申请

---

① 张晋红:《民事诉讼当事人研究》,陕西人民出版社1998年版,第89页。
② 黄良友:《试论民事诉讼复议制度》,《现代法学》1995年第6期,第53页。
③ [日]谷口安平:《程序的正义与诉讼》,王亚新、刘荣军译,中国政法大学出版社2002年版,第15—17页。
④ 陈瑞华:《程序性制裁制度的法理学分析》,《中国法学》2005年第6期,第153—158页。

人在异议申请提出后至异议审理结果裁定做出前有权撤回异议申请，但法院在接到异议撤回申请时已经就异议请求进行了审查并认定裁定存在错误或不当的除外。申请人撤回异议申请后不能再申请异议。

法院应在受理异议申请之日起 10 日内审结，情况特殊需要延长审限的，得到本院院长批准可至多延长 10 日。对异议的结果应运用裁定予以表达，且异议的终局性使得不能再次对该裁定主张异议、提起上诉或申请再审。合议庭对异议审查完毕后应按照下列情形对案件分别进行裁判：原裁定认定事实清楚、适用法律正确、程序合法，异议理由不成立的，裁定驳回异议请求、维持原裁定；原裁定认定事实错误或不清、证据不足、适用法律错误或违反法定程序以致异议理由成立的，应撤销、变更原裁定或直接做出新裁定。法院对异议请求做出处理后，应当及时通知异议申请人及相关人员，将载有异议处理结果的书面裁定及时送达申请人。

3. 将"有限上诉"的适用范围定位于实体性裁定和程序关口裁定

将"有限上诉"设置为与"异议"并行的更正措施，适用范围限于实体性裁定和程序关口裁定，成为多重更正中的第一阶段和必经阶段。① 上诉审的本质是从审级制度上对当事人的诉讼权利予以保护。"上诉制度的设立，一则在于谋求裁定本身的正确，一则在于谋求法律解释的统一，前者使当事人等利害关系人受其利益，后者使国家受其利益。"② 鉴于异议和上诉这两种并列更正措施对民事裁定进行的分流，有限上诉这一理念应在现行法规定的基础上继续保留，但应对其适用范围进行扩展，使其适用于除程序指挥裁定以外的所有实体性裁定和程序关口裁定。"《日本保全法》第 41 条第 1 款规定，对于保全异议或撤销保全的申请作出的裁判，从受到送达之日起两周不变期间内，可以提出保全抗告。"③ "《德意志联邦共和国民事诉讼法》第 252 条规定，根据本节的规定，或者根据其他的法律规定而命令中止诉讼程序或者拒绝中止诉讼程序时，对于命令或者拒绝的裁判，可以抗告；对于拒绝的裁判，可以提起即时抗告。"④ "1957 年

---

① 限于文章篇幅，本书仅对上诉程序、再审程序中体现出的民事裁定和判决的差异性、仅适用于对民事裁定进行更正的相关理论进行探讨，探讨的重点在于上诉程序、再审程序所适用的民事裁定的种类与范围。
② 王甲乙、杨建华、郑健才：《民事诉讼法新论》，三民书局 1983 年版，第 547 页。
③ 白绿铉编译：《日本新民事诉讼法》，中国法制出版社 2000 年版，第 276 页。
④ 谢怀拭译：《德意志联邦共和国民事诉讼法》，中国法制出版社 2001 年版，第 60 页。

《最高人民法院民事案件审判程序（草稿）》第15条规定，当事人对于保全和先予执行的裁定有上诉的权利。"① 在对异议和上诉的选择适用上，法官应给予当事人充足的释明，告知当事人二者各自的适用范围。"应为抗告而误为异议者，视为已提起抗告，应提出异议而误为抗告者，视为已提出异议。"② 此外，通过小额诉讼程序所产生的判决和裁定，均不得提起上诉。2013年3月重庆市高级人民法院出台的《关于小额诉讼程序若干问题的解答》规定，当事人对管辖权有异议的，应当在提交答辩状期间提出。基层法院或其派出法庭根据《民事诉讼法》第158条第2款当即审理的，当事人可当即提出管辖权异议。法院应当对异议进行审查并做出相应裁定。小额诉讼当事人对该裁定不服的，不得上诉。

对实体性裁定和程序关口裁定的上诉程序具有自身的独立性，是就判决的上诉所无法取代的，因此应杜绝以在判决上诉审程序中由上诉审法院对该案中的相关民事裁定进行附带审查的做法替代对民事裁定的独立上诉审。对民事裁定的上诉审程序的设计尽管可以比照判决上诉审程序，但从促进诉讼进程、提高诉讼效率的立场出发，应以简易、简便、精巧、单独为理念，防止过于复杂化。"如果由判决的上诉审程序来一一审查各种裁定的适当与否，则反而会使上诉审程序复杂化，或者为了解决先决性的问题而不得不使案件的审理倒退，造成程序的不稳定、不经济。"③

"虽然是由一方当事人对有关的裁定提起上诉，但该上诉主要是针对法院的行为，而与对方当事人之间的权利义务没有关系或者没有直接关系。因此，就裁定之上诉审程序来说，可将当事人分别称为上诉人和相对人，而不宜采用被上诉人的称谓；并且在有些情况下，只存在上诉人，而没有相对人。"④ 当事人应递交记载法定内容的上诉状，其内容通常包括当事人及法定代理人的个人信息、原裁定的编号和内容、对于原裁定不服的程度以及上诉请求、依据的事实和理由。鉴于上诉审程序的复杂性，上诉期限应相应的长于申请异议期限，即当事人应当在相关裁定送达之日起10日内提起上诉，在送达前的上诉也有效力。上诉期间为不变期间，上诉期限届满而当事人未提起上诉的，一审裁定生效，此时当事人丧失对裁

---

① 唐德华主编：《民事诉讼法立法与适用》，中国法制出版社2002年版，第50页。
② 庄柏林：《民事诉讼法概要》，三民书局2010年版。
③ 王甲乙等：《民事诉讼法新论》，三民书局1998年版，第580页。
④ 刘学在：《民事裁定上诉审程序之检讨》，《法学评论》2001年第6期，第64页。

定进行任何更正的权利。上诉作为开启多重更正的第一步，其更正机构应设置为裁定生成法院的上一级法院。经上一级法院审查得出的结果可以有效排除当事人及利害关系人对法院审理结果的合理怀疑，维护司法权威。

就实体问题提起的上诉是以当事人的处分权为基础，实行不告不理和有限审查。鉴于诉讼程序问题的关联性和次序性，二审法院对一审错误裁定的审查可不受当事人上诉范围的限制，法院在一定程度上可超越上诉请求的拘束进而对相关诉讼程序问题进行全面审理。对于裁定上诉案件的审理应以任意的言词辩论为原则，言词辩论不是必经程序。对该类案件可规定"原审法院或审判长的审查和更正程序，即对于裁定之上诉审案件，原审法院在收到上诉状后如果原审法院或审判长认为上诉有理由时，则应当更正原裁定；如果认为上诉无理由，则应当在法定期限内将上诉案件移交给上诉审法院"。① 对就裁定提起上诉的案件应设置较短的审理期间。

法院对上诉案件的审判结论应以裁定的形式加以表述，对原裁定认定事实错误、适用法律错误或违反法定程序且上诉合法有理由者，应裁定撤销或变更原裁定；对原裁定认定事实清楚、适用法律正确、上诉缺乏理由者，应以上诉不合法为由裁定驳回上诉，维持原裁定；对上诉缺乏理由但可以补正者，应以释明的形式责令其定期补正，逾期仍不补正者应以上诉不合法为由裁定驳回上诉；对申请撤回上诉准予者，裁定准许撤回上诉；对二次上诉者，应以禁止重复上诉为由裁定驳回上诉。《最高人民法院关于适用〈中华人民共和国民事诉讼法〉若干问题的意见》第187条规定："第二审人民法院查明第一审人民法院作出的不予受理裁定有错误的，应在撤销原裁定的同时，指令第一审人民法院立案受理；查明第一审人民法院作出的驳回起诉裁定有错误的，应在撤销原裁定的同时，指令第一审人民法院进行审理。"第190条规定："在第二审程序中，当事人申请撤回上诉，人民法院经审查认为一审判决确有错误，或者双方当事人串通损害国家和集体利益、社会公共利益及他人合法权益的，不应准许。"

4. 将"补充性再审"的适用范围定位于已历经二审的实体性裁定和程序关口裁定

多重更正的理念源于实体性裁定和程序关口裁定的重要性，而这两类裁定本身也具备相应的可再审性。"再审程序并不是对法院作出的每一个

---

① 刘学在：《民事裁定上诉审程序之检讨》，《法学评论》2001年第6期，第64页。

裁定都适用的程序，而是对法院审判结果是否正确进行事后监督和对错误的裁定进行补救的程序，同时也是相对于民事裁定上诉程序的一种补充性更正方式。"① 在通过再审予以更正之前，应穷尽所有的普通更正，否则特殊更正就失去特别存在的价值和意义。通过补充性再审的设置，使再审成为有真正意义的极端慎用程序，将可通过再审获得的更正限定在较小范围之内。

第一，当事人为获得对裁定的更正而启动再审之诉时，必须遵守"再审的补充性"原则。再审程序的设置不同于上诉程序，其权力的发挥可以达到造成确定判决的废弃进而直接影响到判决的权威性与稳定性。纵观各国立法，在设立再审程序问题上普遍采取了慎重态度，对明知一审裁判有瑕疵却故意不以上诉的方式主张者一律不得赋予其申请再审的权利，严格规范上诉和再审的先后顺序。补充性原则是一项体现再审更正特殊性的原则，是维护生效裁判既判力的原则，是正确处理再审程序与上诉程序关系的原则，是有益于提高程序效率的原则。"实行再审补充性原则，绝不是要限制当事人寻求更正的权利，而是要促使当事人选择合理的更正方式。"② 申请再审作为有限上诉之后的进一步更正，居于补充性更正的地位，是程序性形成之诉的类型之一。再审申请权作为一种诉权，要求诉的主体必须是上诉人而不能是被上诉人及未提起上诉的其他一审当事人，被上诉人及未提起上诉的一审当事人即使参加过二审程序也仍不能申请再审。如果上诉人在二审程序中故意隐瞒相关情况、蓄意保留相关知悉事实进而在二审审结后申请再审，应视为其放弃上诉并认定再审失权。再审之诉的客体必须是二审生效裁定，二审生效裁定成为二审程序终结和再审程序启动的连接点。上诉人提起再审之诉的对象应为二审法院的上一级法院，且应在二审审结裁定生效之日起两年内提出。

第二，恢复并完善再审事由中"原审程序违法"一项的相关规定，使相关裁定具有通过再审程序获得更正的法律依据。根据2007年《民事诉讼法》第179条的规定，对于人民法院违反法定程序可能影响案件正确判决、裁定的，当事人可以申请再审。《民事诉讼法》在2012年的修改过程中将此种情形删除，笔者认为实为不妥。根据2007年《民事诉讼

---

① 李浩：《再审的补充性原则与民事再审事由》，《法学家》2007年第6期，第9页。
② 李浩：《再审的补充性原则与民事再审事由》，《法学家》2007年第6期，第10页。

法》的规定，如果原审具有违反法定程序的情形但尚未影响到正确裁判，当事人就不能提起再审。此条规定是程序工具主义的泛化，把实体错误当作了对错误案件的唯一认定依据，片面强调实体公正，狭义理解违反法定程序的范围和后果，剥夺"违反法定程序"这一情形的独立性，生硬地将其与实体审理结果联系起来，将再审事由的最终落脚点归于实体审理结果。为此笔者建议，在再审事由中恢复"原审程序违法"这一项，并引入严重违反法定程序但尚未影响案件公正裁判这一情形，即重大程序违法可脱离实体违法而单独引发再审。

第三，对执行裁定设立专门的再审更正制度。执行裁定是一种关系实体利益分配的特殊裁定类型，对执行裁定提起再审的案件通常发生在执行过程中或执行完毕后，再审程序的启动将触动权利人和利害关系人的重大利益，因此应对执行裁定设置专门的再审制度，对再审申请人、再审事由、审理期限、审判组织等具体环节予以具体和特别规定。《民事诉讼法》第227条规定："执行过程中，案外人对执行标的提出书面异议的，人民法院应当自收到书面异议之日起十五日内审查，理由成立的，裁定中止对该标的的执行；理由不成立的，裁定驳回。案外人、当事人对裁定不服，认为原判决、裁定错误的，依照审判监督程序办理；与原判决、裁定无关的，可以自裁定送达之日起十五日内向人民法院提起诉讼。"1998年《关于人民法院执行工作若干问题的规定（试行）》第133条规定："上级法院在监督、指导、协调下级法院执行案件中，发现据以执行的生效法律文书确有错误的，应当书面通知下级法院暂缓执行，并按照审判监督程序处理。"

第四，对再审程序中产生的再审审理结果裁定不得再次申请再审。我国台湾地区《民事诉讼法》第486条规定，对于抗告法院之裁定，得向再上级法院为再抗告者，限于抗告法院之裁定，以抗告无理由而驳回，或以抗告有理由而废弃或变更裁定者为限，此制度被称为再抗告。《德国民事诉讼法》第568条规定，对于抗告法院的裁判，如果其中没有新的独立的抗告理由，不允许提起再抗告。《日本民事诉讼法》第300条规定，对于抗告法院的裁定，只有以该裁定对宪法的解释有错误或有其他违背宪法的事项，或使裁定受到影响的事项是明显违背法律事项为理由时，才可以再提起抗告。笔者认为，再审审理结果裁定具有终局性，是终端更正方式的表现结果，应杜绝再审循环现象的出现，对再审程序中产生的再审审理结果裁定不得再次申请再审。

5. 对检察监督的对象和方式进一步完善

完善检察机关对民事裁定的监督是一个全方位的活动，既要求法院对检察监督行为积极配合，也要求检察机关在监督体制上有所创新。立足于民事裁定的固有特点，把握住民事裁定的形成和实施规律，以预防性监督为主、补以纠错性监督，通过对民事裁定检察监督制度的扩充使我国民事检察体系更趋完善。《民事诉讼法》在 2012 年的修改和《人民检察院民事诉讼监督规则（试行）》在 2013 年的出台，为民事裁定的检察监督制度带来了新发展。

第一，对民事裁定的检察监督包括审中监督和审后监督。《民事诉讼法》第 14 条规定："人民检察院有权对民事诉讼实行法律监督。"无论是审中监督还是审后监督，均属于事后监督。对于诉讼指挥裁定而言，除在全案审结后对其进行检察监督外，检察院如果在案件审结前发现法院已做出的诉讼指挥裁定有错误，也可依法行使监督权，其特点在于诉讼指挥裁定已经生效但判决尚未做出。对民事裁定的检察监督如果仅停留在诉讼终结之后，难免造成司法资源的浪费。案件的审结是以判决的最终做出为表示的，此种对诉讼指挥裁定的监督就该裁定本身而言，属于事后监督；就民事诉讼的全过程而言，则属于审中监督，即诉讼过程中的监督。对于诉讼关口裁定而言，其是结案的唯一裁判方式，并且在此类案件中将不再有民事判决的出现，因此对其的监督只能属于审后监督。

第二，充分发挥检察建议这一新型检察监督方式的作用，丰富检察监督的样式和途径。在很长一段时间内我国民事检察监督形式的规定只限于对生效的裁判按审判监督程序提起抗诉。抗诉固然是最重要的检察监督方式，但其绝不能成为唯一的检察监督方式，多元化、分层次、有侧重是设计法律程序的基本理念。面对复杂冗长的程序性问题，以抗诉（且不说这种监督手段本身还存在着不完善）作为检察监督方式的全部，这是与民事裁定的多样性和复杂性不相符合的。长期以来，随着在司法实践中广泛运用的简单化抗诉程序——检察建议的发展成熟和完善，2012 年《民事诉讼法》修改将其吸收并正式确立。

检察建议作为一种较为缓和的监督方式，优势在于不存在强迫性，有助于避免法院的抵触，不易引起检法两家的对立，容易为法院接受。由于民事裁定主要解决的是程序性问题，从形成、实施方式而言，与判决相比比较简单，因而对民事裁定的检察监督不必完全走抗诉这条路，而是可以运用比抗诉程序更为简单的措施,以保证效率。检察建议与通常抗诉程序相比只发生在做出裁判的法院和同级检察院之间。这种简易型检察监督形式与裁定在裁判体系中的地位和作用是一致的。

检察建议包括纠违检察建议和再审检察建议两类,两者形成了补充监督的体系。对于纠违检察建议,其适用情形较广,针对审判人员的违法行为,不受《民事诉讼法》第200条所规定的事由限制。《民事诉讼法》第208条第3款规定:"各级人民检察院对审判监督程序以外的其他审判程序中审判人员的违法行为,有权向同级人民法院提出检察建议。"对于再审检察建议,其适用情形与抗诉相同,《民事诉讼法》第208条第1、第2款规定:"最高人民检察院对各级人民法院已经发生法律效力的判决、裁定,上级人民检察院对下级人民法院已经发生法律效力的判决、裁定,发现有本法第二百条规定情形之一的,或者发现调解书损害国家利益、社会公共利益的,应当提出抗诉。地方各级人民检察院对同级人民法院已经发生法律效力的判决、裁定,发现有本法第二百条规定情形之一的,或者发现调解书损害国家利益、社会公共利益的,可以向同级人民法院提出检察建议,并报上级人民检察院备案;也可以提请上级人民检察院向同级人民法院提出抗诉。"

第三,扩大适用抗诉和再审检察建议的裁定的范围。在2012年《民事诉讼法》修改过程中,有观点指出:"关于人民检察院对人民法院的哪些民事裁定可以依照审判监督程序提起抗诉,1991年的《民事诉讼法》没有作出界定。长期以来,人民法院和人民检察院在这个问题的认识上存在极大的分歧,甚至最高人民法院曾反复以司法解释或其他方式单方面地规定人民检察院不能对某些民事裁定提出抗诉。2007年民事诉讼法进行局部修改时,由于比较仓促,并未对这一问题加以解决。但遗憾的是,本次公布的《草案》,仍然没有对这一重要问题作出规定(修改后第206,修改前第187条),而不解决这一问题,即意味着人民检察院的民事抗诉的范围是不明确的。所以,《草案》不应对这一问题熟视无睹,而应对民事诉讼法的全部裁定进行检索、分析,合理地确定哪些是可以提出民事抗诉的,哪些不可以提出民事抗诉。"[①] 基于对诉讼活动进行全面检察监督

---

① 刘学在:《关于〈民事诉讼法修正案(草案)〉的若干修改建议》,《公民与法》(法学版)2012年第6期。

的原则,当前司法解释对检察监督范围的限制既违背法理也违背立法权运行的基本精神,缺乏理论依据和法律依据,检察院的全方位监督应涉及诉讼活动各个领域。因此笔者建议,检察院原则上对已生效的且具备再审性的裁定均可以提起抗诉或再审检察建议,废除相关司法解释以此来实现检察院对程序性事项的全面监督。如前所述,程序关口裁定和实体性裁定具备可再审性,而抗诉和再审检察建议均是以引发再审程序作为纠错手段的,为此这两类裁定可成为抗诉和再审检察建议的作用客体。

第四,赋予检察院对再审程序中所生成裁定的监督权,将再审程序中所生成的裁定纳入检察监督范围。法院对民事裁定更正所适用的程序和开展的措施最终必然是以新的裁定作为终结标志和效力依据,而更正会因主观或客观原因难免发生错误,因此为承载着对原民事裁定更正结果的新民事裁定提供新的更正机会无疑是必要的。从进一步更正和循环更正的角度出发,应允许当事人获得对在民事裁定更正程序中产生的新裁定的新更正。在我国台湾地区,当事人对抗告法院的裁定表示不服时,可再向上级法院提起抗告即再抗告,该制度的本质就是对更正行为的再更正。如前所述,在禁止当事人对再审程序中产生的再审审理结果裁定再次申请再审的情况下,准许检察机关以法律监督机关的身份对该再审审理结果裁定提出再审就更为必要,此时监督权的运行可以依职权,也可以依申请。

第五,增设当事人对民事裁定检察监督的申请权。就检察监督的主体而言,检察院是提起检察监督的唯一主体不容置疑,但还应赋予与民事裁定的法律后果存在利害关系的当事人为维护自身权益寻求更正的途径,即向人民检察院申请检察监督。尽管法律规定当事人可向法院申请再审,但法院作为裁定的形成机关和再审申请的审查批准机关,主体身份的重合会让人产生相应的疑虑,且理应禁止当事人对再审程序中产生的再审审理结果裁定再次申请再审,因此准许当事人向检察机关反映相关情况、报送相关证据材料进而引发检察监督程序是有必要的。《民事诉讼法》在2012年的修改过程中增设了当事人对检察监督的申请权。《民事诉讼法》第209条规定:"有下列情形之一的,当事人可以向人民检察院申请检察建议或者抗诉:(一)人民法院驳回再审申请的;(二)人民法院逾期未对再审申请作出裁定的;(三)再审判决、裁定有明显错误的。人民检察院对当事人的申请应当在三个月内进行审查，作出提出或者不予提出检察建议或者抗诉的决定。当事人不得再次向人民检察院申请检察建议或者抗诉。"

五、适用于当事人之外的利害关系人的更正措施

民事裁定的效力不仅及于双方当事人，而且还可作用于相关诉讼参与人乃至案外人。长期以来，我国司法实践中对民事裁定享有更正权的主体过于单一，仅限于当事人而忽略对利害关系人的权利保护。更正权行使主体的单一化直接影响当事人之外的相关利害关系人享有和行使诉讼权利，诉讼权利的缺乏将危及实体权利的保护，不利于充分保障他们的合法权益。在民事裁定的更正程序中，不必像判决上诉审程序那样必须采取严格的当事人对立型诉讼结构，有些案件中存在着对立的利害关系人，而有些案件中却只有请求更正的一方当事人，并没有利害对立的另一方当事人存在。

1. 适用于其他诉讼参与人的更正措施

第一，异议。某些民事裁定的效力会及于与该裁定相关的部分诉讼参与人，包括诉讼代理人、证人、鉴定人、专家辅助人、勘验人、翻译人等。在对证人拒绝出庭是否符合法定条件的审查、鉴定人拒不出庭的后果以及对专家辅助人参与诉讼的许可等问题通过裁定予以规范化后，若本人对该裁定不服，可允许其提出异议。诉讼参与人提起异议的具体方式与当事人相同。①《民事诉讼法》第73条规定："经人民法院通知，证人应当出庭作证。有下列情形之一的，经人民法院许可，可以通过书面证言、视听传输技术或者视听资料等方式作证：（一）因健康原因不能出庭的；（二）因路途遥远，交通不便不能出庭的；（三）因自然灾害等不可抗力不能出庭的；（四）其他有正当理由不能出庭的。"第79条规定："当事人可以申请人民法院通知有专门知识的人出庭，就鉴定人作出的鉴定意见或者专业问题提出意见。"

第二，上诉。民事裁定上诉主体在范围上应大于判决上诉主体，凡是对相关实体性裁定、程序关口裁定不服的其他诉讼参与人都有权提起上

---

① 诉讼参与人对异议权的行使，详见本章之"适用于当事人的更正措施"。

诉。"在我国台湾地区，对裁定可以提起抗告的主体不以当事人为限，只要是受到裁定的诉讼关系人都可以作出；反之没有受到裁定的当事人或者其他诉讼关系人则不能提出抗告。"① 诉讼参与人提起上诉的具体方式与当事人相同。②

2. 适用于案外人的更正措施

尽管《民事诉讼法》在2012年修订之中设立了案外第三人撤销之诉，但该制度所界定的案外人在范围上具有一定的局限性，只能做到对部分案外人的保护，就案外人整体权益的保护而言尚属不够。

第一，适用于第三人型案外人的更正措施。第三人型案外人是指本应成为案中第三人，但由于某种原因没能加入诉讼的案外人。第三人撤销之诉是《民事诉讼法》在2012年修订中新设立的制度，其在适用对象上特指第三人型案外人，即只能由存在法律上利害关系第三人提起。《民事诉讼法》第56条规定："对当事人双方的诉讼标的，第三人认为有独立请求权的，有权提起诉讼。对当事人双方的诉讼标的，第三人虽然没有独立请求权，但案件处理结果同他有法律上的利害关系的，可以申请参加诉讼，或者由人民法院通知他参加诉讼。人民法院判决承担民事责任的第三人，有当事人的诉讼权利义务。前两款规定的第三人，因不能归责于本人的事由未参加诉讼，但有证据证明发生法律效力的判决、裁定、调解书的部分或者全部内容错误，损害其民事权益的，可以自知道或者应当知道其民事权益受到损害之日起六个月内，向作出该判决、裁定、调解书的人民法院提起诉讼。人民法院经审理，诉讼请求成立的，应当改变或者撤销原判决、裁定、调解书；诉讼请求不成立的，驳回诉讼请求。"法律上利害关系第三人包括有独立请求权的第三人和无独立请求权的第三人。诸如，原告向法院申请保全，法院在做出财产保全裁定后对某一被告的财产应采取相应的保全措施，查封、扣押、冻结该项财产。此时若案外第三人主张待保全的财产为其所有而并非被告所有，则会对保全民事裁定提出质疑，此时案外第三人可对涉及其利益的财产保全裁定行使请求撤销的权利。对于第三人就民事裁定提起的撤销诉讼，法院经审查认为诉讼请求成立的，改变或者撤销原裁定；认为诉讼请求不成立的，驳回第三人的诉讼请求。

---

① 齐树洁：《台港澳民事诉讼制度》，厦门大学出版社2003年版，第136页。
② 诉讼参与人对上诉权的行使，详见本章之"适用于当事人的更正措施"。

法国《新民事诉讼法》第 582 条规定:"第三人异议目的请求为攻击判决的第三人本人的利益取消或变更该判决"。① 我国台湾地区《民事诉讼法》第 507 条规定,有法律上利害关系之第三人,非因可归责于己之事由而未参加诉讼,致不能提出足以影响判决结果之攻击或防御方法者,得以两造为共同被告对于确定终局判决提起撤销之诉,请求撤销对其不利部分之判决。但应循其他法定程序请求更正者,不在此限。

第二,适用于非第三人型案外人的更正措施。非第三人型案外人是指与本诉实体争议无关,单受某一民事裁定约束的案外人。凡受该民事裁定不利牵制的人员都应获得相应的更正权。案外人如认为自己的合法权益因法院所做裁定受到侵害、对该裁定不服时,可允许其提出异议。案外人提起异议的具体方式与当事人相同。②

---

① 罗结珍译:《法国新民事诉讼法典》,法律出版社 2008 年版,第 633 页。
② 非第三人型案外人对异议权的行使,详见本章之"适用于当事人的更正措施"。

第五章 民事裁定的法律效力

民事裁定的效力是指民事裁定依法做出后,在何时对何人何事所产生何样的法律拘束力。民事裁定效力的主观范围、时间范围和作用范围决定着其对诉讼的影响和其本身作用的发挥。

第一节 民事裁定效力的主观范围

民事裁定效力的主观范围是指民事裁定对何种主体产生效力。"裁定一般只对当事人和其他诉讼参与人以及作出裁定的法院有约束力,而对社会没有普遍约束力。"[1]

一、民事裁定效力主观范围的有限性

1. 民事裁定效力作用于当事人及其他诉讼参与人

当事人作为诉讼活动的参加者,对诉讼程序的遵守和对诉讼秩序的服从是以民事裁定为指向依据的。广义上的当事人包括原告、被告、共同诉讼人、诉讼代表人、有独立请求权的第三人、无独立请求权的第三人、上诉人、被上诉人、再审申请人、申请执行人和被执行人。继承人、权利义务承受人、代位债权人、遗产管理人等具有当事人地位的诉讼承担人也一并受民事裁定的约束。此外,民事裁定的效力还会及于与该裁定相关的诉

---

[1] 柴发邦主编:《民事诉讼法学新编》,法律出版社1992年版,第381页。

讼代理人、证人、鉴定人、勘验人、翻译人等诉讼参与人。

2. 民事裁定效力作用于法院

"裁定只有在例外情况下拘束法院。"① "裁定经宣示或送达后，作出裁定的法院即受其约束，除了指挥诉讼的裁定或法律另有规定的裁定外，裁定于生效后就与判决有相同的约束力。"② 法院作为诉讼的指挥者和民事裁定的制发者，自然要受民事裁定效力的约束。某些民事裁定对法院的拘束具有持续性和不可推翻性，譬如，将案件由适用简易程序改为普通程序审理的程序转换裁定，法院在做出后不能再变动。《最高人民法院关于适用〈中华人民共和国民事诉讼法〉若干问题的意见》第170条规定："适用简易程序审理的案件，审理期限不得延长。在审理过程中，发现案情复杂，需要转为普通程序审理的，可以转为普通程序，由合议庭进行审理，并及时通知双方当事人。审理期限从立案的次日起计算。"第171条规定："已经按照普通程序审理的案件，在审理过程中无论是否发生了情况变化，都不得改用简易程序审理。"又如，对于准许撤诉的裁定，法院准许当事人撤诉以后就不能对该案继续审理了。当然，某些民事裁定对法院的拘束力可因法院对该裁定的变更或取消而消失，譬如法院可根据一定的情况对保全裁定予以撤销。

3. 民事裁定效力通常不及于社会

相比较判决为社会公众所树立的法律价值观和道德标准，民事裁定通常与诉讼之外的权利义务不相关，很少直接涉及公共利益，其效力对社会一般无拘束力，不具有对世性，只体现相对性，这是由于诉讼程序问题主要是在当事人进行诉讼和法院审理案件过程中产生的，因此，民事裁定的效力通常不及于未行使诉讼权利和未获得程序保障的案外第三人，不涉及与案件无关的普通个人，不易也很少向公众传播。目前社会上出现的"判决书买卖"现象就没有涉及对民事裁定所设置的权利义务的转让。

二、民事裁定效力主观范围的扩张

虽然民事裁定原则上只在法院和当事人之间发生法律效力，但其在特殊情况下也会对没有参与诉讼并不受其约束的第三人产生影响，此时形成

---

① 赵蕾：《非讼程序论》，中国政法大学出版社2013年版，第155页。
② 江伟主编：《中国民事诉讼法专论》，中国政法大学出版社1998年版，第183页。

民事裁定效力的主观范围扩张，产生反射效力。民事裁定效力的主观范围扩张有利于提高诉讼效率、降低诉讼成本。尽管此时民事裁定的效力延伸至案外人，但也只是针对个别的案外人并且只是在与他的相应关系中发生效力。譬如，在人数不确定的代表人诉讼中，民事裁定的效力可及于处于案外人地位的相关利害关系人。《民事诉讼法》第54条规定："诉讼标的是同一种类、当事人一方人数众多在起诉时人数尚未确定的，人民法院可以发出公告，说明案件情况和诉讼请求，通知权利人在一定期间向人民法院登记。向人民法院登记的权利人可以推选代表人进行诉讼；推选不出代表人的，人民法院可以与参加登记的权利人商定代表人。代表人的诉讼行为对其所代表的当事人发生效力，但代表人变更、放弃诉讼请求或者承认对方当事人的诉讼请求，进行和解，必须经被代表的当事人同意。人民法院作出的判决、裁定，对参加登记的全体权利人发生效力。未参加登记的权利人在诉讼时效期间提起诉讼的，适用该判决、裁定。"又如，任何机关、团体和公民都不得影响法院对生效民事裁定内容的实现，有协助实现民事裁定义务的单位和个人都应协助法院实现该裁定的内容，不得拒绝和推诿。民事裁定在执行过程中如果涉及当事人以外的单位或个人，则其将对该单位或个人发生相应的拘束力。再如，财产保全裁定的执行需要银行以冻结当事人存款的方式予以协助，此时财产保全裁定对银行产生拘束力，银行应当按照财产保全裁定的要求予以配合。还如，"补正判决书中笔误的裁定和准予先予执行的裁定，一旦生效，除对人民法院和当事人具有约束力外，对社会有关部门和人士也有约束力"。[①]

第二节　民事裁定效力的时间范围

民事裁定分为有效、不发生法律效力和无效三种效力状态。民事裁定的生效意味着其有效，未生效意味着其不发生法律效力，而失效意味着其无效。民事裁定一经做出，可能呈现生效、未生效这两种情况；民事裁定运行一段时间后，可能出现失效的情况。民事裁定效力的时间范围与民事

---

① 彭世忠主编：《民事诉讼法学》，华南理工大学出版社2008年版，第300页。

裁定的救济紧密相关，某些救济措施的开展以民事裁定的未生效为前提，而某些救济措施的开展以民事裁定的生效为前提。

一、民事裁定的有效

民事裁定的有效是以其生效为标志的。生效裁定又称确定裁定，是指发生法律效力的裁定。"裁判虽有瑕疵，但只要未被上诉或再审废弃，则依旧完全有效。"[①] 鉴于民事裁定所欲解决的问题的内容、性质不同，其生效的时间也不同。

1. 民事裁定的生效标准

将相关民事裁判制度的生效标准进行比较考察，可以发现民事决定的生效和民事判决的生效各有特点。对于民事决定的生效时间，有观点认为："在通常情况下，决定一经作出，即发生法律效力；决定是因当事人的行为而引起的，决定在决定内容告知当事人时生效；决定是由人民法院依职权作出且决定内容主要是涉及法院内部关系的，该决定作出时即生效。"[②] 对于民事判决的生效时间，有观点认为："首先，不宜将判决书制作完毕之时作为判决生效的时间。制作判决书是受诉法院审判组织（合议庭或独任审判员）的职责，判决书是其内部工作成果，判决书内容的形成过程一般并不对外公开。其次，从判决生效须以公开为条件的要求来看，公开宣判与送达都可以作为受诉法院公开判决内容的一种法定途径。那么，应该以何者作为判决生效的条件呢？一如前述，判决具有不同的效力层次，不同的效力所涵盖的主观范围（主体）也不相同。譬如自缚力只拘束作出该判决的法院，而既判力则拘束案件的当事人，在某些条件下则扩张至第三人（脱离诉讼系属后当事人的继承人，为当事人或其继承人的利益占有诉讼标的物的人）。从程序正义或程序保障的要求出发，只有判决的内容对有可能受到判决不同效力拘束的所有主体同时公开，判决的效力才能获得合法的外衣。公开宣判显然比送达更能满足这一要求。第一，与送达相比，公开宣判更有可能保障相关人员同时获知判决

---

① ［日］三月章：《日本民事诉讼法》，汪一凡译，黄荣坤校订，五南图书出版公司1997年版，第364页。
② 参见潘剑锋《民事诉讼原理》，北京大学出版社2001年版，第418页。

内容。一般情况下，当事人居住在不同地区甚至不同地域，如果要求'同时送达'，虽然在理论上并非不可能，但势必要消耗更多的司法资源，加大司法运行的成本。第二，如果将送达完毕之时作为判决生效的时间，将不可避免地在制度上诱使一方当事人积极逃避送达。在诉讼中已经预测到自己将遭受不利判决的当事人，会充分利用这一制度安排逃避送达，以达到规避判决生效的目的。如此一来，法院作出的权威性判定将迟迟无法生效，这对于判决应具有的安定性和权威性而言是巨大的伤害。有鉴于此，公开宣判是判决生效的最佳制度路径。将公开宣判作为判决生效的条件，既符合程序正义、程序保障的要求，也符合程序效率的要求。将公开宣判作为判决生效的条件，其基本出发点在于保障判决内容可以同时到达当事人以及其他相关人员，并非宣判这种形式所具有的仪式权威。因此，在某些特殊情形下，只要判决内容已经被当事人知晓，譬如被告承认了原告的诉讼请求，就不必强求公开宣判的形式，可以用送达的方式予以替代。如果一律要求公开宣判，反而有可能落入程序意识形态的窠臼，站到了程序正义的反面。"[1] 有鉴于此，公开宣判是判决生效的最佳制度路径。

民事口头裁定与书面裁定的生效标准有所不同。首先，口头裁定在做出和宣告后并非立即生效，只有记入笔录后方可生效。《民事诉讼法》第154条第3款规定："裁定书由审判人员、书记员署名，加盖人民法院印章。口头裁定的，记入笔录。"其次，书面裁定的效力产生标志通常包括制作完毕后生效、依法院内部管理程序签发后生效、公开宣告后生效、送达完毕后生效等。《民事诉讼法》第148条第1款规定："人民法院对公开审理或者不公开审理的案件，一律公开宣告判决。当庭宣判的，应当在十日内发送判决书；定期宣判的，宣判后立即发给判决书。宣告判决时，必须告知当事人上诉权利、上诉期限和上诉的法院。"可见，按照时间划分，宣判可以分为当庭宣判和择期宣判两种情形。当庭宣判是指法庭辩论终结，休庭合议之后由审判人员将法院判决向当事人及旁听公众宣读，即将判决内容向包括当事人在内的社会公众宣示；择期宣判又称定期宣判，是指法院在法庭辩论终结之日不立即做出判决，而是另行确定时间公开宣判。《民事诉讼法》第84条规定："送达诉讼文书必须有送达回

---

[1] 参见许可、范小华《公开宣判与判决效力问题研究》，《法律适用》2008年第5期，第68页。

证，由受送达人在送达回证上记明收到日期，签名或者盖章。受送达人在送达回证上的签收日期为送达日期。"第258条规定："中止和终结执行的裁定，送达当事人后立即生效。"

就民事裁定的生效标准进行比较法考察，在我国台湾地区，"裁定经宣示后，为该裁定之法院、审判长、受命法官或受托法官受其羁束；不宣示者，经公告或送达后受其羁束，但关于指挥诉讼会别有规定不在此限"。① "经言词辩论之裁定，应宣示之。因裁定不一定有主文，宣示时，将其意旨口述即可。终结诉讼之裁定，不经言词辩论者，应公告之。"② "至宣示时，当事人是否在场，并不影响裁定宣示之效力。"③ "裁定其经宣示者，于宣示时生效，不宣示者于送达后生效。若裁定应送达于多数人而送达时间有先后者，应依裁定之内容定之。如对于某当事人全部或一部得生效力者，一经送达于该当事人，即发生全部或一部之效力。如该裁定对数当事人应同时生效者，须已送达于各当事人之后，以其最后送达之时，为裁定生效之时。"④《日本民事诉讼法》第250条规定，判决一经宣布即产生效力。《德国民事诉讼法》第312条第1款规定，宣誓判决的效力，与当事人的出庭与否无关。

目前我国对民事裁定书不适用电子送达。《民事诉讼法》第87条规定："经受送达人同意，人民法院可以采用传真、电子邮件等能够确认其收悉的方式送达诉讼文书，但判决书、裁定书、调解书除外。采用前款方式送达的，以传真、电子邮件等到达受送达人特定系统的日期为送达日期。"因此，书面裁定的送达方式包括在送达回证上签字后生效、留置后生效、在邮寄回执上签字后生效、公告期限届满后生效，遗憾的是司法实务中对送达的操作较为混乱，不利于保障当事人的诉讼利益。《民事诉讼法》第84条规定："送达诉讼文书必须有送达回证，由受送达人在送达回证上记明收到日期，签名或者盖章。受送达人在送达回证上的签收日期为送达日期。"第85条规定："送达诉讼文书，应当直接送交受送达人。受送达人是公民的，本人不在交他的同住成年家属签收；受送达人是法人或者其他组织的，应当由法人的法定代表人、其他组织的主要负责人或者

---

① 庄柏林：《民事诉讼法概要》，三民书局2010年版，第91页。
② 庄柏林：《民事诉讼法概要》，三民书局2010年版，第85页。
③ 陈计男：《民事诉讼法论》，三民书局2009年版，第401页。
④ 杨建华：《问题研析——民事诉讼法（一）》，三民书局1999年版，第415页。

该法人、组织负责收件的人签收；受送达人有诉讼代理人的，可以送交其代理人签收；受送达人已向人民法院指定代收人的，送交代收人签收。受送达人的同住成年家属，法人或者其他组织的负责收件的人，诉讼代理人或者代收人在送达回证上签收的日期为送达日期。"第91条规定："代为转交的机关、单位收到诉讼文书后，必须立即交受送达人签收，以在送达回证上的签收日期，为送达日期。"第86条规定："受送达人或者他的同住成年家属拒绝接收诉讼文书的，送达人可以邀请有关基层组织或者所在单位的代表到场，说明情况，在送达回证上记明拒收事由和日期，由送达人、见证人签名或者盖章，把诉讼文书留在受送达人的住所；也可以把诉讼文书留在受送达人的住所，并采用拍照、录像等方式记录送达过程，即视为送达。"第88规定："直接送达诉讼文书有困难的，可以委托其他人民法院代为送达，或者邮寄送达。邮寄送达的，以回执上注明的收件日期为送达日期。"第92条规定："受送达人下落不明，或者用本节规定的其他方式无法送达的，公告送达。自发出公告之日起，经过六十日，即视为送达。公告送达，应当在案卷中记明原因和经过。"（对现行法规定的民事裁判生效时间的总结，见表5-1）

就民事裁定的送达进行比较法考察，在我国台湾地区，"经言词辩论之裁定，因已宣示，除得抗诉者须计算其抗告不变期间应为送达外，可为送达，亦可不为送达。但不宣示之裁定，不论得抗诉与否，均应为送达。"[①] 对裁定的送达包括四种情形，"裁定于有两造当事人，且其内容对于两造俱有利害关系者，应向两造送达。裁定无两造当事人，其内容又与事件之关系人无关系者，仅须送达申请人即可。裁定有相对人，而相对人非诉讼当事人，向受裁定之当事人以外之利害关系人送达。不宣示亦不送达之裁定，于作成裁定时，裁定即为成立"。[②] "同一裁定应送达于数人，而其分别发生效力者，裁定应于何时发生效力，应依裁定之性质决定之。其得分别发生效力者，以分别送达之时，为效力发生之时，若应同时发生效力者，则以最后送达之时，为效力发生之时。"[③]

---

① 庄柏林：《民事诉讼法概要》，三民书局2010年版，第85页。
② 陈计男：《民事诉讼法论》，三民书局2009年版，第401页。
③ 陈计男：《民事诉讼法论》，三民书局2009年版，第401页。

表 5-1　现行法规定的民事裁判的生效时间

	基层人民法院	中级人民法院	高级人民法院	最高人民法院
一审书面判决（普通程序）	上诉期满后当事人未提起上诉的，该判决生效	上诉期满后当事人未提起上诉的，该判决生效	上诉期满后当事人未提起上诉的，该判决生效	送达后即生效
一审书面判决（简易程序）	上诉期满后当事人未提起上诉的，该判决生效	—	—	—
一审书面判决（小额诉讼）	送达后即生效	—	—	—
一审口头裁定	记入笔录后生效	记入笔录后生效	记入笔录后生效	记入笔录后生效
一审书面裁定	对于不予受理（强制书面）、驳回起诉（可能书面）、管辖权异议（可能书面）三类裁定，上诉期满后当事人未提起上诉的，该裁定生效；其余书面裁定送达后即生效	对于不予受理（强制书面）、驳回起诉（可能书面）、管辖权异议（可能书面）三类裁定，上诉期满后当事人未提起上诉的，该裁定生效；其余书面裁定送达后即生效	对于不予受理（强制书面）、驳回起诉（可能书面）、管辖权异议（可能书面）三类裁定，上诉期满后当事人未提起上诉的，该裁定生效；其余书面裁定送达后即生效	送达后即生效
二审书面判决	—	送达后即生效	送达后即生效	送达后即生效
二审口头裁定	—	记入笔录后生效	记入笔录后生效	记入笔录后生效
二审书面裁定	—	送达后即生效	送达后即生效	送达后即生效
再审书面判决	发生法律效力的判决是由第一审法院做出的，按照第一审程序审理，所做的判决当事人可以上诉，上诉期满后当事人未提起上诉的，该判决生效	发生法律效力的判决是由第一审法院做出的，按照第一审程序审理，所做的判决当事人可以上诉，上诉期满后当事人未提起上诉的，该判决生效	发生法律效力的判决是由第一审法院做出的，按照第一审程序审理，所做的判决当事人可以上诉，上诉期满后当事人未提起上诉的，该判决生效	发生法律效力的判决是由第一审法院做出的，按照第一审程序审理，所做的判决送达后即生效

续表

	基层人民法院	中级人民法院	高级人民法院	最高人民法院
再审书面判决	—	发生法律效力的判决是由第二审法院做出的,按照第二审程序审理,所做的判决送达后即生效	发生法律效力的判决是由第二审法院做出的,按照第二审程序审理,所做的判决送达后即生效	发生法律效力的判决是由第二审法院做出的,按照第二审程序审理,所做的判决送达后即生效
	—	上级人民法院按照审判监督程序提审的,按照第二审程序审理,所做的判决送达后即生效	上级人民法院按照审判监督程序提审的,按照第二审程序审理,所做的判决送达后即生效	上级人民法院按照审判监督程序提审的,按照第二审程序审理,所做的判决送达后即生效
再审口头裁定	记入笔录后生效	记入笔录后生效	记入笔录后生效	记入笔录后生效
再审书面裁定	发生法律效力的裁定是由第一审法院做出的,按照第一审程序审理。对于不予受理(强制书面)、驳回起诉(可能书面)、管辖权异议(可能书面)三类裁定,上诉期满后当事人未提起上诉的,该裁定生效;其余书面裁定送达后即生效	发生法律效力的裁定是由第一审法院做出的,按照第一审程序审理。对于不予受理(强制书面)、驳回起诉(可能书面)、管辖权异议(可能书面)三类裁定,上诉期满后当事人未提起上诉的,该裁定生效;其余书面裁定送达后即生效	发生法律效力的裁定是由第一审法院做出的,按照第一审程序审理。对于不予受理(强制书面)、驳回起诉(可能书面)、管辖权异议(可能书面)三类裁定,上诉期满后当事人未提起上诉的,该裁定生效;其余书面裁定送达后即生效	发生法律效力的裁定是由第一审法院做出的,按照第一审程序审理,所做的裁定送达后即生效
	—	发生法律效力的裁定是由第二审法院做出的,按照第二审程序审理,所做的书面裁定送达后即生效	发生法律效力的裁定是由第二审法院做出的,按照第二审程序审理,所做的书面裁定送达后即生效	发生法律效力的裁定是由第二审法院做出的,按照第二审程序审理,所做的书面裁定送达后即生效

续表

	基层人民法院	中级人民法院	高级人民法院	最高人民法院
再审书面裁定	—	上级人民法院按照审判监督程序提审的，按照第二审程序审理，所做的书面裁定送达后即生效	上级人民法院按照审判监督程序提审的，按照第二审程序审理，所做的书面裁定送达后即生效	上级人民法院按照审判监督程序提审的，按照第二审程序审理，所做的书面裁定送达后即生效

笔者认为，首先，以处理诉讼程序事项为主要任务的程序指挥裁定在通常情况下一经宣告即发生法律效力。程序指挥裁定的立即生效有助于诉讼的及时进行和诉讼效率的提高，但这并不意味着救济权的缺乏和丧失，对其可实行单一的生效后救济，这符合该类裁定不涉及实体判断的属性和迅速简便救济的理念。其次，实体性裁定和程序关口裁定在送达后不立即生效——上诉期间内不发生法律效力，上诉期间届满后当事人未提起上诉的，该裁定生效。

2. 民事裁定的生效期日

从民事效力产生时限上看，通常有当日生效和第二日生效两种，现行法和相关司法解释对该问题出现矛盾性规定。《民事诉讼法》第82条规定："期间包括法定期间和人民法院指定的期间。期间以时、日、月、年计算。期间开始的时和日，不计算在期间内。期间届满的最后一日是节假日的，以节假日后的第一日为期间届满的日期。期间不包括在途时间，诉讼文书在期满前交邮的，不算过期。"《最高人民法院关于适用〈中华人民共和国民事诉讼法〉若干问题的意见》第79条规定："依照民事诉讼法第七十五条第二款规定，民事诉讼中以日计算的各种期间均从次日起算。"除此之外，其他的法律和司法解释在具体规定时广泛采取"之日起"的计算标准。譬如，《民事诉讼法》第164条规定："当事人不服地方人民法院第一审判决的，有权在判决书送达之日起十五日内向上一级人民法院提起上诉。当事人不服地方人民法院第一审裁定的，有权在裁定书送达之日起十日内向上一级人民法院提起上诉。"

二、民事裁定的不发生法律效力

民事裁定的不发生法律效力是以其未生效为标志的。不发生法律效力不是效力状态的缺失，也不是效力状态的待定，更不是法律效力的丧失，而是已经生成的民事裁定的效力的暂时不发生。"在不发生法律效果的意义上，并非无效，充其量只是一种可透过上诉或再审要求废弃的可能性。"① 民事裁定在特定法律条件下不具备法律效力，是以未生效为标志的，包括原始产生和转换产生两种情形。此时该裁定对做出法院本身是具有约束力和自缚力的，做出法院不得在没有法定事由发生的情况下对自己做出的民事裁定进行补正、变更或撤销，但出现笔误的除外。

1. 可上诉的民事裁定在上诉期间内和上诉审理期间不发生法律效力

对现行法规定的可通过上诉途径予以救济的不予受理、驳回起诉和管辖权异议裁定，其效力主要有以下几种情形。首先，在上诉期间内不发生法律效力，此为该状态的原始产生，其目的在于尊重和等待当事人行使上诉选择权，旨在强调并维护民事裁定的既判力。《民事诉讼法》第164条第2款规定："当事人不服地方人民法院第一审裁定的，有权在裁定书送达之日起十日内向上一级人民法院提起上诉。"第154条第1、2款规定："裁定适用于下列范围：（一）不予受理；（二）对管辖权有异议的；（三）驳回起诉；……对前款第一项至第三项裁定，可以上诉。"其次，当事人在上诉期间届满后未提起上诉的，该裁定生效；提起上诉的，该裁定在二审期间内继续不发生法律效力，此为该状态的持续。再次，对于裁定的二审审理结果，要么为一审裁定认定事实清楚、适用法律正确，以裁定方式驳回上诉并维持原裁定；要么为一审裁定认定事实错误或者适用法律错误，以裁定方式依法改判、撤销或者变更。因此，若二审法院驳回上诉，维持该裁定，则该裁定生效，实现从未生效向生效的转换；若二审法院撤销或变更该裁定，则该裁定失效，实现从未生效向无效的转换。"抗告法院为裁定后，无待于再为废弃该裁定之裁定，当然失其效力。"② 对于判决的二审结果，还可能出现原判决认定基本事实不清，裁定撤销原判决，发回原审人民法院重审或查清事实后改判的情形，此时一审判决仍处于不发生法律效力的状态。《民事诉讼法》第170条第1款规定："第二

---

① [日] 三月章：《日本民事诉讼法》，汪一凡译，黄荣坤校订，五南图书出版公司1997年版，第364页。
② 杨建华：《问题研析——民事诉讼法（一）》，三民书局1999年版，第416页。

审人民法院对上诉案件，经过审理，按照下列情形，分别处理：（一）原判决、裁定认定事实清楚，适用法律正确的，以判决、裁定方式驳回上诉，维持原判决、裁定；（二）原判决、裁定认定事实错误或者适用法律错误的，以判决、裁定方式依法改判、撤销或者变更；（三）原判决认定基本事实不清的，裁定撤销原判决，发回原审人民法院重审，或者查清事实后改判；（四）原判决遗漏当事人或者违法缺席判决等严重违反法定程序的，裁定撤销原判决，发回原审人民法院重审。"

2. 再审审理期间原裁定不发生法律效力

审判监督程序的进行是以受审裁定的生效为基本要求的，受审裁定的失效也是提起再审的前提和基础。在再审审查阶段，主要是审查当事人的再审申请是否符合法定的再审事由，此时相关民事裁定是否存在错误、本诉是否能进入再审审理尚处于未知阶段，加之再审审查的期限较短，因此应不停止对该裁定的实施，该裁定继续有效。在再审审理阶段，法院另行组成的合议庭按相关审级对提起再审的案件进行重新审理，是以再审审查程序所得出的相关民事裁定存在错误为前提的，因此该裁定应转为未生效状态，此为该状态的转换产生。此时该处于再审状态的裁定有以下两个特点。首先，不再具备执行力，应中止执行以等待最终的再审结果。《民事诉讼法》第 206 条规定："按照审判监督程序决定再审的案件，裁定中止原判决、裁定、调解书的执行，但追索赡养费、扶养费、抚育费、抚恤金、医疗费用、劳动报酬等案件，可以不中止执行。"其次，如该裁定正经历的再审并非基于检察权而启动，则其不得同时成为检察权的作用对象。《人民检察院民事诉讼监督规则（试行）》第 31 条规定："当事人根据《中华人民共和国民事诉讼法》第二百零九条第一款的规定向人民检察院申请监督，有下列情形之一的，人民检察院不予受理：……；（三）人民法院已经裁定再审且尚未审结的；……"

三、民事裁定的无效

民事裁定的无效是以其失效为标志的。民事裁定的失效意味着其效力的丧失，至此该裁定对诉讼程序的作用和影响结束，其对法院和当事人不再具有法律约束力。"裁判的无效，有时产生于程序上的瑕疵，有时产生于裁判的内容。裁判的无效属极端的例外。但裁判虽未被废弃，有时却不能发挥其内容上的效力。此时，该裁判也可称其为无效。这种情况，该裁判在诉讼法上系有效存在，故不得将其视为不存在而予以忽略。"① 用于解决诉讼程序问题的民事裁定一般仅在诉讼期间有效。民事裁定的失效通常采用的是"自行"的方式，但也存在着因法院的另行裁判、单独宣告通知和专门撤销而失效的情形。

1. 民事裁定随着其所解决的问题的完结而自行失效

譬如，中止诉讼裁定因中止事由的消除而自动失效，诉讼恢复正常。《最高人民法院关于适用〈中华人民共和国民事诉讼法〉若干问题的意见》第167条规定："裁定中止诉讼的原因消除，恢复诉讼程序时，不必撤销原裁定，从人民法院通知或准许当事人双方继续进行诉讼时起，中止诉讼的裁定即失去效力。"

2. 民事裁定随着诉讼的结束而自行失效

譬如，先予执行裁定至本案最终判决生效并得到执行后自动失效。但是无效并不是每个民事裁定的必经状态，通常不具有独立性的民事裁定不因诉讼的结束而失效，其自始有效。譬如，补正裁定属于判决书的附件，其效力随判决书的效力而存在，不受时间的限制。

3. 民事裁定因后诉讼行为的开展和诉讼流程的推进而自行失效

譬如，就一事不再理而言，若当事人的起诉只是因形式要件的不完备而被裁定不予受理或驳回起诉，其在补正形式要件的情况下可再次起诉，法院受理该案后，原不予受理裁定或驳回起诉裁定自行失效。《最高人民法院关于适用〈中华人民共和国民事诉讼法〉若干问题的意见》第142条规定："裁定不予受理、驳回起诉的案件，原告再次起诉的，如果符合起诉条件，人民法院应予受理。"又如，当事人依法撤诉后，法院应做出撤诉裁定。此后当事人再次起诉且法院第二次受理后，原撤诉裁定自行失效。《最高人民法院关于适用〈中华人民共和国民事诉讼法〉若干问题的意见》第144条第1款规定："当事人撤诉或人民法院按撤诉处理后，当事人以同一诉讼请求再次起诉的，人民法院应予受理。"

4. 民事裁定因法院的专门变更、撤销或解除而自行失效

在做出民事裁定所依据的客观情况或案件事实发生变化或消失后，法

---

① ［日］三月章：《日本民事诉讼法》，汪一凡译，黄荣坤校订，五南图书出版公司1997年版，第364页。

院可以依职权或依当事人的申请变更、撤销或解除原裁定。民事裁定的撤销力和变更力不容否认，其可积极适用于先判决和先裁定。民事裁定的撤销，主要有两种情形。首先，做出民事裁定的法院可以根据情况直接撤销原裁定，不必通过一定程序特别加以撤销。其次，某些民事裁定在做出后具有撤销之前裁判的法律效力，这种撤销可以是明确的，也可以是默示的、自动的，无须单独强调，新裁定的做出就意味着对原裁定的撤销。譬如，再审裁定对原生效裁判的撤销，《最高人民法院关于适用〈民事诉讼法〉若干问题的意见》第201条规定："按审判监督程序决定再审或提审的案件，由再审或提审的人民法院在作出新的判决、裁定中确定是否撤销、改变或者维持原判决、裁定；达成调解协议的，调解书送达后，原判决、裁定即视为撤销。"对此，有观点认为："再审裁定具有停止原裁判的既判力的正当性、合理性。裁定再审应当同时作出撤销原裁判的裁定，或者在法律上明确赋予其具有令原审裁判被视为撤销的效果。"[①] 也有观点认为："按审判监督程序决定再审或提审的案件，只有再审或提审的法院才有权经审判在作出的新判决（不许使用裁定）中，对原判决作出撤销、变更或维持的决定。必须指出，审判实务中，有的法院对原判决进行撤销、变更或者维持时，采用了裁定形式，这是不合法的，应当改用判决的形式。对裁定的使用范围不许作扩大解释。"[②] 又如，在保全程序中，在被申请人依法提供担保后，法院会做出解除保全裁定，此时之前的保全裁定自行失效。《民事诉讼法》第104条规定："财产纠纷的案件，被申请人提供担保的，人民法院应当裁定解除保全。"

而我国台湾地区，"关于指挥诉讼之裁定，系随诉讼进行之状态而为，为使诉讼进行之顺畅，许为裁定者斟酌撤销或变更之，又或因其情况特殊，虽非指挥诉讼之裁定，亦许其自行撤销或变更，但仍以法律特别规定者为限"。[③] "皆为指挥诉讼之裁定，无羁束力，为裁定之法院得以自由废弃、变更或不为施行，因此，系随诉讼状况所为之裁判，为策诉讼进行计，所以不能不许原法院自为废弃、变更。"[④] "关于指挥诉讼之裁定，须随诉讼之状态而为，若不许指挥者自行撤销或变更其裁定，无以达到指挥

---

① 张丽霞：《论民事再审裁定的法律效力》，《公民与法》（法学版）2010年第7期，第9页。
② 叶自强：《论判决的既判力》，《法学研究》1997年第2期，第108页。
③ 杨建华：《问题研析——民事诉讼法（一）》，三民书局1999年版，第409页。
④ 邵勋：《中国民事诉讼法论》，中国方正出版社2005年版，第642页。

诉讼之目的。"①

5. 民事裁定因救济措施的开展而自行失效

譬如，可上诉的民事裁定在上诉期间内不发生法律效力，当事人在上诉期间内提起上诉后，该裁定在二审期间内仍不发生法律效力，但二审法院若撤销或变更该裁定，则该裁定失效。在我国台湾地区，"抗告法院为裁定后，无待于再为废弃该裁定之裁定，当然失其效力"。②

6. 民事裁定因当事人诉讼不作为而失效

譬如，就诉前保全裁定的效力维持时限而言，当事人在诉前保全完成后若不及时提起诉讼或申请仲裁（人民法院采取保全措施后30日内），法院将解除保全措施。《民事诉讼法》第101条第3款规定："申请人在人民法院采取保全措施后三十日内不依法提起诉讼或者申请仲裁的，人民法院应当解除保全。"

7. 民事裁定因审判行为的被纠正而失效

民事裁定特别是诉讼指挥裁定，是法院审判行为的外在表现形式和客观裁定，是法院审判决策的具体体现，其效力与其所代表和反映的审判行为应趋于一致。《民事诉讼法》在2012年的修改中增设了诉中检察监督，其中第208条第3款规定："各级人民检察院对审判监督程序以外的其他审判程序中审判人员的违法行为，有权向同级人民法院提出检察建议。"尽管纠违检察建议的柔性效力使得其在诉讼效果上具有不确定性，但纠违检察建议一旦被采纳，便意味着相关裁定及其所承载的审判行为的错误性得到承认并一同面临纠正，相关民事裁定也因为此种纠正而失效。

四、民事裁定的效力转换

某一民事裁定所拥有的初次效力状态可能持续存在，也可能随着诉讼的进展出现某些效力状态之间的相互转换（对民事裁定效力转换的例举详见表5-2）。民事裁定的稳定性要求非经法定程序不得随意改变和变更，这与其权威性相互支持并相互强化。

---

① 陈计男：《民事诉讼法论》，三民书局2009年版，第401页。
② 杨建华：《问题研析——民事诉讼法（一）》，三民书局1999年版，第416页。

表 5-2　对民事裁定效力转换的例举

民事裁定的效力转换	典型情况
自始生效	1. 程序指挥裁定一经做出即发生效力,程序指挥裁定在异议申请期间和申请准许后的异议审查期间内效力不中断,不停止对该民事裁定的执行,但法律特别规定提起异议时暂时停止其执行的民事裁定除外。异议审查的结果若认为该裁定认定事实清楚、适用法律正确、程序合法,申请异议的理由不成立,则驳回异议请求、维持原裁定,此时该裁定继续有效。 2. 不具有独立性的民事裁定不因诉讼的结束而失效,譬如,补正裁定,其属于判决书的附件,其效力随判决书的效力而存在,不受时间的限制。 3. 对于终结诉讼裁定,其针对不同的事项将产生不同的效力。如果该裁定针对身份关系事项,"则因一方当事人的人格已归于消灭,则另一方当事人所受羁束然消失,其在民法上的行为基础已不存在,当然不许其再行起诉",①此时其自始具有效力。如果该裁定针对的是非身份关系事项,"当事人之间的权利义务关系并未得到确定,应当允许当事人另行起诉"。②"该裁定只有结束诉讼程序的效力,没有实体上的效力。当事人对同一诉讼请求,还可以重新起诉,不受二重起诉的限制。"③因此,该裁定就本诉而言仍自始具有效力。
自始未生效	实体性裁定和程序关口裁定在上诉期间内不发生法律效力,当事人在上诉期间内提起上诉后,该裁定在二审期间内仍不发生法律效力,若二审法院撤销或变更该裁定,则该裁定自始未生效。
生效—未生效	再审案件是以生效裁判为对象的,而再审的重新审理是以原审裁判处于未生效状态为前提的。因此,对某一生效民事裁定进行再审时,再审裁定将使待审裁定从生效状态转移至未生效状态。《民事诉讼法》第 206 条规定:"按照审判监督程序决定再审的案件,裁定中止原判决、裁定、调解书的执行,但追索赡养费、扶养费、抚育费、抚恤金、医疗费用、劳动报酬等案件,可以不中止执行。"
生效—失效	1. 程序指挥裁定一经做出即发生效力,程序指挥裁定在异议申请期间和申请准许后的异议审查期间内效力不中断,不停止对该民事裁定的执行,但法律特别规定提起异议时暂时停止其执行的民事裁定除外,异议审查的结果若认为该裁定认定事实错误或不清、证据不足、适用法律错误或违反法定程序以致异议理由成立,在撤销、变更裁定或直接做出新裁定后,该裁定失效。 2. 诉讼中止恢复的情形出现后,诉讼中止裁定将失效。《最高人民法院关于适用〈中华人民共和国民事诉讼法〉若干问题的意见》第 167 条规定:"裁定中止诉讼的原因消除,恢复诉讼程序时,不必撤销原裁定,从人民法院通知或准许当事人双方继续进行诉讼时起,中止诉讼的裁定即失去效力。"
未生效—生效	实体性裁定和程序关口裁定在上诉期间内不发生法律效力,上诉期间届满后当事人未提起上诉的,该裁定生效;当事人在上诉期间内提起上诉后,该裁定在二审期间内仍不发生法律效力,二审法院若驳回上诉,维持该裁定,则该裁定生效。

① 夏永全:《民事裁定概念解析》,《西华大学学报》(哲学社会科学版) 2004 年第 4 期,第 62 页。
② 夏永全:《民事裁定概念解析》,《西华大学学报》(哲学社会科学版) 2004 年第 4 期,第 62 页。
③ 王锡三主编:《民事诉讼法研究》,重庆大学出版社 1996 年版,第 352 页。

第三节　民事裁定效力的作用范围

民事裁定的法律效力是指生效民事裁定所发挥的实际作用。民事裁定可能形成于诉讼的各个阶段，因此其主要产生诉讼法上的效力，该效力一般存在于本案的诉讼程序中，只限于法院在做出该裁定时已经认定的诉讼法律关系和诉讼法律事实，对该裁定形成之后才发生的事实状况不具有法律效力。

一、既判力

民事裁定的既判力是指民事裁定所裁判的程序事项或实体事项对后诉法院的效力。目前既判力更多的是针对民事判决而言，生效判决具有通用力或者确定力。"既判力是大陆法系民事诉讼法学的基本范畴，是指民事判决实质上的确定力，即形成确定的终局判决内容的判决，所具有的基准性和不可争议性效果。"[①] 传统观点认为："裁定乃原则上就程序事项所为之意思表示，程序上事项无为诉讼标的之法律关系可言，自不生既判力问题。裁定确定后，就为诉讼标的之实体上权利义务关系，固不生既判力，但经该裁定判断之程序事项，应亦有其实质上的确定力。"[②] 笔者认为，民事裁定种类繁多，对其既判力的认定不能一概而论，应将以解决当事人之间实体法律关系为目的的判决既判力理论改良性引入以处理诉讼程序问题为主的民事裁定之中。当然，民事裁定的既判力与判决的既判力存在一定的区别："表现之一是裁定的失权效果极少。这是因为两者的审理对象不同，本案判决以法律上的主张是否正当作为审理对象，因此，其既判力当然与一定的失权效果相结合。反之，裁定的审判对象大多为诉讼要件事实存在与否，因此，其既判力与失权效果相结合的余地较少。表现之二是裁定的既判力一般只有消极作用而无积极作用，本案判决的既判力却同时

---

① 吴明童：《既判力的界限研究》，《中国法学》2001 年第 6 期，第 76 页。
② 杨建华：《问题研析——民事诉讼法（一）》，三民书局 1999 年版，第 409 页。

具有积极作用和消极作用。当然,认为裁定的既判力无积极作用也非绝对,在一定情况下应当承认其积极作用。"①

1. 民事裁定既判力的作用

(1) 当事人和法院必须遵守民事裁定的既判事项

当事人不得就既判事项为重新主张、相异主张,法院不得在后诉或另诉中就既判事项为相异认定、矛盾裁判或重新审判,未经法定程序不得任意撤销或随意更改民事裁定。"有实质确定力之裁定,当事人及法院均不得再为相反之主张或认定。"②"除非按照审级规定进入另一套程序,否则裁决的内容是不可变更和撤回的,因为程序逐渐展开的过程就是法的空间逐渐形成的过程,在法的空间所形成的程序性裁决具有不可逆性。"③

(2) 民事裁定既判力的消极作用要求程序关口裁定即诉讼判决贯彻一事不再理原则

"如果程序的诉讼标的与前诉讼是一样的,无论是第一次诉讼的胜诉方再次要求同样的认定还是败诉方要求相对立的认定,新的诉讼都是不允许的。新的诉讼与既判力相冲突。"④ 对于非因形式要件的缺乏而被裁定不予受理或驳回起诉的诉讼标的,当事人不得再次起诉,否则法院不应受理而直接驳回。此外,在再审案件中,法院做出再审裁定后,再审申请人不得以其他再审理由为依据再次提起再审申请,其他当事人也不得再次提起再审申请。"既判力的出发点是国家司法制度不能容忍重新争讼,否则法院的负担将过于苛重。"⑤

(3) 民事裁定既判力的积极作用使得民事裁定具有先例约束,即产生预决效力

《民事诉讼法》第 150 条规定:"有下列情形之一的,中止诉讼:……;(五)本案必须以另一案的审理结果为依据,而另一案尚未审结的;……" 2001 年《最高人民法院关于民事诉讼证据的若干规定》第 9 条规定,已为人民法院发生法律效力的裁判所确认的事实,当事人无须

---

① 江伟主编:《中国民事诉讼法专论》,中国政法大学出版社 1998 年版,第 185 页。
② 杨建华:《问题研析——民事诉讼法(二)》,三民书局 1999 年版,第 412 页。
③ [日] 谷口安平:《程序的正义与诉讼》,王亚新等译,中国政法大学出版社 2002 年版,第 13 页。
④ [德] 罗森贝克、施瓦布、戈特瓦尔德:《德国民事诉讼法》,李大雪译,中国法制出版社 2007 年版,第 1153 页。
⑤ 沈达明:《比较民事诉讼法初论》,中国法制出版社 2002 年版,第 108 页。

举证证明。法官在前裁定中认定的事实和产生的效果，是其做出后裁定的基础，在后裁定的形成过程中具有证据作用，可直接使用而无须另行证明和审查。"民事诉讼中的既判力，在大部分情形均以前裁判中的认定对后诉讼的认定作内容上的约束这一形态出现，而上述禁止重复提起同一事件的消极形态较为少见。"①

(4) 相关实体性问题在民事裁定中的被认定不具有既判力，不应对法院其后的实体审理产生约束力

相关实体性问题在民事裁定中的被认定应界定为是对程序事实的补助性认定，认定效力仅限于该裁定的范畴，法院在其后对民事权利义务争议的审理过程中可给予相反性认定。以管辖权异议裁定为例，法院对管辖权异议案件的审理应以形式审查为主，实质审查为辅。审理需要解决的主要事项的性质是区分程序审查和实体审查的标准，而不能简单认为凡是涉及案件实体情况的审查均为实体审查。管辖权异议程序中法院所应解决的主要问题是审查管辖权的已有分配是否合法，因而程序性问题理应成为法院关注的焦点。尽管此时管辖权异议案件所依附的实体纠纷尚未进入实质审理阶段，且法庭此时也无权对实体纠纷进行审理，但诸多实体性问题却为关系管辖的重要联结点，因此，法院在对管辖权异议案件审理阶段审查相关证据、对相应的实体问题进行查明判断是不可或缺的。对程序性问题的审查理应并非仅限于对该问题做程序审查，实体审查应同样包括，此时的审查虽然包括对案件情况的实体性认定，但解决问题的目标的仍是程序性事项。实务中，很多情况下某一问题究竟是程序性问题抑或实体性问题本身就属于法官的裁量范围。正如江平教授所言，"形式问题与实体问题在很多情况下并不是能够截然分开的，例如合同是否已经履行，无疑是实体问题，但这一问题却同确定买卖合同的地域管辖有关"。② 需要强调的是，此时对实体问题的关注角度应仅限于有利于相关管辖问题的查明，不可盲目扩大对实体问题的审理而影响该阶段的程序性审理目标。"法国最高司法法院第二民事庭1983年5月9日的规定，当（一审）法官就管辖权事由做出宣告但没有进行实体审理时，上诉法院即使裁决了管辖权所

---

① [日] 三月章：《日本民事诉讼法》，汪一凡译，黄荣坤校订，五南图书出版公司1997年版，第34页。
② 江伟：《民事诉讼法专论》，中国人民大学出版社2005年版，第159页。

依赖的实体问题,也只能就管辖权问题做出裁判,可能情况下,只能提审争议实体。"① 但是目前在北京地区法院试点立案改革中,却存在由立案庭送达起诉状,并在答辩期内审查管辖权异议的情况。在管辖权异议阶段的质证是否可直接适用于后续案件的审理的问题上,出于维护法院司法权威的考虑,凡是在法院主持下(即使不是正式开庭)被固化或记录在案的证据,均具有相应效力,被法院书面裁定认可的事实具有推定真实效力。

2. 民事裁定既判力的涵盖范围

民事裁定既判力受到限制不容置疑,但受限标准却存在一定的争议。有观点认为:"就立法论而言,无论裁定的客体是以实体权利或法律关系为内容,还是以程序事项为内容,均有既判力(但诉讼指挥的裁定和法律另有规定的裁定除外)。不同客体的裁定,其既判力的作用也不相同。"② 也有观点认为:"裁定如以实体权利或法律关系之存在为内容者,即有既判力,否则无既判力可言。"③ 在德国,"裁定中也有一部分能够具有既判力。裁定的既判力能力既不能一概否定,也不是所有的裁定都能具有既判力。只有具有形式既判力并且不能被变更的裁定才能获得实质既判力;此外,它必须在同一诉讼或者另一诉讼中能够具有决定作用。"④ 在法国,"中间判决以及依申请做出的裁定或紧急审理裁定对本诉讼不产生既判力,因为它们并不裁决争议"⑤ "虽然可以肯定裁定具有既判力,但并非所有的裁定均具有既判力,不同种类的裁定,其既判力有无的判断是不一样的。"⑥ 笔者认为,无论是就程序事项还是就实体事项所做的民事裁定,凡是具有终局性的就具有既判力,不具有终局性的则不具有既判力。

(1) 程序指挥裁定无既判力

程序指挥裁定旨在指挥诉讼,其既非对实体性法律关系的决断,也非

---

① 罗结珍译:《法国新民事诉讼法典》,法律出版社2008年版,第163页。
② 江伟主编:《中国民事诉讼法专论》,中国政法大学出版社1998年版,第186页。
③ 陈荣宗:《诉讼当事人与民事程序法》,三民书局1987年版,第233页。
④ [德] 罗森贝克、施瓦布、戈特瓦尔德:《德国民事诉讼法》,李大雪译,中国法制出版社2007年版,第1153页。
⑤ [法] 让·文森、塞尔日·金沙尔:《法国民事诉讼法要义》,罗结珍译,中国法制出版社2001年版,第241页。
⑥ 许少波:《论民事裁定的既判力》,《法律科学》2006年第6期,第120页。

法院对当事人请求的回应，而是法院根据诉讼进行状态和法律相关规定依职权做出的，旨在保障诉讼顺畅进行。当影响诉讼进行的原情形消失或新情形产生时，法院应及时自行变更、撤销原裁定或做出新裁定以维护新的诉讼进程，因此程序指挥裁定将不会对法院产生既判力，法院在做出新裁定时并不需要撤销原裁定。有相反观点认为："否认法院就程序事项所作的裁定具有既判力，同否认确定判决的既判力一样，也会影响法院的威信和浪费无益的程序。"①

（2）程序关口裁定具有既判力

程序关口裁定的本质是诉讼要件裁定，其不是针对诉讼请求所做的判断，也并不直接涉及当事人的实体权利义务关系，但其作为针对诉讼标的而非单纯程序事项的判断，诉讼的进行与否将直接作用于当事人实体权利义务关系的分配，因此该类裁定能够产生实质确定力。综上，一审受理、不予受理、驳回起诉裁定，二审受理、不予受理裁定，再审受理及驳回再审申请裁定，准予执行裁定及驳回执行申请裁定，准予撤诉裁定，撤销原判发回重审裁定，中止诉讼裁定，终结诉讼裁定，中止执行裁定，终结执行裁定，不予执行仲裁裁决裁定，不予执行公证机关赋予强制执行效力的债权文书裁定等均具有既判力。也有相反观点认为："尽管在立法论上应认为不予执行仲裁裁决裁定，不予执行公证机关赋予强制执行效力的债权文书裁定是有既判力的，但从司法论上看，法院在作出裁定之前，仅进行形式上的审查，不作实体上权利存否之判断，故实务上认为该裁定无既判力。"②

诉讼要件裁定在大陆法系国家被称为诉讼判决，即对原告起诉是否符合诉讼要件的判断。"法院所作驳回起诉之裁判的既判力成为驳回当事人于基准时后仍不具备起诉条件情况下为再次起诉的理据。诉讼判决之既判力仅对所裁判的不符合诉讼条件的某单个要件发生效力，而不对诉讼的一般的全部之要件发生效力。"③"法院认为原告起诉不合法，以裁定驳回原告之诉者，法院于裁定中已判断其诉讼有如何不合法情形，其裁定如经确定，关于该判断事项，自有实质上确定力。法院认为原告之上诉，有如何

---

① 江伟：《中国民事诉讼法专论》，中国政法大学出版社1998年版，第185页。
② 江伟：《中国民事诉讼法专论》，中国政法大学出版社1998年版，第186页。
③ 许少波：《论民事裁定的既判力》，《法律科学》2006年第6期，第120页。

不合法情形，裁定驳回者，其就上诉不合法所为之判断，自亦有实质上确定力，当事人不得再就该诉讼请求上级法院为审判。"① "承认诉讼判决的既判力，可以使当事人免于就同一事件重复提起欠缺同一诉讼要件之诉，也可以使法院免于重复为同一判断，从而赋予诉讼要件的解决以安定性。既然德国、日本学理普遍认同诉讼判决的既判力，那么其认同的理由同样可以适用在诉讼要件的裁定上。"② "如以审判权之不存在或仲裁契约之存在等诉讼要件之欠缺为理由，驳回原告之诉时，同一当事人就同一事件重复提起欠缺同一诉讼要件之诉时，有使法院免予重复为同一判断，及赋予关于诉讼要件的纷争之解决以安定性之实际上的必要。"③ "在确定地驳回诉讼以后再次提起同一诉讼，这样的诉讼与既判力相冲突。提出同一生活事实的其他细节或者新的证据手段并不使新的诉讼合法化。由于诉讼标的通过请求被具体化，如果在前诉中被驳回以后以同一请求提起新的诉讼，原则上，该新诉讼就是与既判力相冲突的。不过请求是否相同，只要同一性不是已经从本身得到澄清，就需要通过从诉讼理由中陈述的案件事实来解释。"④ "诉讼判决的既判力，只能从诉讼法上进行合理的说明，而不可能从实体法的角度予以解释。"⑤ 当然，诉讼判决的既判力主要是针对当事人适格和诉的利益这两个诉讼要件而言。"如诉讼判决系以欠缺起诉行为之有效要件之诉讼能力为之，则不生既判力。"⑥ "诉讼判决的既判力限于该判决中所裁判的诉讼问题，因此，只有当对相同当事人之间的同一法律问题进行裁判时才发生效力。因没有地域管辖权而作出的驳回裁判对另一法院今后的移送没有约束力。"⑦ "与本案判决的既判力相比，诉讼判决的既判力具有三个方面的特殊性：（一）诉讼判决的既判力只针对作为驳回起诉理由的诉讼要件而产生，而不对其他诉讼要件产生拘束力。这种既判力并不是一般地确认该诉讼的诉讼要件不存在，其针对的仅仅是作为驳回理由的诉讼要件。也就是说，关于欠缺具体的每个诉讼要件的判断不仅

---

① 杨建华：《问题研析——民事诉讼法（二）》，三民书局1999年版，第411页。
② 江伟主编：《中国民事诉讼法专论》，中国政法大学出版社1998年版，第184页。
③ 王建国：《司法裁定既判力的法理分析》，《商丘师范学院学报》2009年第8期，第103页。
④ ［德］罗森贝克、施瓦布、戈特瓦尔德：《德国民事诉讼法》，李大雪译，中国法制出版社2007年版，第1165页。
⑤ 叶自强：《中国民事诉讼法》，法律出版社2004年版，第356页。
⑥ 李木贵：《民事诉讼法》，元照出版有限公司2007年版，第737页。
⑦ 陈荣宗：《法院依法所为裁定之既判力》，《法学丛刊》第97期，1980年版，第27页。

仅是判决理由中的判断，而且也成为判决主文并特定诉讼判决的既判力的对象。因此，只要原告对作为驳回理由的诉讼要件作出补正，就可以提起再诉；通过这种处理，在被驳回起诉时原告也可以较容易地提起再诉，因为驳回起诉的判决并未对案件进行实体审理，原告至少应当获得一次接受本案审理的机会。（二）对于作为起诉行为有效要件的诉讼能力要件所作出的驳回起诉判决，该判决的既判力并不发生遮断后诉的作用。在因无诉讼能力而导致起诉无效的情形下，当当事人在法院作出驳回起诉判决后再次提起诉讼的，法院必须就原告在提起再诉时是否具有诉讼能力进行再一次审理，前诉驳回起诉判决的既判力并没有发生作用，因为行为能力的存在与否应以行为时的状态来判断。（三）驳回起诉判决的既判力也存在着标准时的限制问题。但是，标准时前存在事由的把握应当趋于宽松化。在本案判决驳回请求的情形下，原告本可避免驳回请求但未作出这种行为时，让其产生失权的效果是妥当的。但是，在诉讼判决的场合下，如果让其产生失权的效果，则不太妥当。因为诉讼判决是未经过本案审理程序而作出的判决，必须保障原告至少接受一次本案审理的机会。"①

（3）实体性裁定无既判力

法院在对案件的某些程序问题采取相应的措施时会不可避免地触及实体问题，为此民事裁定也会涉及中间性实体问题，但不从根本上解决该实体问题。一般认为，只要法院裁判所涉及的是实体问题，且该裁判属于独立、终局判断，其便具有既判力。实体性裁定虽涉及实体权利和义务，但并非终局性的解决，不是决定实体问题，"而是对民事权利和义务的临时行为，最后仍需服从判决，所以仍属程序问题"。② 实体性裁定可通过申请撤销或者本案判决予以否定，其只是假定的、临时的和中间性的手段。"民事保全裁定程序欠缺诉讼程序特性，保全程序性质具有司法行政性，保全裁定并非确定的具有实质意义的裁判，只是一时应急处置，并且只具有暂定性。因此应否认其既判力。"③ "财产保全与先予执行裁定的主要目的是为了保障诉讼的顺利进行，并非终局性地解决程序性事项的裁定，并且诉讼中的需要，法院可以作出新的裁定以解除原裁定，因此它们不具有

---

① 邓辉辉：《既判力理论研究》，中国政法大学出版社2005年版，第88页。
② 杨荣馨主编：《民事诉讼法学》，中央广播电视大学出版社1995年版，第321页。
③ 李木贵：《民事诉讼法》，三民书局2006年版，第54页。

既判力。"① 在德国,"由于假扣押诉讼不是对需要保障的权利,而是对强制担保的合法性进行裁判,因此,以裁定或者判决拒绝扣押或者假执行申请不会对于本案发生既判力效力。"② 在法国,"具有对审保全性质的紧急审理程序,紧急裁决令对本案不具有既判力,本案法官作出的本案判决在内容上也不必受紧急裁决令内容的约束。不过紧急裁决令的内容对担任紧急审理的法官本人有约束力,紧急裁决令只有在出现新的情况时才可以被修改或撤销"。③

(4) 部分非讼裁定具有既判力

"在日本民事诉讼法中,对于非诉程序的决定以及诉讼中关于程序的决定、命令等其他裁判形式不具有既判力。"④ 在我国,有观点认为:"非诉讼事件的裁定既然是法院对实体法律关系作出判定,非讼事件的争执事项所为的裁定就理当具有既判力。"⑤ 也有观点认为:"依非讼程序对实体法律关系所作裁判不具有既判力,对程序事项所作裁判则有既判力。当然,在例外情况下,如果在非讼程序中,对实体法律关系所作裁判是依据诉讼法理作出的,也可承认其既判力。"⑥ 笔者认为,民事裁定有无既判力与其是经诉讼程序所为还是非讼程序所为并无必然关系。非讼事件包含无讼争性和有讼争性两类,无讼争性的非讼裁定无既判力,有讼争性的非讼裁定所涉及的问题仍然属于实体内容,因而该类裁定具有既判力。譬如,认定公民无民事行为能力、限制民事行为能力案件涉及诉讼主体资格问题,认定财产无主案件涉及权利归属问题,确认以及宣告失踪、宣告死亡案件涉及能引起实体法律关系发生、变更、消灭的事实认定问题。"就非讼程序的争执事项所作出的裁定有既判力。"⑦

3. 民事裁定既判力的发生时间

"既判力是裁判终局性、公权性判断的一大属性。因此,在裁判已经形成但尚不属终局性时,也就是在制度上或不服声请中仍存在变更裁判的

---

① 许少波:《论民事裁定的既判力》,《法律科学》2006 年第 6 期,第 120 页。
② [德] 罗森贝克、施瓦布、戈特瓦尔德:《德国民事诉讼法》,李大雪译,中国法制出版社 2007 年版,第 1157 页。
③ 张卫平、陈刚:《法国民事诉讼法导论》,中国政法大学出版社 1997 年版,第 274 页。
④ 王亚新:《对抗与判定——日本民事诉讼的基本结构》,清华大学出版社 2002 年版,第 337 页。
⑤ 王建国:《司法裁定既判力的法理分析》,《商丘师范学院学报》2009 年第 8 期,第 106 页。
⑥ 许少波:《论民事裁定的既判力》,《法律科学》2006 年第 6 期,第 125 页。
⑦ 陈荣宗:《法院依法所为裁定之既判力》,《法学丛刊》第 97 期,1980 年版,第 27 页。

余地时，该裁判尚无赋予既判力之必要。然而，所谓裁判的终局性结果，发生在所有的声明不服，即第二审上诉、第三审上诉、抗告的途径均已消失的时候。因此，裁判只有在这类通常声明不服的方法全部消失之后才能被确定。因此，应当说，既判力仅限于确定的裁判有之。"① 在德国，"复议结果的作出并不意味着复议裁定就取得了实质既判力，也不能肯定被复议的程序事项的正当性。因为在民事一审之后的程序中，当事人同样能以程序的瑕疵或者违法提起上诉或再审，程序性事项可以再次作为司法审查的对象。因而现行法中复议裁定只在复议发生的审级中发生复议效力，但从整个诉讼程序而言，则不具有实质的既判力。与我国复议制度相类似的德国抗告制度，在其法律条文中没有规定抗告裁定具有既判力，但是德国学者将既判力分为形式既判力和实质既判力。认为形式既判力的效力在于使任何诉讼都能找到终点，但形式既判力不能阻止败诉当事人通过上诉和通过法院对同一案件的新裁判来纠正他的不利结果。只有实质既判力才排除了对发生既判力的法律后果重新进行裁判的可能性"。② "如果根据特别命令不得声明不服，裁定自作出时发生既判力。如果他具有抗告能力，没有提起抗告或者抗告被撤回以及作为不合法被驳回的，裁定自即时抗告的期间届满时发生既判力，或者在此之前，裁定自舍弃抗告或抗告途径穷尽时发生既判力。"③

在笔者之前设计的民事裁定救济体系下，民事裁定发生既判力的条件在于其已无任何的救济可行，处于不能变更或废弃的状态。由于对民事裁定的救济包含生效前救济、生效后救济等，因此民事裁定的既判力基准时不能仅以生效时间为界，而应以其终局性为界，终局性民事裁定在生效后才发生既判力。具有终局性的民事裁定包括不能救济和救济失权两类，不能救济的民事裁定包括最高法院做出的民事裁定、根据异议审查结果做出的民事裁定和根据再审审理结果做出的民事裁定；救济失权的民事裁定包括异议期限届满而未提起异议的裁定和再审期限届满而未申请再审的裁定。

---

① ［日］三月章：《日本民事诉讼法》，汪一凡译，五南图书出版公司1997年版，第40页。
② ［德］汉斯-约阿希姆·穆泽拉克：《德国民事诉讼法基础教程》，周翠译，中国政法大学出版社2005年版，第324页。
③ ［德］罗森贝克、施瓦布、戈特瓦尔德：《德国民事诉讼法》，李大雪译，中国法制出版社2007年版，第1149页。

二、约束力

民事裁定的约束力即支配力,是指生效的民事裁定要求包括法院和当事人在内的诉讼主体必须依照其结论为一定行为或不为一定行为的效力,其是民事裁定强制性的效果体现。民事裁定的命令性要求法院和当事人必须按照生效民事裁定的内容行使权利和履行义务,受到民事裁定的约束。"命令裁判,不以有强行方法强制其履行为必要。"①

三、形成力

民事裁定的形成力是指民事裁定的生效使得诉讼法律关系发生、变更或消灭的效力。"改变诉讼法上的法律效果为标的的诉讼法上的形成制度,包括主张撤销裁判或者主张撤销准用裁判效力的行为之诉,譬如,再审之诉、撤销仲裁裁决之诉、撤销判决之诉,以及许多大陆法国家在执行程序中规定的请求异议之诉及第三人异议之诉等等。"②民事裁定的形成力通常以程序影响力的形式对诉讼程序产生积极效果,其积极作用于程序问题的确定力,具体表现为阻止诉讼程序的开始或结束程序、暂时中止程序、恢复程序等。"诉讼法上的形成之诉只有在与要求将已经存在于诉讼法上的一定效果恢复原状的诉讼相联系时,才能产生。并且,在大部分情形只需要相关的诉讼裁判的效力仅仅及于当事人之间。所以,这类诉讼具有相对性的效果。"③ 此外,"非讼裁定以形成裁定居多,法院以形成裁定来形成新的法律关系或身份关系"。④

四、执行力

民事裁定的执行力主要体现在具有给付内容的实体性裁定中,因此范围有限,其典型为保全裁定和先予执行裁定。"裁判的执行力使权利人可

---

① 邵勋:《中国民事诉讼法论》,中国方正出版社 2004 年版,第 593 页。
② 陶志蓉:《民事判决效力研究》,博士学位论文,中国政法大学,2004 年,第 47 页。
③ [日] 三月章:《日本民事诉讼法》,汪一凡译,五南图书出版公司 1997 年版,第 55 页。
④ 赵蕾:《非讼程序论》,中国政法大学出版社 2013 年版,第 157 页。

以向管辖的国家机构要求实现在裁判中向义务人颁布的给付命令。执行力和既判力不是同一的,因为既判力和执行力可以相互独立存在。一些裁判没有既判力却可以执行,如假执行的裁判和保留判决,另一些裁判有既判力却不能执行,例如从种类上划分的确认判决和形成判决。"① 实体性裁定具有执行力意味着其既是当事人自行履行的依据,也是法院强制执行的根据。

---

① [德]罗森贝克、施瓦布、戈特瓦尔德:《德国民事诉讼法》,李大雪译,中国法制出版社2007年版,第1144页。

第六章 民事裁定的执行实施

民事裁定的执行实施是指依照民事裁定的内容发生某项法律上的效果。对民事裁定的实施非仅指对裁定的强制执行，依裁定的效力使得诉讼法律关系发生相关变化，亦属于裁定的实施范畴。现行法所规定的对民事裁定的实施是以"执行"代称的。譬如，《民事诉讼法》第116条规定："拘传、罚款、拘留必须经院长批准。拘传应当发拘传票。罚款、拘留应当用决定书。对决定不服的，可以向上一级人民法院申请复议一次。复议期间不停止执行。"第199条规定："当事人对已经发生法律效力的判决、裁定，认为有错误的，可以向上一级人民法院申请再审；当事人一方人数众多或者当事人双方为公民的案件，也可以向原审人民法院申请再审。当事人申请再审的，不停止判决、裁定的执行。"笔者认为，此时应不拘于文字意思而对"执行"做扩大解释，"执行"不是狭义的仅指对含有给付内容实体性裁定的强制执行，而是广义的对民事裁定内容的实现，包括对诉讼行为的强制实施。"当事人或诉讼关系人如应按裁定内容为一定之行为，或依裁定内容当然生某法律上之效果者，亦为广义之执行力。"① 民事裁定的实施是受该裁定效力约束的主体的义务之所在，其既是当事人和相关诉讼参与人履行民事裁定的过程，也是法院保障法律落实的实现阶段，是民事裁定运行过程中的必需环节和最后环节，是法律威严的体现阶段，是当事人尊重法律的表现阶段。民事裁定只有在法律效力实现后，才能充分体现其在诉讼中的价值，才能达到调整诉讼和保护当事人诉讼权利的目的。

---

① 杨建华：《问题研析——民事诉讼法（一）》，三民书局1999年版，第415页。

第一节　民事裁定的实施主体

"自由的历史基本上是奉行程序保障的历史。"[①]鉴于民事裁定的效力及于当事人、法院、检察院及其他诉讼参与人等诉讼参加人，因此其都将成为民事裁定的实施约束对象。资格和能力是民事裁定实施主体的重要衡量标准，义务人是否具有履行特定义务的能力应依据其是否具有履行该特定义务所必备的条件和技能来判断。

一、当事人

当事人作为部分民事裁定效力的制约者，应遵循民事裁定为其设定的义务，当事人对民事裁定的实施是其基本诉讼义务之所在。当事人对民事裁定的实施有时具有独立性，有时需要裁定生成机关的配合，有时还需要对方当事人的协作。尽管当事人和其诉讼代理人在诉讼立场和诉讼地位上具有一致性，但鉴于某些民事裁定具有人身依附性，对该类裁定的实施只能由当事人本人进行。此外，对某些民事裁定的实施还要求进行实施的当事人事先具备一定的能力和条件。譬如在对先予执行裁定的实施中，行为人的财产给付能力势必源于其拥有一定的现实财产或预期财产。

二、法院

法院对民事裁定进行实施的本质是以强制力干涉或改变当事人之间的诉讼法律关系状态，其作为民事裁定的实施主体，既有独立实施的一面，也有与当事人共同实施的一面，在共同实施中既有同时实施的情形，也有先后实施的情形。在以当事人为实施主体的某些民事裁定的实施过程中，若当事人拒不实施，法院可依职权或依对方当事人的申请代为强制实施，此时该裁定的实施主体从当事人转换为法院。

---

① 章武生：《程序保障：司法公正实现的关键》，《中国法学》2003年第1期，第79页。

1. 法院对程序性裁定的实施

由法院予以实施的程序性裁定包括指令管辖裁定、移送管辖裁定、中止诉讼裁定、终结诉讼裁定、证据保全裁定、行为保全裁定、财产保全裁定、先予执行裁定、二审维持原判裁定、指令再审裁定、中止执行裁定、终结执行裁定、执行回转裁定、确认外国法院裁决效力裁定等。

2. 法院对实体性裁定的实施

法院对实体性裁定的强制执行存在内部部门分工问题。鉴于法院内部多部门之间的职能分工,目前我国将实体性裁定的实施主体设置为审判庭,采用传统的审执合一的执行方式,其目的在于简化财产保全的执行过程,提高执行效率,从而满足财产保全时效性的要求(对实体性裁定申请执行的启动流程见图6-1)。《最高人民法院关于人民法院执行工作若干问题的规定(试行)》第3条规定:"人民法院在审理民事、行政案件中作出的财产保全和先予执行裁定,由审理案件的审判庭负责执行。"将实体性裁定的执行权交由审判庭尽管简化了执行过程,但也存在一些弊端。首先,审判工作和执行工作的性质不同,前者要求法官具有消极性和被动性,实施居中裁判,后者要求法官具有一定的主动性。其次,将执行权赋予审判庭会在一定程度上加重审判法官的工作负担,进而影响其对其他案件的审理。再次,审判人员自身缺乏执行经验。笔者认为,审执分立是世界的发展趋势,我国各级法院的执行庭专门负责执行工作,审执分立的格局在我国基本形成。将实体性程序问题的裁决权赋予审判庭、将执行权赋予执行机构的做法体现着法院内部分工的专业性,这与移送执行的启动方式相吻合。对于审执分离后法院不同工作部门间工作脱节、责任相互推诿的问题,可以通过加强法院内部管理,明确职能分工的方法予以解决。

立案庭或审判庭将实体性裁定书送达当事人——当事人接收实体性裁定书——当事人向执行庭提出执行申请——当事人缴纳费用——执行程序启动

图6-1 对实体性裁定申请执行的启动流程

三、其他诉讼参与人

对于以证人、鉴定人、专家辅助人、勘验人、翻译人甚至是案外人为主体的裁定，尽管其数量较少，但相关诉讼参与人在其中的主体性实施地位不容置疑。"诉讼代理人、证人等诉讼协助人根据不同的法律规定和理由进入民事诉讼，诉讼协助人与当事人、法官之间形成诉讼协助法律关系，其要遵从民事诉讼法和相关法律规范，承担相应的义务"，[①] 其他诉讼参与人在相关民事裁定实施中所发挥的作用更多的是协助和配合，是辅助性实施。譬如，对书记员、翻译人员、鉴定人、勘验人的回避裁定，准许证人不出庭裁定，鉴定人出庭裁定，专家辅助人出庭裁定，案外人协助调解裁定，案外人协助勘验裁定，案外人协助调查裁定，案外人协助执行裁定，等等。《民事诉讼法》第44条规定，回避适用于书记员、翻译人员、鉴定人、勘验人。第73条规定："经人民法院通知，证人应当出庭作证。有下列情形之一的，经人民法院许可，可以通过书面证言、视听传输技术或者视听资料等方式作证：（一）因健康原因不能出庭的；（二）因路途遥远，交通不便不能出庭的；（三）因自然灾害等不可抗力不能出庭的；（四）其他有正当理由不能出庭的。"第78条规定："当事人对鉴定意见有异议或者人民法院认为鉴定人有必要出庭的，鉴定人应当出庭作证。经人民法院通知，鉴定人拒不出庭作证的，鉴定意见不得作为认定事实的根据；支付鉴定费用的当事人可以要求返还鉴定费用。"第79条规定："当事人可以申请人民法院通知有专门知识的人出庭，就鉴定人作出的鉴定意见或者专业问题提出意见。"第243条规定："被执行人未按执行通知履行法律文书确定的义务，人民法院有权扣留、提取被执行人应当履行义务部分的收入。但应当保留被执行人及其所扶养家属的生活必需费用。人民法院扣留、提取收入时，应当作出裁定，并发出协助执行通知书，被执行人所在单位、银行、信用合作社和其他有储蓄业务的单位必须办理。"第249条规定："法律文书指定交付的财物或者票证，由执行员传唤双方当事人当面交付，或者由执行员转交，并由被交付人签收。有关单位持有该项财物或者票证的，应当根据人民法院的协助执行通知书转交，并由被交付人签收。有关公民持有该项财物或者票证的，人民法院通知其交出。拒不交出的，强制执行。"第251条规定："在执行中，需要办理有关财产权证照转移手续的，人民法院可以向有关单位发出协助执行通知书，有关单位必须办理。"

---

① 宋朝武主编：《民事诉讼法学》，厦门大学出版社2012年版。

第二节 民事裁定的实施启动

一、当事人启动

当事人启动对某一民事裁定的实施包括作为裁定实施方即义务主体时的自行启动和作为裁定效力约束相对方即权利主体时的申请启动两种情形。"对于实现行为请求权的执行,义务人拒绝履行行为,或者实施禁止的行为,经权利人申请,应当发出执行命令,责令义务人履行行为或者停止实施禁止的行为。"[①]

二、法院启动

法院启动对某一民事裁定的实施包括作为裁定实施方即义务主体时的自行启动、作为裁定效力约束相对方即权利主体时的职权启动和作为非裁定效力约束主体时的依权利人的申请启动。

表6-1 民事裁定的实施履行主体与实施启动主体的对应

实施履行主体 \ 实施启动主体	当事人启动实施		法院启动实施		
	义务人自行启动	权利人申请启动	依权利人申请予以启动	自行启动	职权启动
当事人履行实施	正常状态	义务人不实施的情况下,权利人申请启动	义务人不实施的情况下,权利人提出启动申请	禁止	义务人不实施的情况下
法院履行实施	不存在	法院不主动实施时,权利人提出启动申请		正常状态	

---

① 杨荣馨主编:《〈中华人民共和国强制执行法〉立法理由、立法例参考与立法意义》,厦门大学出版社2011年版,第520页。

第三节 民事裁定的实施措施

实施措施即实施手段，是指民事裁定效力的实现方法。民事裁定种类和特点的多样性决定其实施措施的丰富性。诉讼行为是诉讼活动的指向和工具，民事裁定对程序性事项的支配最终以对当事人、法院、检察院及其他诉讼参与人等诉讼参加人的行为控制为基本方法。

世界各国的强制执行法均将行为作为执行的客体，诉讼行为亦是民事裁定的实施对象，当民事裁定效力波及人不履行该裁定时，相关利害关系人有权申请法院强制履行或要求法院自行履行。《民事诉讼法》第252条规定："对判决、裁定和其他法律文书指定的行为，被执行人未按执行通知履行的，人民法院可以强制执行或者委托有关单位或者其他人完成，费用由被执行人承担。"《最高人民法院关于人民法院执行工作若干问题的规定（试行）》第60条规定："被执行人拒不履行生效法律文书中指定的行为的，人民法院可以强制其履行。对于可以替代履行的行为，可以委托有关单位或他人完成，因完成上述行为发生的费用由被执行人承担。对于只能由被执行人完成的行为，经教育，被执行人仍拒不履行的，人民法院应当按照妨害执行行为的有关规定处理。""行为本身是可以执行的，因为作为人的主观意识的外在表现的行为，必然要受到外界因素的制约，这就决定了它可以成为强制执行的客体。"[1]"行为请求权是指请求义务人为积极的行为；不作为请求权是指请求义务人不进行特定的行为，包括不作为及容忍。"[2]

一、程序性裁定的效力实现措施

程序性裁定以行为作为实施对象和标的，在效力上会对受约束主体的某种行为进行限制，但不能达到限制其人身自由的程度，因此程序性裁定

---

[1] 常怡主编：《强制执行的理论与实务》，重庆出版社1992年版，第85页。
[2] 杨与龄编著：《强制执行法论》，三民书局1998年版，第735页。

难以形成明确、直接的实施措施,实施具有抽象性,实施的结果也难以用具体的标准加以衡量,仅以效力的实现为目标。行为与人身密切联系,程序性裁定的效力实现措施以受约束主体的身体举动为基本特征,程序性裁定的强制性、及时性、无选择性、无替代性要求受约束主体对其的服从和履行更多的是一种行动上的作为或不作为,即行为义务,因此对程序性裁定的自觉性实施要求受约束主体积极主动履行裁定所包含的诉讼义务。

1. 当事人以单方面作为或不作为的方式履行民事裁定

当事人以作为的方式履行民事裁定,譬如,法院依法做出开庭审理裁定后,当事人就应准时准点到庭参加庭审。当事人以不作为的方式履行民事裁定,既包括从始不作为,也包括立即停止正在进行的相关行为。譬如,不予受理裁定依法做出后,当事人若不服可以通过上诉予以救济,若二审维持了原裁定,则当事人的再次重复起诉、缠诉甚至是上访就是对该裁定的违反和破坏。

2. 法院以单方面作为或不作为的方式履行民事裁定

譬如,对保全裁定的解除。《民事诉讼法》第104条规定:"财产纠纷案件,被申请人提供担保的,人民法院应当裁定解除保全。"

3. 各方主体多种诉讼行为的结合实施

结合实施在种类上包括法院的作为与当事人的作为相结合、法院的不作为与当事人的不作为相结合、法院的作为与当事人的不作为相结合、法院的不作为与当事人的作为相结合等。具体结合方式参见表6-2。

表6-2 程序性裁定的效力实现措施中的多方结合

	法院作为	法院不作为
当事人作为	裁定一审受理、裁定二审受理 裁定准予再审、裁定启动非讼程序 裁定准予执行、裁定恢复诉讼中止 恢复执行中止	裁定不予撤诉
当事人不作为	裁定管辖权异议、裁定补正笔误 裁定缺席判决、裁定公告送达	裁定一审不予受理、裁定一审驳回起诉 裁定二审不予受理、裁定驳回再审申请 裁定驳回执行申请、裁定驳回保全申请 裁定驳回先予执行申请、裁定准予撤诉 裁定诉讼中止、裁定诉讼终结

二、实体性裁定的效力实现措施

法院对实体性裁定的执行包括申请执行和移送执行两种方式。申请执行是指当事人在判决或者裁定做出后向法院提出执行申请，法院根据当事人的申请启动执行程序，其源于当事人对处分权的行使。移送执行是指法院根据案件的具体情况直接依职权将案件从审判庭移送到执行庭，进而启动执行程序。笔者认为，在实体性裁定的执行程序中，没有必要规定当事人的申请执行，应该将实体性裁定的申请程序和执行程序紧密衔接起来，法院无须当事人的申请即可依职权裁定启动程序。以财产保全裁定为例，申请人申请财产保全的目的在于防止被申请人对财产的转移和隐匿，避免正在发生或即将发生的侵害，其希望得到的是保护自己预期权益免受损害的切实行动，而非仅仅对其请求的承认，特别是诉前财产保全。针对这种紧急情况，申请人放弃权利或被申请人主动履行的情况基本不可能存在，且对财产保全裁定迅速有效地执行是诉前财产保全的基本要求。因此，强调法院依据职权启动财产保全的执行程序较为合理，没有必要规定当事人申请执行的情形。《最高人民法院关于人民法院执行工作若干问题的规定（试行）》第19条对移送执行的规定并未将财产保全裁定包含其中。

第四节　对拒不实施民事裁定的强制实施

"当事人和法院必须遵从民事诉讼法规定的程序和要件或者必须依据其所享有的诉讼权利和所承担的诉讼义务而实施相应的诉讼行为。"[1] 对拒不实施民事裁定的主体应予强制。

一、拒不实施民事裁定的违法行为

拒不实施民事裁定的行为是对法律规定的违反和对诚实信用原则的违

---

[1] 邵明：《民事诉讼行为要论》，《中国人民大学学报》2002年第2期，第104页。

背,对其的判断应以法院裁定发生效力的时间为标准。"诉讼行为不论法院(广义)之行为,或当事人之行为,倘违反诉讼程序之规定者,均不生该行为应有之效力。此因诉讼程序之规定,除训示规定外,均为维持诉讼秩序而设,且为强行法之性质,如违反规定,仍赋予完全效力,则规定即无意义。"①

1. 对民事裁定的公然不实施

根据主体类型,对民事裁定的公然不实施可分为当事人对民事裁定的直接不实施和法院对民事裁定的直接不实施。"各国诉讼立法所规制和救济的对象大多限于法院作为形态的违法行为,即滥用职权、超越职权的显性违法行为,对诉讼中不作为形态的违法行为,即失职行为或隐性违法行为规制较少,且往往缺少相应的救济机制。"②

根据行为方式,对民事裁定的公然不实施可分为作为之拒和不作为之拒,分别对应着不作为要求之裁定和作为要求之裁定。以作为的方式拒不实施民事裁定是指行为人故意违反民事裁定所确定的内容,实施民事裁定所禁止的行为或直接导致实施不能的行为;以不作为的方式拒不实施民事裁定是指行为人拒绝履行民事裁定所确定的特定作为义务。作为与不作为区分的关键在于是否负有特定法律义务,而不能绝对以积极与消极、动与静来区分作为与不作为,积极的身体动作不一定是作为,消极的身体动作不一定是不作为。如果行为人违反规定的是命令性规范,尽管其有积极的身体动作,但仍属于不作为。

2. 对民事裁定的隐蔽不实施

对民事裁定的隐蔽不实施表现为相关主体尽管对民事裁定进行了实施,但该实施行为若存在不当,此后未及时进行纠正,进而该民事裁定所设定的义务仍未得到实现,该裁定仍处于效力未予实施的状态。

(1) 实施民事裁定的诉讼行为存在瑕疵后的怠于治愈及本应治愈方式

"诉讼行为瑕疵,是指没有按照程序法的规定实施的诉讼行为。因此可以说,诉讼行为瑕疵是与程序法固定相关的形式意义上的概念。所以,对诉讼行为是否存在瑕疵人们考察的重点并不是审查行为的内容是否合乎法律规定,而是审查行为的方式是否与法律的规定相符合。"③ 诉讼行

---

① 王甲乙、杨建华、郑健才:《民事诉讼法新论》,三民书局1998年版,第111页。
② 廖永安:《法院诉讼行为要论》,《法学家》2003年第2期,第51页。
③ 刘荣军:《民事诉讼行为瑕疵及其处理》,《中国法学》1999年第3期,第14页。

瑕疵产生的原因可能是主观的，也可能是客观的，包括对主体的错误认识、当事人对程序事项的无知、当事人的代理人与当事人沟通不畅造成代理人实施的行为与当事人意思表示不一致等。

诉讼行为存在瑕疵后的治愈方式包括以下三种。第一，在法定期间内撤回有瑕疵的诉讼行为，消除其存在，继而实施新的无瑕疵的同种类诉讼行为。第二，通过实施新的诉讼行为以补正该瑕疵，此时原诉讼行为继续存在。譬如，增补起诉状中缺乏的法定内容，进而使得起诉行为成立。第三，进行追认。譬如，当事人以事后追认方式确认其代理人的代理权，进而使得之前的有瑕疵代理行为变为有效。"诉讼行为中存有欠缺必要能力或代理权的瑕疵时，可通过追认使之消失，溯及并有效。并且追认无时间限制，判决后也可进行。"①

（2）实施民事裁定的诉讼行为无效后的怠于治愈及本应治愈方式

与诉讼行为存在瑕疵相比，诉讼行为的无效重在强调其内容对法律规定的违反。"诉讼程序系由多阶段有连续的诉讼行为所构成，故诉讼行为之内容与形成，不宜任由当事人自由决定，而应由诉讼法予以规定。"②诉讼行为一旦被认定无效，将无法产生预期的法律效果，不能实现预期的诉讼目标，在诉讼价值的冲突中造成弊大于利的后果。因此，不能赋予无效诉讼行为预期的诉讼效力，本应受其控制的诉讼程序将恢复原状，返回到该行为没有实施前的状态。诉讼行为的无效包括绝对无效和相对无效，不可补正之无效和可补正之无效，原始的无效和事后的无效。

诉讼行为无效后的治愈方式包括以下四种。第一，重新实施，即有效期间内重新实施同种类的无瑕疵诉讼行为而获得期待的法律效果。第二，补正，即后诉讼行为通过弥补先无效诉讼行为在构成要件上的瑕疵，使得先诉讼行为取得预期的法律效力。第三，追补，即若后诉讼行为以先诉讼行为为条件，当先无效诉讼行为导致后诉讼行为无效时，通过弥补先诉讼行为的效力继而使得后诉讼行为获得法律效力。第四，该无效诉讼行为因对方当事人放弃责问权或者不予异议而获得其原有效果。《法国新民事诉讼法典》第 112 条规定："诉讼行为之无效，得随其完

---

① 廖永安、彭熙海：《当事人诉讼行为理论初探》，《南京大学法律评论》2004 年第 2 期。
② 陈计男：《民事诉讼法论》（上册），三民书局 2006 年版，第 292 页。

成,随时提出之;但是,如援引诉讼行为无效的人,在受到攻击的诉讼行为之后进行实体上的辩护或提出不受理请求,而不提出无效事由,此种无效不予追究。"① 《日本新民事诉讼法》第 90 条规定:"当事人在知道或应该知道违反有关诉讼程序规定的情况下,如果不立即申述其异议,则丧失对此申述异议的权利。但是,对于不能放弃的权利,不在此限。"② 譬如,在事前存在仲裁协议的纠纷中,一方当事人向人民法院起诉,该行为按照"或裁或审"原则本应归于无效,但对方当事人明知"仲裁排除管辖",却未提出异议而直接应诉答辩的,则法院依法取得了对该案的主管权,起诉人的起诉行为因对方当事人的应诉答辩而获得效力。该种情况还出现在默示协议管辖中,《民事诉讼法》第 127 条规定:"人民法院受理案件后,当事人对管辖权有异议的,应当在提交答辩状期间提出。人民法院对当事人提出的异议,应当审查。异议成立的,裁定将案件移送有管辖权的人民法院;异议不成立的,裁定驳回。当事人未提出管辖异议,并应诉答辩的,视为受诉人民法院有管辖权,但违反级别管辖和专属管辖规定的除外。"

二、拒不实施民事裁定的法律后果

1. 丧失诉讼权利

"当事人一方懈怠行使诉讼权利,实施诉讼行为,对相对方实施的诉讼行为长期没有作出表示或实施相应的诉讼行为,致使对方当事人以为其已经不会再实施诉讼行为且又实施了一定的诉讼行为以后,该当事人才开始行使其诉讼权利,并由此导致对方利益受到损害,法院应依据诚实信用原则对其所实施的诉讼行为予以否定。"③

2. 承担民事赔偿责任

当事人不实施民事裁定进而给对方造成经济损失或精神损失的,人民法院应责令民事裁定义务的违反者承担因此而产生的相关民事责任,包括财产性赔偿和精神性赔偿两个方面。

---

① 罗结珍译:《法国新民事诉讼法典》,中国法制出版社 1999 年版,第 26 页。
② 白绿铉译:《日本新民事诉讼法》,中国法制出版社 2000 年版,第 57 页。
③ 张家慧:《当事人诉讼行为与诚实信用原则》,载陈光中、江伟主编《诉讼法论丛》第六卷,法律出版社 2001 年版,第 791 页。

三、对民事裁定的强制实施

1. 对程序性裁定和实体性裁定的通用强制实施措施

鞭策性实施作为强制实施措施的通用手段,在本质上是对拒不实施民事裁定的行为加以责任惩戒。

(1) 当事人拒不实施民事裁定的行为及其责任承担。履行发生法律效力的裁判文书是当事人的基本诉讼义务,当事人拒不实施民事裁定主要表现为不遵守在指定期内进行或不得进行某项行动的要求。《民事诉讼法》第49条第3款规定:"当事人必须依法行使诉讼权利,遵守诉讼秩序,履行发生法律效力的判决书、裁定书和调解书。"如果被实施人对某一民事裁定持有看法,也应该首先尊重法院的司法裁判权,其次再通过合法途径寻求救济,当事人以某裁定适用法律不当或程序错误为由拒不实施裁定的做法是缺乏法律保护的。只要法院依法定程序对行为人做出裁定且该裁定业已生效,当事人就应当以维护司法权威为己任,履行该裁定所规定的义务。民事裁定是否存在错误最终是以法院的救济判断为认定标准的,而非任何个人的主观判断,法律不允许当事人根据自己对法院裁判的正当性的判断而决定是否予以实施,当事人不能以自己认为该裁定有误而拒不实施。如果当事人是因为客观困难致使裁定无法实施的,不应认定为其是在拒不实施民事裁定;如果由于实施人员手续不完备,态度蛮横粗暴等工作错误导致当事人抵制实施裁定的,也不宜认定为其是在拒不实施民事裁定,而应在纠正实施人员工作错误的基础上再实施该裁定。

对当事人拒不实施民事裁定的行为,有以下惩戒措施。

第一,诉讼法上的惩戒——妨碍实施的强制措施。对当事人拒不实施裁定的,应加重其责任,必要时可进行民事制裁。其中,当事人不遵守裁定的情节较轻微的,可先行教育,进而可强制实施;若当事人不遵守裁定的情节较为严重但尚不构成犯罪的,应对其采取妨碍民事诉讼的强制措施。"民事诉讼中的强制措施,是指法院在民事诉讼中,为了维护民事诉讼程序的正常进行而由法律规定的、对有妨害民事诉讼行为的人所采取的带有强制性的排除妨害民事诉讼行为的措施。"[①] 强制措施属于程序法上

---

① 田平安主编:《民事诉讼法原理》,厦门大学出版社2005年版,第234页。

的制裁，即对违反《民事诉讼法》、实施妨害民事诉讼的各种行为所给予的程序上的制裁。其中，实施了妨害民事诉讼的行为、在民事诉讼过程中实施以及有实施的故意是构成妨害民事诉讼行为的要件。《民事诉讼法》第111条规定："诉讼参与人或者其他人有下列行为之一的，人民法院可以根据情节轻重予以罚款、拘留；构成犯罪的，依法追究刑事责任：……（六）拒不履行人民法院已经发生法律效力的判决、裁定的。人民法院对有前款规定的行为之一的单位，可以对其主要负责人或者直接责任人员予以罚款、拘留；构成犯罪的，依法追究刑事责任。"《最高人民法院关于适用〈中华人民共和国民事诉讼法〉若干问题的意见》第283条规定："依照（原）民事诉讼法第二百三十一条规定，当事人不履行法律文书确定的行为义务，如果该项行为义务只能由被执行人完成的，人民法院可以依照（原）民事诉讼法第一百零二条第一款第（六）项的规定处理。"《最高人民法院关于人民法院执行工作若干问题的规定（试行）》第60条第3款规定："对于只能由被执行人完成的行为，经教育，被执行人仍拒不履行的，人民法院应当按照妨碍执行行为的有关规定处理。"可见，民事诉讼强制措施并非单纯的法律制裁和处罚手段，其亦是一种强制手段，具有排除妨害的功能，可制止妨害行为的继续进行。"我国实际上是将义务人拒不履行行为看作是妨碍民事诉讼行为，对义务人可以采取罚款、拘留等强制措施。然而，强制措施毕竟不同于执行措施，虽然对义务人进行了处罚，但权利人的权利并没有得到实现，执行的目的尚未达到，所以执行机构实施强制措施或者依法追究刑事责任后，义务人仍应履行义务。"①

第二，刑法上的惩戒——刑事责任。当事人拒不实施民事裁定情节严重的，特别是拒不执行实体性裁定情节严重的，将按拒不执行判决裁定罪予以追究刑事责任。《民事诉讼法》第111条第1款规定："诉讼参与人或者其他人有下列行为之一的，人民法院可以根据情节轻重予以罚款、拘留；构成犯罪的，依法追究刑事责任：……（六）拒不履行人民法院已经发生法律效力的判决、裁定的。"《刑法》将拒不执行判决裁定罪设置于妨害司法罪这一专节之中，其中的裁定是指具有执行内容并已经发生法律效力的裁定。《刑法》第313条规定："对人民法院的判决、裁定有能

---

① 杨荣馨主编：《〈中华人民共和国强制执行法〉立法理由、立法例参考与立法意义》，厦门大学出版社2011年版，第525页。

力执行而拒不执行，情节严重的，处三年以下有期徒刑、拘役或者罚金。"《刑法》第 314 条规定："隐藏、转移、变卖、故意毁损已被司法机关查封、扣押、冻结的财产，情节严重的，处三年以下有期徒刑、拘役或者罚金。"《最高人民法院关于审理拒不执行判决、裁定案件具体应用法律若干问题的解释》第 1 条规定："刑法第三百一十三条规定的'人民法院的判决、裁定'，是指人民法院依法作出的，具有执行内容并已经发生法律效力的判决、裁定。"《全国人民代表大会常务委员会关于〈中华人民共和国刑法〉第三百一十三条的解释》规定："刑法第三百一十三条规定的'人民法院的判决、裁定'，是指人民法院依法作出的具有执行内容并已发生法律效力的判决、裁定。人民法院为依法执行支付令、生效的调解书、仲裁裁决、公证债权文书等所作的裁定属于该条规定的裁定。"

（2）法院拒不实施民事裁定的责任承担。"对诉讼程序的关注和重视，一个重要的方面就是要对法官的诉讼行为予以严格规制。"[1] 作为主体的法院应承担相关的审判责任。《民事诉讼法》第 43 条规定："审判人员应当依法秉公办案。审判人员不得接受当事人及其诉讼代理人请客送礼。审判人员有贪污受贿，徇私舞弊，枉法裁判行为的，应当追究法律责任；构成犯罪的，依法追究刑事责任。"《国家赔偿法》第 38 条规定，人民法院在民事诉讼过程中，违法采取对妨害诉讼的强制措施、保全措施或者对判决、裁定及其他生效法律文书执行错误，造成损害的，赔偿请求人可以要求赔偿。《刑法》第 399 条第 2 款规定："在民事、行政审判活动中故意违背事实和法律作枉法裁判，情节严重的，处五年以下有期徒刑或者拘役；情节特别严重的，处五年以上十年以下有期徒刑。"此外，《法官法》《人民法院审判人员违法审判责任追究办法（试行）》《人民法院审判纪律处分办法（试行）》等都对作为民事诉讼法律关系实质主体的法官的职务责任都有明确规定。

对法院拒不实施民事裁定的行为，有以下强制措施。第一，当事人对法院拒不实施民事裁定的行为的救济。当事人可以通过审级利益和上下级法院之间的监督制约关系寻求保护。譬如，法院对利害关系人的起诉，若不置可否，则当事人可以通过上诉来请求上级法院对该法院的消极行为予以处置。《民事诉讼法》第 123 条规定："人民法院应当保障当事人依照

---

[1] 廖永安：《法院诉讼行为要论》，《法学家》2003 年第 2 期，第 51 页。

法律规定享有的起诉权利。对符合本法第一百一十九条的起诉，必须受理。符合起诉条件的，应当在七日内立案，并通知当事人；不符合起诉条件的，应当在七日内作出裁定书，不予受理；原告对裁定不服的，可以提起上诉。"对于法院怠于行使职责的行为，当事人可以以消极不作为为由提起行政诉讼。

第二，检察院对法院拒不实施民事裁定的行为的处理。《民事诉讼法》第14条规定："人民检察院有权对民事诉讼实行法律监督。"检察院作为法律监督机关，其对法院实施民事裁定合法性的监督是其职责之所在。检察院对法院拒不实施民事裁定这一情况的得知，可源于自身的调查，也可源于相关当事人的反映。譬如，法院逾期未对再审申请做出裁定的，当事人可以向人民检察院申请检察建议或者抗诉，由检察院作为法律监督机关对法院怠于实施裁定的现象进行处置。《民事诉讼法》第209条规定："有下列情形之一的，当事人可以向人民检察院申请检察建议或者抗诉：（一）人民法院驳回再审申请的；（二）人民法院逾期未对再审申请作出裁定的；（三）再审判决、裁定有明显错误的。人民检察院对当事人的申请应当在三个月内进行审查，作出提出或者不予提出检察建议或抗诉的决定。当事人不得再次向人民检察院申请检察建议或者抗诉。"依法提起检察建议或抗诉是检察院对法院拒不实施民事裁定的行为的处理方式。对于案件承办法官因自身个人原因引发的民事裁定无法得到实施，检察院可以以玩忽职守罪追究其个人刑事责任。《刑法》第397条规定："国家机关工作人员滥用职权或者玩忽职守，致使公共财产、国家和人民利益遭受重大损失的，处三年以下有期徒刑或者拘役；情节特别严重的，处三年以上七年以下有期徒刑。本法另有规定的，依照规定。国家机关工作人员徇私舞弊，犯前款罪的，处五年以下有期徒刑或者拘役；情节特别严重的，处五年以上十年以下有期徒刑。本法另有规定的，依照规定。"

（3）检察机关拒不实施民事裁定的责任承担。检察官在行使民事法律监督权的同时，应该承担相应责任。"我国有枉法裁判罪，但是没有枉法监督罪，检察官在民事诉讼中几乎是只行使监督权力，而没有有效的责任约束，这是在立法上值得思考和有待改进的。"[①]

（4）其他诉讼参与人拒不实施民事裁定的责任承担。拒绝履行确定

---

① 宋朝武主编：《民事诉讼法学》，厦门大学出版社2012年版。

义务和拒绝履行协助义务是其他诉讼参与人拒不实施民事裁定行为的主要表现。妨碍民事诉讼的强制措施是对其他诉讼参与人拒不实施民事裁定行为的惩戒。《民事诉讼法》第114条规定："有义务协助调查、执行的单位有下列行为之一的，人民法院除责令其履行协助义务外，并可以予以罚款：（一）有关单位拒绝或者妨碍人民法院调查取证的；（二）有关单位接到人民法院协助执行通知书后，拒不协助查询、扣押、冻结、划拨、变价财产的；（三）有关单位接到人民法院协助执行通知书后，拒不协助扣留被执行人的收入、办理有关财产权证照转移手续、转交有关票证、证照或者其他财产的；（四）其他拒绝协助执行的。人民法院对有前款规定的行为之一的单位，可以对其主要负责人或者直接责任人员予以罚款；对仍不履行协助义务的，可以予以拘留；并可以向监察机关或者有关机关提出予以纪律处分的司法建议。"

2. 对程序性裁定的特有强制实施措施

程序性裁定的效力实现有赖于受约束主体的切实履行，鉴于人的行为是无法彻底控制或者监控的，当受约束主体拒不履行民事裁定时，不能且无法直接对其人身进行强制，因此对其的强制实施在实践中存在较大的难度。"行为只是一个抽象概念，既不能为债务人所有或者支配，也不能作为债务人履行义务所依据的资料，执行法院也不能对之采取执行措施。"[①] 但是，程序性裁定并非不可实施或难以实施，可以退而求其次地采取和借助替代性、间接性强制措施和制裁方法来促使其履行，因此需通过明确规定受约束主体不按照民事裁定行事的惩戒后果来要求其重视该裁定，使其慑于法律的威严而不得不自觉实施该民事裁定，以此维护司法的权威。

3. 对实体性裁定的特有强制实施措施

"在诉讼保全、先予执行和驳回执行异议这样的事项上，虽然现行法律规定为程序事项，适用裁定而不是判决，但在我国目前的经济环境中，这类司法行为实际上是对当事人实体利益的强制处分，因为一旦保全错误或执行错误，虽然财产权利并未消失，权利人的财产却因司法行为错误而无法回转，因为获得不当得利的一方当事人往往没有返还能力，这些暂时性的强制措施实际上成为终局性财产处分。"[②] 我国《民事诉讼法》并没

---

① 孙加瑞：《强制执行实务研究》，法律出版社1994年版，第85页。
② 傅郁林：《民事裁判文书的功能与风格》，《中国社会科学》2000年第4期，第129页。

有对实体性裁定的执行程序进行单独规定，一方面实体性裁定适用《民事诉讼法》中对判决执行的基本规定，另一方面《最高人民法院关于人民法院执行工作若干问题的规定（试行）》对财产保全执行的相关问题进行了规定，实体性裁定因客体和对象的不同而需采取不同的执行措施。《最高人民法院关于人民法院执行工作若干问题的规定（试行）》第3条规定："人民法院在审理民事、行政案件中作出的财产保全和先予执行裁定，由审理案件的审判庭负责执行。"第91条规定："对参与被执行人财产的具体分配，应当由首先查封、扣押或冻结的法院主持进行。首先查封、扣押、冻结的法院所采取的执行措施如系为执行财产保全裁定，具体分配应当在该院案件审理终结后进行。"

对实体性裁定的特有强制实施措施包括：第一，对以行为为指向对象的实体性裁定的执行措施。在以行为为指向对象的实体性裁定的执行中，"行为"是指对当事人的利益有侵害或侵害之嫌的行为。《民事诉讼法》第100条第1款规定："人民法院对于可能因当事人一方的行为或者其他原因，使判决难以执行或者造成当事人其他损害的案件，根据对方当事人的申请，可以裁定对其财产进行保全、责令其作出一定行为或者禁止其作出一定行为；当事人没有提出申请的，人民法院在必要时也可以裁定采取保全措施。"针对侵害不作为的强制令、针对侵害作为的禁止令及监管令均是行为保全措施，此外，查封、扣押和冻结等措施不单是财产保全措施，许多行为保全措施的强制执行还需要查封、扣押和冻结措施的配合。

第二，对以财产为指向对象的实体性裁定的执行措施。对以财产为指向对象的实体性裁定的执行，应参照对民事判决的执行，查封、扣押、冻结是最主要的执行措施。《民事诉讼法》第103条规定："财产保全采取查封、扣押、冻结或者法律规定的其他方法。人民法院保全财产后，应当立即通知被保全财产的人。财产已被查封、冻结的，不得重复查封、冻结。"查封是对涉案人员的财物或场所就地封存的强制措施；扣押是为防止案件当事人处分、转移财产而对涉案财产采取的扣留、保管的强制措施；冻结是为防止违法行为人转移资金、抽逃资金而对涉案财产采取的限制其流动的一种强制措施。当然，财产保全中查封、扣押、冻结的侧重点还是区别于对民事判决的执行的，其重在预防和保护，而非及时实现，这是与保全措施属于限制性强制手段的性质相吻合的。法院在财产保全中采取查封、扣押财产措施时,应当妥善保管被查封、扣押的财产,当事人、负责保管的有关单位或个人以及法院都不得使用该项财产,并应及时以通知的方式保障当事人的知情权和了解权。法院对有偿还能力的企业法人,一般不得采取查封、冻结的保全措施。已采取查封、冻结保全措施的,不得对其再一次进行查封、冻结。如该企业法人提供了可供执行的财产担保或者可以采取其他方式保全的,应当及时予以解封、解冻。

第五节 民事裁定的实施期限

"期限,亦谓构成法律行为之意思表示之一部,使其法律行为之效力发生或消灭,系于将来发生之确定事实也。"[①] 对民事裁定的实施必然应受到期限的限制,实施期限将影响其效果的发挥。

一、民事裁定实施期限的起算

民事裁定自生效之时[②]就产生约束力,自约束力发生后即可予以实施。对已发生约束力的民事裁定及时进行实施是各方实施主体的义务之所在,是加快诉讼效率和维护诉讼节奏的基本要求。根据《民事诉讼法》第100条的规定,对于诉中保全,人民法院接受申请后,对情况紧急的,必须在48小时内做出裁定;裁定采取保全措施的,应当立即开始执行。根据第101条的规定,对于诉前保全,人民法院接受申请后,必须在48小时内做出裁定;裁定采取保全措施的,应当立即开始执行。

二、民事裁定实施期限的长短

"基于诉讼效率和时间经济性考虑,当事人权利的行使或权利的存在

---

① 史尚宽:《民法总论》,中国政法大学出版社2000年版,第501页。
② 对于民事裁定的生效时间,参见本书"民事裁定的法律效力"一章。

就要受到时间的限制。"① 鉴于民事裁定种类的多样性和参与实施主体的多元化,对民事裁定实施期限的长短不便也无法进行统一规定和单一规定,只能对其提出及时、迅捷、高效的基本要求。对于拒不参与实施、拒不配合实施、拖延实施的当事人和诉讼参与人,可适用妨碍民事诉讼的强制措施。《民事诉讼法》第 111 条规定:"诉讼参与人或者其他人有下列行为之一的,人民法院可以根据情节轻重予以罚款、拘留;构成犯罪的,依法追究刑事责任:……;(六)拒不履行人民法院已经发生法律效力的判决、裁定的。人民法院对有前款规定的行为之一的单位,可以对其主要负责人或者直接责任人员予以罚款、拘留;构成犯罪的,依法追究刑事责任。"

第六节　民事裁定在救济期间的停止实施

对本位民事裁定的实施和救济在一定程度上相互矛盾。救济意味着对民事裁定正确、合法与否的再判断,既然尚处于判断状态,那么就无实施可言。笔者认为,某一本位民事裁定在救济措施开展期间是否停止实施,应视具体情况而定,决定因素在于该民事裁定的性质、在诉讼中的作用及对其采取的相应救济措施的种类。

在我国台湾地区,"抗告法院审理抗告有无理由,系以抗告法院裁定时之诉讼资料为范围,抗告程序中并得斟酌新事实及证据,如系诉讼程序有关之裁定,因抗告不停止执行,其诉讼程序仍依该裁定内容行之,抗告法院于为裁定时,如诉讼程序或其他程序已经终结而无从回复者,抗告已失其目的,抗告法院仍不得不为抗告无理由之裁定,此乃抗告不停止执行所生之影响。惟如为裁定之原法院或审判长认为原裁定在抗告法院裁定前,有停止执行之必要者,得裁定停止原裁定之执行,抗告法院亦得在裁定前,停止原裁定之执行或为其他必要处分,均在兼顾抗告不停止执行对于诉讼程序所产生之影响。上述停止执行之裁定,于抗告法院为裁定后,无待于再为废弃该裁定之裁定,当然失其效力。原法院或审判长或抗告法

---

① 张卫平:《论民事程序中失权的正义性》,《法学研究》1999 年第 6 期,第 37 页。

院未为前述停止执行之裁定,而抗告法院废弃原裁定者,如原裁定之事项,未经终结仍能回复者,自当依抗告法院之裁定内容行之,若原裁定事项因抗告不停止执行,已经终结而无从回复者,则须视所裁定事项性质,另循其他程序解决。"①

一、异议期间的程序指挥裁定不停止实施

程序指挥裁定大多属于针对诉讼进行中相关程序事项所做出的判断,仅与程序的进行有关,一般不会对当事人的实体权利造成直接损害。现行法对复议措施的设计中,未将停止执行规定其中。《民事诉讼法》第116条规定:"拘传、罚款、拘留必须经院长批准。拘传应当发拘传票。罚款、拘留应当用决定书。对决定不服的,可以向上一级人民法院申请复议一次。复议期间不停止执行。"同理,笔者所设计的异议措施主要发生在民事诉讼中对民事争议尚未做出裁判的各个阶段,因此,在对程序指挥裁定的异议救济过程中,简短的审理期限和审理方式要求处于被审查过程中的已生效民事裁定无须效力中断。异议将不产生移审或阻断效力的效果,程序指挥裁定在异议申请期间和申请准许后的异议审查期间效力不中断,不停止对该民事裁定的实施,但法律特别规定提起异议时暂时停止执行该裁定的除外。同时,异议审查期间受诉法院应继续对原案中与该裁定无关的其他争议进行审理,不得因异议而中止审理,以防当事人通过滥用诉权进而拖延诉讼进程。若正在进行异议的裁定涉及案件的实体审理,则应及时中止诉讼,待异议结束后视其结果来决定诉讼的下一步进行方向。如此一来,一方面本诉之中诉讼程序在该生效程序指挥裁定的作用之下继续进行,另一方面该裁定同时在异议审查程序中接受置疑和判断。

二、上诉期间的实体性裁定和程序关口裁定无法实施

由于程序指挥裁定被排除在上诉对象之外,且实体性裁定和程序关口裁定只要被提起上诉就不发生效力,因此执行力也无从发生,在上诉审期

---

① 杨建华:《问题研析——民事诉讼法(一)》,三民书局1999年版,第416页。

间不存在对该裁定继续执行还是暂时停止执行的问题。在我国台湾地区，"抗告原则上无停止执行之效力，即原裁定有执行力，仍可开始或继续执行，但法律特别规定抗告有停止执行的效力以及原法院、审判长或抗告法院在对抗告案件审结之前前先行裁定停止原裁定的执行或进行其他必要处分的除外。"①

三、再审程序的不同阶段对民事裁定是否停止实施有着不同的要求

再审程序包括立案审查程序和正式审理程序在内的两大子程序，两个程序的界限是准予再审裁定的下达，此前为立案阶段，此后为审理阶段。

1. 再审立案审查程序内应不停止对相关民事裁定的实施

《民事诉讼法》第199条规定："当事人对已经发生法律效力的判决、裁定，认为有错误的，可以向上一级人民法院申请再审；当事人一方人数众多或者当事人双方为公民的案件，也可以向原审人民法院申请再审。当事人申请再审的，不停止判决、裁定的执行。"再审立案审查程序是法官根据当事人申请再审进而启动再审的程序，其任务是审查当事人的再审申请是否符合法定的再审事由，并做出裁定以准予再审或驳回申请。此时本诉裁定是否存在错误，本诉是否能进入再审审理尚处于未知阶段，加之对再审立案审查的期限较短，因此不停止对相关民事裁定的实施是较为合理的选择。

2. 再审实质审理程序内应停止对相关民事裁定的实施

《民事诉讼法》第206条规定："按照审判监督程序决定再审的案件，裁定中止原判决、裁定、调解书的执行，但追索赡养费、扶养费、抚育费、抚恤金、医疗费用、劳动报酬等案件，可以不中止执行。"再审正式审理程序是法院另行组成的合议庭按相关审级进行审判的程序，其任务是对提起再审的案件进行重新审理，是以立案审查程序所得出的相关民事裁定存在错误为前提的。相关民事裁定既已错误，就没有继续实施下去的必要了，因此应及时中止实施以等待最终的再审结果。

---

① 庄柏林：《民事诉讼法概要》，三民书局2010年版，第200页。

第七章 民事裁定的立法体例

"立法技术是立法活动中所遵循的用以促使立法臻于科学化的方法和操作技巧的总称。"[①] 遍阅我国《民事诉讼法》,"裁定"作为出现频率和次数最高的专业术语之一,在诉讼过程中的功能发挥和价值体现将深受立法体例的影响。建立健全民事裁定立法体例是完善《民事诉讼法》所应加以注意和考虑的重要方面,以清晰、简约为外部特征的优化立法体例所欲追求的价值能最大限度实现立法者对该制度的设计初衷。

第一节 考察民事裁定立法体例的意义

对民事裁定结构体系的构建需要建立在对民事裁定制度全面考察的基础上。因此,面对复杂多样的民事裁定,进行以优化立法为目的的架构整合,将其以科学的方式写入民事诉讼法进而最大限度地体现出民事裁定在民事诉讼中的功能和价值,是对民事裁定立法体例进行考察的基本目的之所在。

一、立法体例的价值

内容与形式的辩证关系一直是哲学领域重要的研究议题。内容是汇集事物各种内在要素的总和,是事物的本质和存在基础;形式是事物内在要

[①] 周旺生主编:《立法学》,法律出版社2009年版,第375页。

素的外部结构和表现形态，是事物的存在方式。内容和形式作为事物的两个方面，既紧密结合、辩证统一，又有一定的区别，但区别是相对而非绝对的。没有内容的形式是无法存在的，没有形式的内容是无从表现的，两者相互依赖、相互制约，各以对方的存在为自身的存在条件。内容与形式之间绝非并列关系而是有着主次之分的，其中内容起着主导作用，内容决定形式；形式反作用于内容，形式必须适合居于决定地位的内容，当形式与内容不相适应时，其就会对内容的发展起到消极的阻碍作用。同一内容在不同的环境下可以表现为多种形式，同一形式也可以承载完全不同的内容。新内容可以沿用旧形式，旧内容也可以创新于新形式，内容会因形式的得当而趋于完美。

"法典编纂无非就是消除现行法律中一些不可调和的矛盾，删除一些过时的规定，然后以一种精炼简洁的形式对以往的加以重新表述，而且在这一过程中要尽可能地保留旧有的法律概念和法律语言。"[1] 从法律制定的角度上看，法律制度如何通过优良的文字表达和科学的体系安排来最大限度地发挥出其内在功效，是一门重要性不亚于法律学说立法价值选择和观点采纳的学问。"法律规范的内部结构则指一个法律文件是由法律的基本单位即法律规范组成的，这些法律规范之间形成的有机组合即为法律的内部结构。"[2] 法律规范的逻辑结构优良与否是衡量立法技术高低的重要指标。

二、民事裁定的庞杂性

民事裁定作为一种与判决并行的、独立的裁判方式，是一项重要的诉讼程序保障制度，其在适用范围、形成过程、表达形式、救济途径、法律效力、执行实施等方面均有着自身的特点。民事裁定数量庞大、类型复杂，各种民事裁定之间既存在共同共性，又有着各自个性，而且几种民事裁定还会构成某类型裁定进而产生局部共性和局部个性。共性和个性并存是事物的常态，共同共性和局部共性并存是同种类事物在极为丰富的状况下所产生的现象，其间的规律呈现多样化和类型化。粗略地说，民事裁定的共同共性通常表现在形成过程、文书送达等方面，而局部共性则表现在

---

[1] ［法］勒内·达维德：《当代主要法律体系》，漆竹生译，上海译文出版社1984年版，第417页。
[2] 刘军平：《法治文明与立法科学化——立法技术略论》，《行政与法》2006年第4期，第114页。

救济途径、既判力等方面。事实上更多的时候共同共性、局部共性和局部个性已融合成一个复合体，难以简单机械地拆分。譬如，就民事裁定书的样式和内容而言，其基本格式固然表现为共同共性，然而根据具体案情所产生的相应内容则表现为个性。在这其中，有些民事裁定是在合议庭成员评议意见一致的情况下做出的，而对有些民事裁定的评议则在合议庭成员中形成了少数服从多数的局面，对这些不同情况的记载则又体现出民事裁定的局部共性。又如，对民事裁定的救济途径因包含异议、复议、上诉、再审等方式而呈现出局部共性，但单就适用复议的相关民事裁定而言，有的应向本级法院申请复议，有的则应直接向上一级法院申请复议，这其中又体现出个性。共性与个性的并存、共同共性与局部共性的穿插、多种局部共性的汇合致使对民事裁定难以进行清晰的单一分类（民事裁定的共性与个性详见图7－1）。

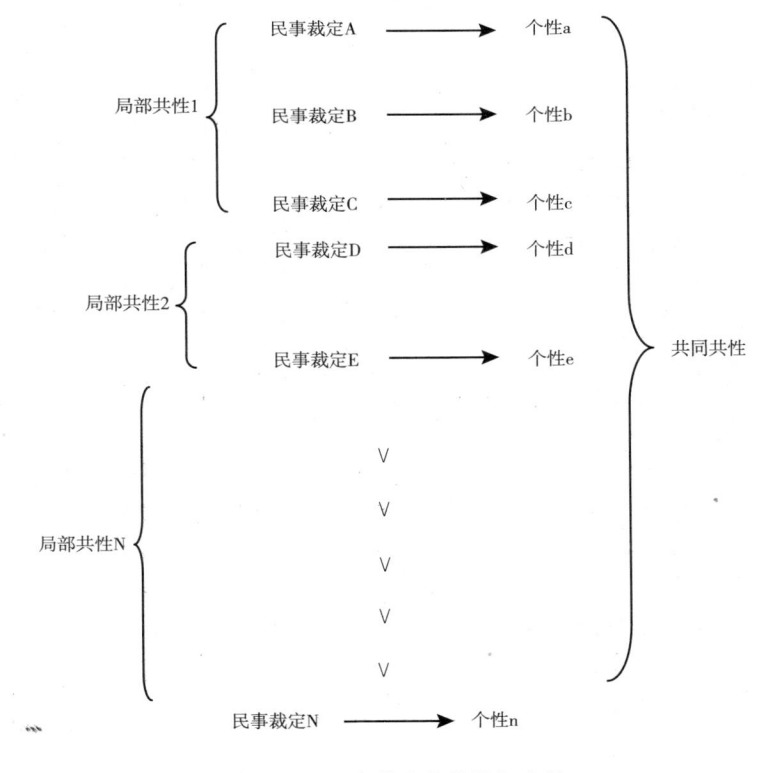

图7－1　民事裁定的共性与个性

第二节　对我国当前民事裁定立法体例的评析

我国当前的民事裁定立法体例不可称为没有，但也绝不能称为形成，其尚处于未能构成完整体系的零散阶段，只是简单、初始的表现形态。就当前《民事诉讼法》的规定而言，该法首先在"第一审普通程序"一章中下设"判决和裁定"一节，就民事裁定的适用范围、种类、文书、效力等以静态形式进行简单规定；其次在其他章节中，用动态形式的民事裁定对涉及程序性问题的法律后果加以规定。譬如，《民事诉讼法》第106条规定："人民法院对下列案件，根据当事人的申请，可以裁定先予执行：（一）追索赡养费、扶养费、抚育费、抚恤金、医疗费用的；（二）追索劳动报酬的；（三）因情况紧急需要先予执行的。"就具有鲜明中国特色、适用范围广泛的最高人民法院司法解释而言，其较少涉及民事裁定的适用、形成等问题，但对人民检察院不可抗诉的民事裁定的种类进行了一系列规定。以上相关规定构成了目前适用民事裁定的法律规范的总和。

民事裁定种类繁多、适用广泛，因此对其的规定一定要清楚和直接，不然极易造成混乱。现行法对民事裁定的相关规定从体例结构上看，存在着零散、分散、片面、简略、附从等诸多不足，重实体、轻程序的错误理念一直影响着民事裁定在民事诉讼程序中的应有地位和特有功能。剖析当前民事裁定立法体例的弊端应以对民事裁定的学理分析为视角，用客观批判和适度中肯相结合的态度予以对待。

一、对民事裁定的定义存在缺陷

通常在立法中对某一具体制度的科学界定模式有两类：其一是有限列举加兜底条款，兜底条款应为精准定义的适度转换，在此后的条文中不应再次出现相关的列举性规定；其二是直接进行精准定义，在此后的条文中不再出现概括性表达，而是按照先前定义自行对相关子制度进行属性判断。现行法对民事裁定缺乏直接定义，采取的是有限的静态集中罗列、兜底条款及无限的动态的分散直接规定相结合的复合式立法方式，没有对民事裁定进行正面定义，只是在《民事诉讼法》第 154 条中列举了 10 种常见的民事裁定种类，附加总结性条款"其他需要裁定解决的事项"。按照学理解释，"民事裁定是人民法院对民事审判和执行程序中的问题以及个别实体问题所作的权威性判定。"[①] 《民事诉讼法》所列举的 10 种民事裁定远不足以涵盖民事裁定的适用范围。此外，静态集中罗列中尽管包含保全和先予执行这类用于解决实体问题的民事裁定，但在兜底条款中却并没有指明其他事项包括程序性和实体性两类。此后在其他条文里又频频出现"裁定××"的术语，如"裁定撤销原判决，发回原审人民法院重审"等，实际上这是将两种立法模式混同所引发的逻辑混乱。

二、总括性规定和具体性规定在结合中的遗漏与重复

可能由于民事裁定种类的多样性所形成的共性与个性的复合，现行法在对其进行总括性规定和具体性规定时存在遗漏和重复相互交叉的混乱现象。重复和遗漏现象出现的根本原因在于对法律结构框架进行构建时主线的缺乏，体系不明所引发的混乱将难以避免。首先，就遗漏现象而言，从宏观方面看，现行法对民事裁定缺乏形成方式、既判力等方面的规定。具体而言，譬如，对于驳回起诉这种可上诉民事裁定的适用对象在整部法律中未得到明确规定。其次，就重复现象而言，如果民事裁定在某些内容规定上的遗漏尚可解释为是该制度还完全未引进或正式确立，那么反复规定甚至是矛盾规定情形的存在则无可厚非的是由于立法技术在实施过程中的不规范所造成的。重复规定不仅使整部法律在风格上显得拖沓烦琐，而且极易发生前后矛盾的现象。譬如，《民事诉讼法》第 123 条规定："人民法院应当保障当事人依照法律规定享有的起诉权利。对符合本法第一百一十九条的起诉，必须受理。符合起诉条件的，应当在七日内立案，并通知当事人；不符合起诉条件的，应当在七日内作出裁定书，不予受理；原告对裁定不服的，可以提起上诉。"而后《民事诉讼法》第 154 条再次规定，对不予受理、对管辖权有异议的、驳回起诉民事裁定可以上诉。比较可见，第 154 条对可上诉民事裁定的共性规定和第 123 条对不予受理这种可上诉民事裁定的个性规定之间明显存在重复。

---

① 常怡主编：《民事诉讼法学》，中国政法大学出版社 2005 年版，第 318 页。

三、通用性规定的逻辑结构偏差

现行法将对民事裁定的通用性规定置于"第一审普通程序"一章之中，在逻辑结构上有所偏差。从程序运行广度上看，民事裁定的适用范围是宽于判决和决定的，其既可适用于包括一审普通程序、一审简易程序、一审小额诉讼程序、二审程序、再审程序、非讼程序、特别程序等在内的所有审判程序，也可适用于执行程序。尽管第一审普通程序为最完整、最全面的诉讼程序，是其他诉讼程序在缺乏相关规定时赖以参照的范本性诉讼程序，尽管裁判是第一审普通程序不可或缺的重要组成部分，但《民事诉讼法》对民事裁定基本规定的设计应从宏观、整体的角度将其定位于一项民事诉讼中的基本制度，而绝非单一的诉讼环节。对民事裁定的立法维度体现着立法者对诉讼程序问题的尊重和重视。

四、裁判类型的混同化

"裁判"一词包含较强的混同意味，裁判类型的混同化是我国现行法的突出特点。在我国目前的立法和司法实践中对民事裁定的重视程度远不及判决，进而形成了"对民事判决的规定在前、对民事裁定的规定在后；以对民事判决的规定为主，对民事裁定的规定为辅"的偏重格局，过度强调判决的地位，缺乏对民事裁定的基本尊重。现行法对判决和裁定并列的现象较为突出（详见附录四），将民事裁定的适用规则和对判决的相关规定放在一起，要么统一地对"裁判"做出规定，不论是判决抑或裁定统一适用同一制度规则，要么在对判决规定完毕后再对民事裁定做出补充性、例外性规定，未能凸显出民事裁定自身的性能和规律。譬如，《民事诉讼法》第 200 条规定："当事人的申请符合下列情形之一的，人民法院应当再审：……；（十一）原判决、裁定遗漏或者超出诉讼请求的；……"但是，"无论是遗漏诉讼请求，还是超出诉讼请求的情形，都与裁定没有关系，遗漏诉讼请求、超出诉讼请求仅与判决有关。只有法院在判决时才会发生遗漏或超出诉讼请求的情形。"[①] 当前立法给人以"对

---

① 张卫平：《再审事由规范的再调整》，《中国法学》2011 年第 3 期，第 69 页。

民事裁定存在特别规定时适用该规定，不存在特别规定时适用对判决的相关规定"的错误印象，使人感觉民事裁定不如判决重要、程序性问题不如实体性问题重要，无形中助长了重实体、轻程序的错误诉讼意识。尽管判决和裁定同为裁判方式且有着一定的相通之处，但鉴于其所处理的问题在性质上的差异性，民事裁定和判决在生成、文书、送达、生效、救济、效力、实施等很多方面存在实质差别，因此绝不能将民事裁定与判决混同。

五、救济措施的分散

现行法所规定的民事裁定救济措施包括异议、复议、上诉、申请再审、抗诉、检察建议等，且不谈这些救济措施的内在设计是否科学合理，单就对其的罗列和分布而言便存在一定的结构缺陷。上述诸多的救济措施之间存在一定的关联，处于补充和互动的状态，足以形成一个完整的民事裁定救济体系，并且当事人对具体救济途径的适用拥有选择权。现行法对民事裁定所能适用的多样救济措施的规定较为散乱，没能形成统一规模的体系，以分散规定的方式打破了应有的统一格局，造成无法进行直接对比进而难以有效选择最佳救济措施的混乱局面。救济体系的分散和破裂加剧了本来就需要进一步改进的救济措施的消极效果，恶化了对当事人诉讼权利的保护，以迷糊之态打破了权利与救济之间本应具有的协调与平衡。反观以总结、概括、归纳为编写宗旨的司法考试复习用书，其通常会对民事裁定的救济方案予以归纳总结以便读者全面有效地理解和把握，这种理论归纳对立法体例的设计有着一定的借鉴意义。

第三节　改进我国民事裁定立法体例的合理化建议

民事诉讼立法应加强对民事裁判特别是民事裁定制度的重视。在缤纷多样的立法体例面前，如何从中选择出相对较优方案，这需要首先进行科学的理念定位。笔者认为，简单准确、全面系统、独立完整、条理清晰、逻辑分明、确定明了是民事裁定立法所应树立的风格和基本要求。对内，应梳理、整合对民事裁定的规定进而形成体系和脉络；对外，应将民事裁定制度上升到应有的高度，强化其作为民事诉讼制度重要组成部分的地位。为此，对民事裁定的体例设置应遵循大陆法系民事诉讼法典传统的二重分别立法模式，构建一般与特殊相结合、抽象与具体相结合以及总则统领分则、分则遵循总则的体系。对民事裁定制度应首先做出总括性规定，而后再分散地、动态地呈现于诉讼过程中。对民事裁定立法体例的设计，从结构上可分为通用性规定和单独性规定两大类，由此根据对民事裁定共性和个性的基本划分形成框架基础，形成对共性的集中规定和对个性的分散规定的鲜明特点。

一、就民事裁定的通用性进行规定的立法体例

"总则是与分则相对应的概念，一般来讲总则规定的是该部法律的总的原则、基本制度等，是整部法律的纲领性的规定，是法的灵魂。总则的概念本身就意味着其在价值上和逻辑上相对于分则的优位和超越。"[①] 民事裁定的基本机理贯穿于该制度运行的始终，是各项具体运行规则所必须遵循的基本要求。一般而言，大陆法系国家的民事裁定基本原理包括含义、适用对象、文书的样式及其内容、救济途径、效力等方面，其贯通于民事诉讼的全过程，完整适用于一审普通程序、一审简易程序、一审小额程序、二审程序、再审程序、非讼程序、特别程序以及执行程序。鉴于民事裁定的基本原理是对民事裁定在不同诉讼阶段所呈现出的不同具体内容的提炼和升华，呈现出一般性和抽象性，因此对其的层次定位应介于民事诉讼的基本原则与具体程序之间，属于贯穿于民事诉讼始终的基本制度范畴，起到统领性和全局性的作用。"法的总则有必要确定有关法定制度或基本法定制度，法定制度是全法的具有统领性的实体性内容。总则中确定的有关法定制度或基本法定制度必须是对全法具有统领性的制度，这种制度一般说是有关体制问题的总的制度。"[②]

[①] 刘秀明：《解读美国民事诉讼的立法体例和立法技术》，《湖南科技学院学报》2009 年第 10 期，第 150 页。

[②] 周旺生主编：《立法学》，法律出版社 2009 年版，第 488 页。

第七章 民事裁定的立法体例

　　我国台湾地区民事诉讼法典对民事裁定的相关规定是置于第一编"总则"中第四章"诉讼程序"下的"裁判"一节的，运用七个条文从民事裁定的审理、宣示、送达、理由、拘束力、准用判决的规定及书记官的处分这七个角度进行了相关规定。"裁判一事，依德国民诉法体例，不问为构成裁判之形式及实质事项，均于第一审地方法院程序中定之；依日立法体例，又无于民诉总则中定之，汇订一处，便于适用。本法将其分别规定，关于裁判之基础、程式、宣示、送达、更正、补充及其拘束力等于总则中定之。其第一审程序中之各种判决及判决之宣示假执行与其确定力等，又于第一审程序中定之。"①《日本新民事诉讼法》在第一编"总则"下第五章"诉讼程序"中规定了"裁判"一节，其后又在第三编"上诉"中规定了"抗告"一章。《俄罗斯民事诉讼法典》在第一编"总则"中并未对裁判制度进行相关规定，但第二编"第一审法院的程序"中第十六章和第二十章分别规定了"法院判决"和"法院裁定"，其中第224条为"作出法院裁定的程序"，第225条为"法院裁定的内容"，第226条为"法院的个别裁定"，第227条为"向案件参加人寄送法院裁定书的副本"。此外，在第三编"第二审法院的程序"的第四十章"上诉审法院的诉讼程序"中，第336条至第338条分别规定了"上诉审裁定的内容"、"法律效力"和"个别裁定"，第375条规定了"上诉审法院就上诉或抗诉所作出的裁定的法律效力"。

　　我国《民事诉讼法》目前所采取的是编、章、节、条、款、项六级层次单位的立法结构。"节是次于章且隶属于章的单位，其在章的内部划分，目的是使章的内容乃至整个法案的内容更加清晰，便于人们理解。每节应当按章内的不同层次，将相关条款集中，形成相对独立的内容。"②笔者认为，民事裁定的通用性规定应囊括适用各种审判程序与执行程序在内的所有民事裁定的基本原理，将其以节为单位规定于《民事诉讼法》总则的"基本制度"之中，对整个诉讼活动的进行将起到统领作用。具体而言，在《民事诉讼法》"基本制度"一编中设"民事裁定与判决"一章，该章中下设"民事裁定的一般规定"和"民事判决规定"两节，"民

---

① 邵勋：《中国民事诉讼法论》，中国方正出版社2004年版，第591页。
② 冯袁冰：《立法技术制度化——基于法的结构及语言之视角》，《贵阳学院学报》（社会科学版）2008年第2期，第37页。

事裁定的一般规定"一节中以具体条文的形式对涉及民事裁定通用性原理的相关内容加以规定,下设"适用范围""效力与救济""文书的样式及其内容"等条。

从对裁判方式集中予以规定的角度考虑,民事裁定和判决应同时规定于"基本制度"编之"民事裁定与判决"章中,但对民事裁定的通用性规定应与对判决的相关规定加以区别,采用并列的形式、独立的内容的体例设计。民事判决与民事裁定相比,其在各个审判程序中具有普遍的一致性的同时并不适用于执行程序,因此判决的立法体例相对单一,只存在通用性规定而基本不存在因审判程序种类而产生的个性。"程序中某一环节一旦过去,或者整个秩序一旦结束,就不能回复或者重新启动,这是程序有序性的必然延伸和逻辑归结。"① 从在审判程序中产生的时间上看,以处理程序问题为主的民事裁定必定产生于对实体权利义务关系做出分配的民事判决之前,更何况执行程序中法院就无权变更或做出新的判决。因此对民事裁定的规定应置于对判决的规定之前,这符合诉讼程序固有的次序性要求,尽管在有的案件中可能只存在民事判决而不会出现民事裁定。此外,同为法院决策意志表达的民事裁定和判决在内容和各自内部的子体系上具有一定的相似性,立法者对其各自内部体系的设计应以相似性为基础进行对照性展开,以保持立法的统一性和规范性。同时不能破坏二者各自的完整性和独立性,求同存异应体现其中,特别是对于在内容或形式上相似甚至重合的部分不能以一盖二,不可出现"本节未规定的,适用民事裁定(民事判决)的相关规定"等类似规则。民事裁定的通用性规定具体包括:

1. "民事裁定适用范围"一条

在"民事裁定适用范围"一条中,应对民事裁定的对象和客体进行总结性规定。对民事裁定适用对象的具体罗列永远都只能是有限的,有限罗列将会造成法官在运用上的盲点和自由裁量权的无限制发挥,为此对民事裁定进行准确定义,建立抽象的裁定适用标准以配合在具体程序中出现的裁定实施行为是构建民事裁定种类的科学方案之所在。

---

① 陈桂明:《程序理念与程序规则》,中国法制出版社1999年版,第4页。

2. "裁定的效力与救济"一条

在"裁定的效力与救济"一条中,对适用于各个诉讼程序的各种类民事裁定的法律效力的发生时间、相关救济措施以及最终效力状态进行汇总性规定。"大陆法系国家(如德国)程序法典的编纂遵循了权利救济程序观,即认为法律体系是由规定客观权利的原生性权利和原生性权利受损后派生救济性权利构成的,按照权利优于救济,救济优于程序的等级层次来安排权利、救济和程序。程序是塑造救济目的的手段,而救济是权利实现保护目的的手段。认为最为理想的程序法是为每一个客观性权利规定明确的对应的救济方式。"[①] 民事裁定的效力与救济是不能截然分离的两个关联问题。救济在对效力争议进行考察和判断后,最终将对既有效力状态予以维持或变更。当事人请求救济的原因和可选择的救济途径是多样的,程序选择权的运用蕴含其中,但最终的救济结果则是单一类型化的。将对民事裁定的效力规定和救济规定放置在一起能体现出两项制度的相继承接关系和对当事人诉讼权利的保障。民事裁定发生法律效力的时间、生效前的救济以及生效后的最终效力状态是以诉讼程序的进展为主线先后发生的,因此从立法体例的角度上看上述三环节应依次规定,不可错乱。

首先,就民事裁定发生法律效力的时间而言,现行法将可否上诉和是否上诉作为法律效力发生与否的主要判断标准。《民事诉讼法》第155条规定:"最高人民法院的判决、裁定,以及依法不准上诉或者超过上诉期没有上诉的判决、裁定,是发生法律效力的判决、裁定。"第175条规定:"第二审人民法院的判决、裁定,是终审的判决、裁定。"第207条第1款规定:"人民法院按照审判监督程序再审的案件,发生法律效力的判决、裁定是由第一审法院作出的,按照第一审程序审理,所作的判决、裁定,当事人可以上诉;发生法律效力的判决、裁定是由第二审法院作出的,按照第二审程序审理,所作的判决、裁定,是发生法律效力的判决、裁定;上级人民法院按照审判监督程序提审的,按照第二审程序审理,所作的判决、裁定是发生法律效力的判决、裁定。"笔者认为,对民事裁定发生法律效力时间的整合归纳不宜以上诉

---

① 孔令章:《纯化的民事诉讼法典——美国〈联邦民事诉讼规则〉立法体例与编纂技术考察》,《华北电力大学学报》(社会科学版)2010年第6期,第46页。

为主线，上诉只是诸多民事裁定救济措施的一种。比较而言以救济的可否性为体系构建主线、审判程序的种类为体系构建副线进行综合评判相对更为适宜。

其次，就民事裁定的救济措施而言，笔者认为可确立两种立法体例。第一种立法体例，以款为单位，以救济措施的类型为主线，以各类救济措施的适用范围大小和时间先后为顺序，由此构建救济体系。对各类救济措施进行具体规定时，适用范围、申请主体、启动时间、实施主体、救济结果、与其他救济措施的联系或排斥等细节内容都应一一涉及。特别注意的是应对民事裁定救济措施与判决救济措施进行内容之外的形式上、格局上的区分。譬如，"抗告"是我国台湾地区与德国、日本都规定的对民事裁定的救济措施，德国和日本的民事诉讼法都将抗告制度规定于"上诉"编中，而我国台湾地区的民事诉讼法则将抗告和上诉制度并列，抗告程序不属于上诉审程序的组成部分。上诉审程序仅是对判决申明不服的救济程序，包括第二审程序和第三审程序，而对裁定申明不服的救济程序则为抗告程序。第二种立法体例，在法律条文的逻辑关系上，对民事裁定救济的相关规定不集中统一，将其分散在法律的各章各节之中。此时各种救济措施的关联性、协调性、一致性需要立法者的精心设计，这对整个救济体系的构建起着至关重要的作用。

再次，就民事裁定的终极效力而言，《民事诉讼法》第224条第1款规定："发生法律效力的民事判决、裁定，以及刑事判决、裁定中的财产部分，由第一审人民法院或者与第一审人民法院同级的被执行的财产所在地人民法院执行。"现行法对执行依据和执行管辖的规定具有双重意义，其既是对执行程序启动的设计，也侧面赋予了民事裁定相关效力——民事裁定引发执行开始的缘由在于其生效后便具有法定的强制执行力，强制执行力是生效民事裁定的法定效力状态。笔者建议，在《强制执行法》将要单独立法的大趋势之下，应在取消对民事执行程序相关规定的民事诉讼法中，对民事裁定生效后所具备的强制执行力加以强调，该规定可置于对民事裁定通用性规定中。此处对民事裁定所具备强制执行力的规定可忽略对执行法院地域和级别的要求，即单独强调该效力即可，以避免其与对强制执行法中执行机构、执行管辖等规定的重复和冲突。

3. "民事裁定书"一条

在"民事裁定书"一条中，应对民事裁定书的样式和内容加以具体规定。民事裁定书既是审理案件的法院就相关程序性问题进行处理后所形成的书面结论，也是当事人对民事裁定请求救济的依据，因此如何在民事裁定书中公开和明示裁定的形成过程、法官心证、法律依据和最终结论等内容，使其在救济过程中更为客观和全面地展示程序性问题的原貌及原审法院的处理意见和依据，进而使救济机关能够开展有针对性的救济就显得格外重要。[①] "美国《联邦民事诉讼规则》从整体上看就分为具体规则和诉讼文书格式附录两大部分。正如该规则的起草者查尔斯·克拉克所言——这些格式样式的意图不是提供一个办公手册，我们的目的是提供规则的实例，希望用那些格式向人们生动地解释规则。"[②]

二、就民事裁定的单独性进行规定立法体例

"没有分则，总则不能得以具体化。由于分则是对总则的具体化的条文的综合，它成为法的结构中的实体性内容。分则又是具体规定不同主体、客体、行为、事项、结果等方面模式的，因而它不仅是实现立法意图的实体性内容，也是执法、司法、守法的最直接、最主要的根据和内容。"[③] 笔者认为，民事裁定的单独性规定应根据各个民事裁定的特性设置于《民事诉讼法》分则，遍布于各类诉讼程序之中，以产生时间为线索在诉讼程序的各个环节中具体加以规定。对各类民事裁定的具体规定通常与其他的相关诉讼措施相连并组合成诉讼制度，并一般出现于该诉讼制度的最后部分，是对该制度的流程终结和效力凸显，成结论性状态。对具体民事裁定的单独规定要着重突出其个性化功能，强调其特有作用的发挥。与此同时其还应统一遵守民事裁定的基本原理，将其与各个诉讼阶段的特有情况相结合，适度进行微调以适应程序进展的需要。但是，应弱化在对某一具体民事裁定所应遵循的通用原理问题上的再次规定，以避免其同《民事诉讼法》总则部分的"民事裁定通用性规定"相重复。此外，各个程序之间的相似性使得在不同程序中可能会发生运用同一种民事裁定

---

① 对民事裁定书样式和内容的具体设计，参见本书第三章"民事裁定的表达形式"中"民事裁定书的科学构造"部分。
② 白绿铉、卞建林译：《美国联邦民事诉讼规则证据规则》，中国法制出版社2000年版，第4页。
③ 周旺生主编：《立法学》，法律出版社2009年版，第490页。

的情形，例如，一审法院和二审法院都有权做出保全裁定。因此，同一种民事裁定在不同程序中要体现出本身的共性和与诉讼程序相适应的特性。当然，鉴于民事诉讼程序问题的多样性、复杂性以及成文法的滞后性，是有可能出现当前法律不能完整、逐一规定每种具体民事裁定的情形的，且这种情形是难以避免的，因此，该问题必将成为每次民事诉讼法修改过程中应予检查和补充的重点。

附录一 笔者对民事裁定的相关前期研究成果

一、主持课题

1. 2014 年度中国博士后科学基金第 55 批面上资助课题"对民事裁定的检察监督制度研究"（项目编号：2014M550916）。
2. 2014 年度国家检察官学院科研基金资助一般项目"检察监督视野下的民事裁定"（项目编号：GJY2014C37）。
3. 2013 年度中国政法大学优秀博士学位论文培育项目"民事裁定机理研究——对民事诉讼中程序问题处理机制的考察"。

二、科研奖励

1. 2013 年 12 月《民事裁定机理研究——对民事诉讼中程序问题处理机制的考察》荣获第二届陈光中诉讼法学优秀博士学位论文奖。
2. 2013 年 9 月《民事裁定表达形式之探讨》（载《探求》2013 年第 12 期）一文荣获中国法学会主办的"第八届中国法学青年论坛"三等奖。
3. 2012 年 5 月《民事裁定立法体例考察》（载《北方法学》2012 年第 2 期）一文荣获中国政法大学第九届十大学术新人论文大赛优秀论文奖。
4. 2011 年 12 月《民事裁定的救济途径研究》荣获第一届陈光中诉讼法学优秀硕士学位论文奖。

三、学术论文

1.《民事检察监督的载体对象研究——以民事裁判的种类和特性为

视角》,《中国法学》(英文版) 2013 年第 5 期。

"Research on the Objects of Civil Prosecutorial Supervision: from the Perspective of the Forms and Natures of Civil Judgments", *China Legal Science*, 2013. 5.

2.《民事裁定的类型对比研究——以种类界定与层次划分为考察基点》,《法学论坛》(CSSCI) 2013 年第 2 期。

3.《民事裁定立法体例考察》,《北方法学》(CSSCI) 2012 年第 2 期。

4.《论民事裁判的不可再审性》,《中国政法大学学报》(CSSCI) 2014 年第 4 期。

5.《再审型民事检察监督的法律规制评析》,《国家检察官学院学报》(CSSCI) 2014 年第 4 期。

6.《论民事检察监督的客体——民事裁判》,《澳门法学》(境外刊物) 第 10 期,2014 年 2 月出版。

7.《论对民事裁定的执行》,载张卫平主编《民事程序法研究》(第十一辑)(中国民事诉讼法学研究会会刊),厦门大学出版社 2014 年版。

8.《民事裁定的表达形式之探讨》,《探求》2013 年第 12 期。

9.《民事裁定效力考》,载《中国民事诉讼法学研究会 2013 年年会论文集》。

10.《民事裁定适用范围考》,载张卫平主编《民事程序法研究》(第九辑)(中国民事诉讼法学研究会会刊),厦门大学出版社 2013 年版。

11.《民事裁定分类研究》,《时代法学》2012 年第 5 期。

12.《民事裁定的类型化考察》,《海峡法学》2012 年第 3 期。

13.《民事裁定的救济途径研究》,载张卫平主编《民事程序法研究》(第六辑),厦门大学出版社 2011 年版。

14.《建立民事裁定救济途径体系的基础性考察——以完善我国民事裁定制度为出发点》,《西部法学评论》2010 年第 5 期。

15.《论检察机关对民事裁定的检察监督》,载陈桂明主编《中国法学会民事诉讼法学年会论文集》(2009 年卷),厦门大学出版社 2009 年版。

16.《对诉讼终结裁定所适用的审级范围及法律后果初探》,《法制与社会》2008 年第 8 期。

附录二 《民事诉讼法》2012年修改中涉及裁定的新内容

第100条 人民法院采取保全措施，可以责令申请人提供担保，申请人不提供担保的，裁定驳回申请。

第101条 申请人应当提供担保，不提供担保的，裁定驳回申请。

第104条 财产纠纷案件，被申请人提供担保的，人民法院应当裁定解除保全。

第123条 人民法院应当保障当事人依照法律规定享有的起诉权利。对符合本法第一百一十九条的起诉，必须受理。符合起诉条件的，应当在七日内立案，并通知当事人；不符合起诉条件的，应当在七日内作出裁定书，不予受理；原告对裁定不服的，可以提起上诉。

第154条 裁定适用于下列范围：……；（九）撤销或者不予执行仲裁裁决……裁定书应当写明裁定结果和作出该裁定的理由。

第156条 公众可以查阅发生法律效力的判决书、裁定书，但涉及国家秘密、商业秘密和个人隐私的内容除外。

第163条 人民法院在审理过程中，发现案件不宜适用简易程序的，裁定转为普通程序。

第170条 第二审人民法院对上诉案件，经过审理，按照下列情形，分别处理：（一）原判决、裁定认定事实清楚，适用法律正确的，以判决、裁定方式驳回上诉，维持原判决、裁定；（二）原判决、裁定认定事实错误或者适用法律错误的，以判决、裁定方式依法改判、撤销或者变更；（三）原判决认定基本事实不清的，裁定撤销原判决，发回原审人民法院重审，或者查清事实后改判；（四）原判决遗漏当事人或者违法缺席判决等严重违反法定程序的，裁定撤销原判决，发回原审人民法院重审。原审人民法院对发回重审的案件作出判决后，当事人提起上诉的，第二审人民法院不得再次发回重审。

第 195 条　人民法院受理申请后，经审查，符合法律规定的，裁定调解协议有效，一方当事人拒绝履行或者未全部履行的，对方当事人可以向人民法院申请执行；不符合法律规定的，裁定驳回申请，当事人可以通过调解方式变更原调解协议或者达成新的调解协议，也可以向人民法院提起诉讼。

第 197 条　人民法院受理申请后，经审查，符合法律规定的，裁定拍卖、变卖担保财产，当事人依据该裁定可以向人民法院申请执行；不符合法律规定的，裁定驳回申请，当事人可以向人民法院提起诉讼。按照审判监督程序决定再审的案件，裁定中止原判决、裁定、调解书的执行，但追索赡养费、扶养费、抚育费、抚恤金、医疗费用、劳动报酬等案件，可以不中止执行。

第 209 条　有下列情形之一的，当事人可以向人民检察院申请检察建议或者抗诉：（一）人民法院驳回再审申请的；（二）人民法院逾期未对再审申请作出裁定的；（三）再审判决、裁定有明显错误的。人民检察院对当事人的申请应当在三个月内进行审查，作出提出或者不予提出检察建议或者抗诉的决定。当事人不得再次向人民检察院申请检察建议或者抗诉。

附录三 《民事诉讼法》对民事裁定的集中规定和分散规定

一、集中规定

(一)《民事诉讼法》对民事裁定种类的集中式列举规定

第154条 裁定适用于下列范围:(一)不予受理;(二)对管辖权有异议的;(三)驳回起诉;(四)保全和先予执行;(五)准许或者不准许撤诉;(六)中止或者终结诉讼;(七)补正判决书中的笔误;(八)中止或者终结执行;(九)撤销或者不予执行仲裁裁决;(十)不予执行公证机关赋予强制执行效力的债权文书;(十一)其他需要裁定解决的事项。

(二)《民事诉讼法》对集中规定的民事裁定种类的具体规定

第100条 人民法院对于可能因当事人一方的行为或者其他原因,使判决难以执行或者造成当事人其他损害的案件,根据对方当事人的申请,可以裁定对其财产进行保全、责令其作出一定行为或者禁止其作出一定行为;当事人没有提出申请的,人民法院在必要时也可以裁定采取保全措施。人民法院采取保全措施,可以责令申请人提供担保,申请人不提供担保的,裁定驳回申请。人民法院接受申请后,对情况紧急的,必须在四十八小时内作出裁定;裁定采取保全措施的,应当立即开始执行。

第101条 利害关系人因情况紧急,不立即申请保全将会使其合法权益受到难以弥补的损害的,可以在提起诉讼或者申请仲裁前向被保全财产所在地、被申请人住所地或者对案件有管辖权的人民法院申请采取保全措施。申请人应当提供担保,不提供担保的,裁定驳回申请。人民法院接受申请后,必须在四十八小时内作出裁定;裁定采取保全措施的,应当立即开始执行。

第 104 条 财产纠纷案件，被申请人提供担保的，人民法院应当裁定解除保全。

第 106 条 人民法院对下列案件，根据当事人的申请，可以裁定先予执行：（一）追索赡养费、扶养费、抚育费、抚恤金、医疗费用的；（二）追索劳动报酬的；（三）因情况紧急需要先予执行的。

第 107 条 人民法院裁定先予执行的，应当符合下列条件：（一）当事人之间权利义务关系明确，不先予执行将严重影响申请人的生活或者生产经营的；（二）被申请人有履行能力。人民法院可以责令申请人提供担保，申请人不提供担保的，驳回申请。申请人败诉的，应当赔偿被申请人因先予执行遭受的财产损失。

第 123 条 人民法院应当保障当事人依照法律规定享有的起诉权利。对符合本法第一百一十九条的起诉，必须受理。符合起诉条件的，应当在七日内立案，并通知当事人；不符合起诉条件的，应当在七日内作出裁定书，不予受理；原告对裁定不服的，可以提起上诉。

第 127 条 人民法院受理案件后，当事人对管辖权有异议的，应当在提交答辩状期间提出。人民法院对当事人提出的异议，应当审查。异议成立的，裁定将案件移送有管辖权的人民法院；异议不成立的，裁定驳回。当事人未提出管辖异议，并应诉答辩的，视为受诉人民法院有管辖权，但违反级别管辖和专属管辖规定的除外。

第 145 条 宣判前，原告申请撤诉的，是否准许，由人民法院裁定。人民法院裁定不准许撤诉的，原告经传票传唤，无正当理由拒不到庭的，可以缺席判决。

第 173 条 第二审人民法院判决宣告前，上诉人申请撤回上诉的，是否准许，由第二审人民法院裁定。

第 237 条 对依法设立的仲裁机构的裁决，一方当事人不履行的，对方当事人可以向有管辖权的人民法院申请执行。受申请的人民法院应当执行。被申请人提出证据证明仲裁裁决有下列情形之一的，经人民法院组成合议庭审查核实，裁定不予执行：（一）当事人在合同中没有订有仲裁条款或者事后没有达成书面仲裁协议的；（二）裁决的事项不属于仲裁协议的范围或者仲裁机构无权仲裁的；（三）仲裁庭的组成或者仲裁的程序违反法定程序的；（四）裁决所根据的证据是伪造的；（五）对方当事人向仲裁机构隐瞒了足以影响公正裁决的证据的；（六）仲裁员在仲裁该案时有贪污受贿，徇私舞弊，枉法裁决行为的。人民法院认定执行该裁决违背社会公共利益的，裁定不予执行。

第238条 对公证机关依法赋予强制执行效力的债权文书，一方当事人不履行的，对方当事人可以向有管辖权的人民法院申请执行，受申请的人民法院应当执行。公证债权文书确有错误的，人民法院裁定不予执行，并将裁定书送达双方当事人和公证机关。

第256条 有下列情形之一的，人民法院应当裁定中止执行：（一）申请人表示可以延期执行的；（二）案外人对执行标的提出确有理由的异议的；（三）作为一方当事人的公民死亡，需要等待继承人继承权利或者承担义务的；（四）作为一方当事人的法人或者其他组织终止，尚未确定权利义务承受人的；（五）人民法院认为应当中止执行的其他情形。中止的情形消失后，恢复执行。

第257条 有下列情形之一的，人民法院裁定终结执行：（一）申请人撤销申请的；（二）据以执行的法律文书被撤销的；（三）作为被执行人的公民死亡，无遗产可供执行，又无义务承担人的；（四）追索赡养费、扶养费、抚育费案件的权利人死亡的；（五）作为被执行人的公民因生活困难无力偿还借款，无收入来源，又丧失劳动能力的；（六）人民法院认为应当终结执行的其他情形。

第258条 中止和终结执行的裁定，送达当事人后立即生效。

第274条 对中华人民共和国涉外仲裁机构作出的裁决，被申请人提出证据证明仲裁裁决有下列情形之一的，经人民法院组成合议庭审查核实，裁定不予执行：（一）当事人在合同中没有订有仲裁条款或者事后没有达成书面仲裁协议的；（二）被申请人没有得到指定仲裁员或者进行仲裁程序的通知，或者由于其他不属于被申请人负责的原因未能陈述意见的；（三）仲裁庭的组成或者仲裁的程序与仲裁规则不符的；（四）裁决的事项不属于仲裁协议的范围或者仲裁机构无权仲裁的。人民法院认定执行该裁决违背社会公共利益的，裁定不予执行。

二、分散规定

（一）《民事诉讼法》对民事裁定种类的分散式规定

第163条 人民法院在审理过程中，发现案件不宜适用简易程序的，裁定转为普通程序。

第170条 第二审人民法院对上诉案件，经过审理，按照下列情形，分别处理：（一）原判决、裁定认定事实清楚，适用法律正确的，以判决、裁定方式驳回上诉，维持原判决、裁定；（二）原判决、裁定认定事实错误或者适用法律错误的，以判决、裁定方式依法改判、撤销或者变更；（三）原判决认定基本事实不清的，裁定撤销原判决，发回原审人民法院重审，或者查清事实后改判；（四）原判决遗漏当事人或者违法缺席判决等严重违反法定程序的，裁定撤销原判决，发回原审人民法院重审。

第171条 第二审人民法院对不服第一审人民法院裁定的上诉案件的处理，一律使用裁定。

第176条 人民法院审理对判决的上诉案件，应当在第二审立案之日起三个月内审结。有特殊情况需要延长的，由本院院长批准。人民法院审理对裁定的上诉案件，应当在第二审立案之日起三十日内作出终审裁定。

第179条 人民法院在依照本章程序审理案件的过程中，发现本案属于民事权益争议的，应当裁定终结特别程序，并告知利害关系人可以另行起诉。

第195条 人民法院受理申请后，经审查，符合法律规定的，裁定调解协议有效，一方当事人拒绝履行或者未全部履行的，对方当事人可以向人民法院申请执行；不符合法律规定的，裁定驳回申请，当事人可以通过调解方式变更原调解协议或者达成新的调解协议，也可以向人民法院提起诉讼。

第197条 人民法院受理申请后，经审查，符合法律规定的，裁定拍卖、变卖担保财产，当事人依据该裁定可以向人民法院申请执行；不符合法律规定的，裁定驳回申请，当事人可以向人民法院提起诉讼。

第204条 人民法院应当自收到再审申请书之日起三个月内审查，符合本法规定的，裁定再审；不符合本法规定的，裁定驳回申请。有特殊情况需要延长的，由本院院长批准。

第206条 按照审判监督程序决定再审的案件，裁定中止原判决、裁定、调解书的执行，但追索赡养费、扶养费、抚育费、抚恤金、医疗费用、劳动报酬等案件，可以不中止执行。

第211条 人民检察院提出抗诉的案件，接受抗诉的人民法院应当自收到抗诉书之日起三十日内作出再审的裁定；有本法第二百条第一项至第五项规定情形之一的，可以交下一级人民法院再审，但经该下一级人民法院再审的除外。

第 216 条 人民法院受理申请后，经审查债权人提供的事实、证据，对债权债务关系明确、合法的，应当在受理之日起十五日内向债务人发出支付令；申请不成立的，裁定予以驳回。

第 217 条 人民法院收到债务人提出的书面异议后，经审查，异议成立的，应当裁定终结督促程序，支付令自行失效。

第 221 条 利害关系人应当在公示催告期间向人民法院申报。人民法院收到利害关系人的申报后，应当裁定终结公示催告程序，并通知申请人和支付人。申请人或者申报人可以向人民法院起诉。

第 225 条 当事人、利害关系人认为执行行为违反法律规定的，可以向负责执行的人民法院提出书面异议。当事人、利害关系人提出书面异议的，人民法院应当自收到书面异议之日起十五日内审查，理由成立的，裁定撤销或者改正；理由不成立的，裁定驳回。当事人、利害关系人对裁定不服的，可以自裁定送达之日起十日内向上一级人民法院申请复议。

第 227 条 执行过程中，案外人对执行标的提出书面异议的，人民法院应当自收到书面异议之日起十五日内审查，理由成立的，裁定中止对该标的的执行；理由不成立的，裁定驳回。案外人、当事人对裁定不服，认为原判决、裁定错误的，依照审判监督程序办理；与原判决、裁定无关的，可以自裁定送达之日起十五日内向人民法院提起诉讼。

第 233 条 执行完毕后，据以执行的判决、裁定和其他法律文书确有错误，被人民法院撤销的，对已被执行的财产，人民法院应当作出裁定，责令取得财产的人返还；拒不返还的，强制执行。

第 242 条 被执行人未按执行通知履行法律文书确定的义务，人民法院有权向有关单位查询被执行人的存款、债券、股票、基金份额等财产情况。人民法院有权根据不同情形扣押、冻结、划拨、变价被执行人的财产。人民法院查询、扣押、冻结、划拨、变价的财产不得超出被执行人应当履行义务的范围。人民法院决定扣押、冻结、划拨、变价财产，应当作出裁定，并发出协助执行通知书，有关单位必须办理。

第 243 条 被执行人未按执行通知履行法律文书确定的义务，人民法院有权扣留、提取被执行人应当履行义务部分的收入。但应当保留被执行人及其所扶养家属的生活必需费用。人民法院扣留、提取收入时，应当作出裁定，并发出协助执行通知书，被执行人所在单位、银行、信用合作社和其他有储蓄业务的单位必须办理。

第 244 条 被执行人未按执行通知履行法律文书确定的义务，人民法院有权查封、扣押、冻结、拍卖、变卖被执行人应当履行义务部分的财产。但应当保留被执行人及其所扶养家属的生活必需品。采取前款措施，人民法院应当作出裁定。

第 282 条 人民法院对申请或者请求承认和执行的外国法院作出的发生法律效力的判决、裁定，依照中华人民共和国缔结或者参加的国际条约，或者按照互惠原则进行审查后，认为不违反中华人民共和国法律的基本原则或者国家主权、安全、社会公共利益的，裁定承认其效力，需要执行的，发出执行令，依照本法的有关规定执行。违反中华人民共和国法律的基本原则或者国家主权、安全、社会公共利益的，不予承认和执行。

（二）1992 年《最高人民法院关于适用〈中华人民共和国民事诉讼法〉若干问题的意见》对民事裁定种类的分散规定

33. 两个以上人民法院都有管辖权的诉讼，先立案的人民法院不得将案件移送给另一个有管辖权的人民法院。人民法院在立案前发现其他有管辖权的人民法院已先立案的，不得重复立案；立案后发现其他有管辖权的人民法院已先立案的，裁定将案件移送给先立案的人民法院。

44. 在诉讼中，一方当事人死亡，有继承人的，裁定中止诉讼。人民法院应及时通知继承人作为当事人承担诉讼，被继承人已经进行的诉讼行为对承担诉讼的继承人有效。

57. 必须共同进行诉讼的当事人没有参加诉讼的，人民法院应当依照民事诉讼法第一百一十九条的规定，通知其参加；当事人也可以向人民法院申请追加。人民法院对当事人提出的申请，应当进行审查，申请无理的，裁定驳回；申请有理的，书面通知被追加的当事人参加诉讼。

64. 依照民事诉讼法第五十五条规定向人民法院登记的当事人，应证明其与对方当事人的法律关系和所受到的损害。证明不了的，不予登记，当事人可以另行起诉。人民法院的裁判在登记的范围内执行。未参加登记的权利人在诉讼时效期间内提起诉讼，人民法院认定其请求成立的，裁定适用人民法院已作出的判决、裁定。

105. 债务人的财产不能满足保全请求，但对第三人有到期债权的，人民法院可以依债权人的申请裁定该第三人不得对本案债务人清偿。该第三人要求偿付的，由人民法院提存财物或价款。

109. 诉讼中的保全裁定的效力一般应维持到生效的法律文书执行时止。在诉讼过程中，需要解除保全措施的，人民法院应及时作出裁定，解除保全措施。

110. 对当事人不服保全、先予执行裁定提出的复议申请，人民法院应及时审查。裁定正确的，通知驳回当事人的申请；裁定不当的，作出新的裁定变更或者撤销原裁定。

139. 起诉不符合受理条件的，人民法院应当裁定不予受理。立案后发现起诉不符合受理条件的，裁定驳回起诉。

143. 原告应当预交而未预交案件受理费，人民法院应当通知其预交，通知后仍不预交或者申请减、缓、免未获人民法院批准而仍不预交的，裁定按自动撤诉处理。

147. 因仲裁条款或协议无效、失效或者内容不明确，无法执行而受理的民事诉讼，如果被告一方对人民法院管辖权提出异议的，受诉人民法院应就管辖权作出裁定。

186. 人民法院依照第二审程序审理的案件，认为依法不应由人民法院受理的，可以由第二审人民法院直接裁定撤销原判，驳回起诉。

195. 失踪人的财产代管人经人民法院指定后，代管人申请变更代管的，比照民事诉讼法特别程序的有关规定进行审理。申请有理的，裁定撤销申请人的代管人身份，同时另行指定财产代管人；申请无理的，裁定驳回申请。失踪人的其他利害关系人申请变更代管的，人民法院应告知其以原指定的代管人为被告起诉，并按普通程序进行审理。

197. 认定财产无主案件，公告期间有人对财产提出请求，人民法院应裁定终结特别程序，告知申请人另行起诉，适用普通程序审理。

199. 各级人民法院院长对本院已经发生法律效力的判决、裁定，发现确有错误，经审判委员会讨论决定再审的，应当裁定中止原判决、裁定的执行。

210. 人民法院提审或按照第二审程序再审的案件，在审理中发现原一、二审判决违反法定程序的，可分别情况处理：（1）认为不符合民事诉讼法规定的受理条件的，裁定撤销一、二审判决，驳回起诉。（2）具有本意见第181条规定的违反法定程序的情况，可能影响案件正确判决、裁定的，裁定撤销一、二审判决，发回原审人民法院重审。

211. 依照审判监督程序再审的案件，人民法院发现原一、二审判决遗漏了应当参加的当事人的，可以根据当事人自愿的原则予以调解，调解不成的，裁定撤销一、二审判决，发回原审人民法院重审。

216. 督促程序中，人民法院受理申请后，由审判员一人进行审查。经审查申请不成立的，应当在十五日内裁定驳回申请，该裁定不得上诉。

217. 在人民法院发出支付令前，申请人撤回申请的，应当裁定终结督促程序。

221. 依照民事诉讼法第一百九十二条的规定，债务人在法定期间提出书面异议的，人民法院无须审查异议是否有理由，应当直接裁定终结督促程序。债务人对债务本身没有异议，只是提出缺乏清偿能力的，不影响支付令的效力。

227. 人民法院收到公示催告的申请后，应当立即审查，并决定是否受理。经审查认为符合受理条件的，通知予以受理，并同时通知支付人停止支付；认为不符合受理条件的，七日内裁定驳回申请。

230. 利害关系人在公示催告期间向人民法院申报权利的，人民法院应当裁定终结公示催告程序。利害关系人在申报期届满后，判决作出之前申报权利的，同样应裁定终结公示催告程序。

231. 利害关系人申报权利，人民法院应通知其向法院出示票据，并通知公示催告申请人在指定的期间察看该票据。公示催告申请人申请公示催告的票据与利害关系人出示的票据不一致的，人民法院应当裁定驳回利害关系人的申报。

235. 公示催告申请人撤回申请，应在公示催告前提出；公示催告期间申请撤回的，人民法院可以迳行裁定终结公示催告程序。

263. 受委托人民法院遇有需要中止或者终结执行的情形，应当及时函告委托人民法院，由委托人民法院作出裁定，在此期间，可以暂缓执行。受委托人民法院不得自行裁定中止或者终结执行。

264. 委托执行中，案外人对执行标的提出异议的，受委托人民法院应当函告委托人民法院，由委托人民法院通知驳回或者作出中止执行的裁定，在此期间，暂缓执行。

270. 被执行人在人民法院决定暂缓执行的期限届满后仍不履行义务的，人民法院可以直接执行担保财产，或者裁定执行担保人的财产，但执行担保人的财产以担保人应当履行义务部分的财产为限。

271. 依照民事诉讼法第二百一十三条的规定，执行中作为被执行人的法人或者其他组织分立、合并的，其权利义务由变更后的法人或者其他组织承受；被撤销的，如果依有关实体法的规定有权利义务承受人的，可以裁定该权利义务承受人为被执行人。

272. 其他组织在执行中不能履行法律文书确定的义务的，人民法院可以裁定执行对该其他组织依法承担义务的法人或公民个人的财产。

273. 在执行中，作为被执行人的法人或者其他组织名称变更的，人民法院可以裁定变更后的法人或者其他组织为被执行人。

274. 作为被执行人的公民死亡，其遗产继承人没有放弃继承的，人民法院可以裁定变更被执行人，由该继承人在遗产的范围内偿还债务。继承人放弃继承的，人民法院可以直接执行被执行人的遗产。

277. 仲裁机构裁决的事项部分属于仲裁协议的范围，部分超过仲裁协议范围的，对超过部分，人民法院应当裁定不予执行。

278. 依照民事诉讼法第二百一十七条第二款、第三款的规定，人民法院裁定不予执行仲裁裁决后，当事人可以重新达成书面仲裁协议申请仲裁，也可以向人民法院起诉。

315. 人民法院强制执行涉外仲裁机构的仲裁裁决时，如被执行人申辩有民事诉讼法第二百六十条第一款规定的情形之一的，在其提供了财产担保后，可以中止执行。人民法院应当对被执行人的申辩进行审查，并根据审查结果裁定不予执行或驳回申辩。

317. 依照民事诉讼法第二百五十八条的规定，我国涉外仲裁机构将当事人的保全申请提交人民法院裁定的，人民法院可以进行审查，决定是否进行保全。裁定采取保全的，应当责令申请人提供担保，申请人不提供担保的，裁定驳回申请。

附录四 《民事诉讼法》对民事判决和民事裁定的并列规定

第 54 条 诉讼标的是同一种类、当事人一方人数众多在起诉时人数尚未确定的，人民法院可以发出公告，说明案件情况和诉讼请求，通知权利人在一定期间向人民法院登记。向人民法院登记的权利人可以推选代表人进行诉讼；推选不出代表人的，人民法院可以与参加登记的权利人商定代表人。代表人的诉讼行为对其所代表的当事人发生效力，但代表人变更、放弃诉讼请求或者承认对方当事人的诉讼请求，进行和解，必须经被代表的当事人同意。人民法院作出的判决、裁定，对参加登记的全体权利人发生效力。未参加登记的权利人在诉讼时效期间提起诉讼的，适用该判决、裁定。

第 56 条 对当事人双方的诉讼标的，第三人认为有独立请求权的，有权提起诉讼。对当事人双方的诉讼标的，第三人虽然没有独立请求权，但案件处理结果同他有法律上的利害关系的，可以申请参加诉讼，或者由人民法院通知他参加诉讼。人民法院判决承担民事责任的第三人，有当事人的诉讼权利义务。前两款规定的第三人，因不能归责于本人的事由未参加诉讼，但有证据证明发生法律效力的判决、裁定、调解书的部分或者全部内容错误，损害其民事权益的，可以自知道或者应当知道其民事权益受到损害之日起六个月内，向作出该判决、裁定、调解书的人民法院提起诉讼。人民法院经审理，诉讼请求成立的，应当改变或者撤销原判决、裁定、调解书；诉讼请求不成立的，驳回诉讼请求。

第 111 条 诉讼参与人或者其他人有下列行为之一的，人民法院可以根据情节轻重予以罚款、拘留；构成犯罪的，依法追究刑事责任：……（六）拒不履行人民法院已经发生法律效力的判决、裁定的。

第 124 条 人民法院对下列起诉，分别情形，予以处理：……；

（五）对判决、裁定、调解书已经发生法律效力的案件，当事人又起诉的，告知原告申请再审，但人民法院准许撤诉的裁定除外……

第 155 条 最高人民法院的判决、裁定，以及依法不准上诉或者超过上诉期没有上诉的判决、裁定，是发生法律效力的判决、裁定。

第 170 条 第二审人民法院对上诉案件，经过审理，按照下列情形，分别处理：（一）原判决、裁定认定事实清楚，适用法律正确的，以判决、裁定方式驳回上诉，维持原判决、裁定；（二）原判决、裁定认定事实错误或者适用法律错误的，以判决、裁定方式依法改判、撤销或者变更；（三）原判决认定基本事实不清的，裁定撤销原判决，发回原审人民法院重审，或者查清事实后改判；（四）原判决遗漏当事人或者违法缺席判决等严重违反法定程序的，裁定撤销原判决，发回原审人民法院重审。原审人民法院对发回重审的案件作出判决后，当事人提起上诉的，第二审人民法院不得再次发回重审。

第 175 条 第二审人民法院的判决、裁定，是终审的判决、裁定。

第 198 条 各级人民法院院长对本院已经发生法律效力的判决、裁定、调解书，发现确有错误，认为需要再审的，应当提交审判委员会讨论决定。最高人民法院对地方各级人民法院已经发生法律效力的判决、裁定、调解书，上级人民法院对下级人民法院已经发生法律效力的判决、裁定、调解书，发现确有错误的，有权提审或者指令下级人民法院再审。

第 199 条 当事人对已经发生法律效力的判决、裁定，认为有错误的，可以向上一级人民法院申请再审；当事人一方人数众多或者当事人双方为公民的案件，也可以向原审人民法院申请再审。当事人申请再审的，不停止判决、裁定的执行。

第 200 条 当事人的申请符合下列情形之一的，人民法院应当再审：（一）有新的证据，足以推翻原判决、裁定的；（二）原判决、裁定认定的基本事实缺乏证据证明的；（三）原判决、裁定认定事实的主要证据是伪造的；（四）原判决、裁定认定事实的主要证据未经质证的；（五）对审理案件需要的主要证据，当事人因客观原因不能自行收集，书面申请人民法院调查收集，人民法院未调查收集的；（六）原判决、裁定适用法律确有错误的；（七）审判组织的组成不合法或者依法应当回避的审判人员没有回避的；（八）无诉讼行为能力人未经法定代理人代为诉讼或者应当参加诉讼的当事人，因不能归责于本人或者其诉讼代理人的事由，未参加诉讼的；（九）违反法律规定，剥夺当事人辩论权利的；（十）未经传票传唤，缺席判决的；（十一）原判决、裁定遗漏或者超出诉讼请求的；（十二）据以作出原判决、裁定的法律文书被撤销或者变更的；（十三）审判人员审理该案件时有贪污受贿，徇私舞弊，枉法裁判行为的。

第 205 条 当事人申请再审，应当在判决、裁定发生法律效力后六个月内提出；有本法第二百条第一项、第三项、第十二项、第十三项规定情形的，自知道或者应当知道之日起六个月内提出。

第 206 条 按照审判监督程序决定再审的案件，裁定中止原判决、裁定、调解书的执行，但追索赡养费、扶养费、抚育费、抚恤金、医疗费用、劳动报酬等案件，可以不中止执行。

第 207 条 人民法院按照审判监督程序再审的案件，发生法律效力的判决、裁定是由第一审法院作出的，按照第一审程序审理，所作的判决、裁定，当事人可以上诉；发生法律效力的判决、裁定是由第二审法院作出的，按照第二审程序审理，所作的判决、裁定，是发生法律效力的判决、裁定；上级人民法院按照审判监督程序提审的，按照第二审程序审理，所作的判决、裁定是发生法律效力的判决、裁定。人民法院审理再审案件，应当另行组成合议庭。

第 208 条 最高人民检察院对各级人民法院已经发生法律效力的判决、裁定，上级人民检察院对下级人民法院已经发生法律效力的判决、裁定，发现有本法第二百条规定情形之一的，或者发现调解书损害国家利益、社会公共利益的，应当提出抗诉。地方各级人民检察院对同级人民法院已经发生法律效力的判决、裁定，发现有本法第二百条规定情形之一的，或者发现调解书损害国家利益、社会公共利益的，可以向同级人民法院提出检察建议，并报上级人民检察院备案；也可以提请上级人民检察院向同级人民法院提出抗诉。各级人民检察院对审判监督程序以外的其他审判程序中审判人员的违法行为，有权向同级人民法院提出检察建议。

第 209 条 有下列情形之一的，当事人可以向人民检察院申请检察建议或者抗诉：（一）人民法院驳回再审申请的；（二）人民法院逾期未对再审申请作出裁定的；（三）再审判决、裁定有明显错误的。

第 212 条 人民检察院决定对人民法院的判决、裁定、调解书提出抗诉的，应当制作抗诉书。

第 224 条 发生法律效力的民事判决、裁定，以及刑事判决、裁定中的财产部分，由第一审人民法院或者与第一审人民法院同级的被执行的财产所在地人民法院执行。

第 227 条 执行过程中，案外人对执行标的提出书面异议的，人民法院应当自收到书面异议之日起十五日内审查，理由成立的，裁定中止对该标的的执行；理由不成立的，裁定驳回。案外人、当事人对裁定不服，认为原判决、裁定错误的，依照审判监督程序办理；与原判决、裁定无关的，可以自裁定送达之日起十五日内向人民法院提起诉讼。

第 233 条 执行完毕后，据以执行的判决、裁定和其他法律文书确有错误，被人民法院撤销的，对已被执行的财产，人民法院应当作出裁定，责令取得财产的人返还；拒不返还的，强制执行。

第 236 条 发生法律效力的民事判决、裁定，当事人必须履行。一方拒绝履行的，对方当事人可以向人民法院申请执行，也可以由审判员移送执行员执行。调解书和其他应当由人民法院执行的法律文书，当事人必须履行。一方拒绝履行的，对方当事人可以向人民法院申请执行。

第 252 条 对判决、裁定和其他法律文书指定的行为，被执行人未按执行通知履行的，人民法院可以强制执行或者委托有关单位或者其他人完成，费用由被执行人承担。第 253 条规定，被执行人未按判决、裁定和其他法律文书指定的期间履行给付金钱义务的，应当加倍支付迟延履行期间的债务利息。被执行人未按判决、裁定和其他法律文书指定的期间履行其他义务的，应当支付迟延履行金。

第 269 条 在中华人民共和国领域内没有住所的当事人，不服第一审人民法院判决、裁定的，有权在判决书、裁定书送达之日起三十日内提起上诉。被上诉人在收到上诉状副本后，应当在三十日内提出答辩状。当事人不能在法定期间提起上诉或者提出答辩状，申请延期的，是否准许，由人民法院决定。

第 280 条 人民法院作出的发生法律效力的判决、裁定，如果被执行人或者其财产不在中华人民共和国领域内，当事人请求执行的，可以由当事人直接向有管辖权的外国法院申请承认和执行，也可以由人民法院依照中华人民共和国缔结或者参加的国际条约的规定，或者按照互惠原则，请求外国法院承认和执行。

第 281 条 外国法院作出的发生法律效力的判决、裁定，需要中华人民共和国人民法院承认和执行的，可以由当事人直接向中华人民共和国有管辖权的中级人民法院申请承认和执行，也可以由外国法院依照该国与中华人民共和国缔结或者参加的国际条约的规定，或者按照互惠原则，请求人民法院承认和执行。

第282条 人民法院对申请或者请求承认和执行的外国法院作出的发生法律效力的判决、裁定，依照中华人民共和国缔结或者参加的国际条约，或者按照互惠原则进行审查后，认为不违反中华人民共和国法律的基本原则或者国家主权、安全、社会公共利益的，裁定承认其效力，需要执行的，发出执行令，依照本法的有关规定执行。违反中华人民共和国法律的基本原则或者国家主权、安全、社会公共利益的，不予承认和执行。

参考文献

一、国内著作类

1. 蔡琳：《裁判合理性理论研究》，法律出版社 2009 年版。
2. 蔡敏彦、洪浩：《正当程序法律分析——当代美国民事诉讼制度研究》，中国政大学出版社 2000 年版。
3. 常廷彬：《民事判决既判力主观范围研究》，中国人民公安大学出版社 2010 年版。
4. 常怡主编：《民事诉讼法》，中国政法大学出版社 2007 年版。
5. 陈桂明主编：《民事诉讼法》，中国人民大学出版社 2000 年版。
6. 陈桂明主编：《民事诉讼法通论》，中国政法大学出版社 1999 年版。
7. 陈桂明：《程序理念与程序规则》，中国法制出版社 1999 年版。
8. 陈桂明：《诉讼公正与程序保障》，中国法制出版社 1996 年版。
9. 陈林林：《裁判的进路与方法——司法论证理论导论》，中国政法大学出版社 2007 年版。
10. 陈增宝、李安：《裁判的形成——法官断案的心理机制》，法律出版社 2007 年版。
11. 邓辉辉：《既判力理论研究》，中国政法大学出版社 2005 年版。
12. 樊崇义主编：《诉讼原理》，法律出版社 2003 年版。
13. 冀宗儒：《民事救济要论》，人民法院出版社 2005 年版。
14. 江必新主编：《新民事诉讼法专题讲座》，法律出版社 2012 年版。
15. 江伟、邵明、陈刚：《民事诉权研究》，法律出版社 2002 年版。
16. 江伟主编：《民事诉讼法学原理》，中国人民大学出版社 1999 年版。
17. 江伟主编：《中国民事诉讼法专论》，中国政法大学出版社 1998 年版。

18. 李祖军、王世进主编：《民事诉讼法学》，重庆大学出版社 2006 年版。
19. 梁慧星：《裁判的方法》，法律出版社 2003 年版。
20. 廖永安：《民事诉讼理论探索与程序整合》，中国法制出版社 2005 年版。
21. 廖中洪：《中国民事诉讼程序制度研究》，中国检察出版社 2004 年版。
22. 林剑锋：《民事判决既判力客观范围研究》，厦门大学出版社 2006 年版。
23. 刘风景：《裁判的法理》，人民出版社 2007 年版。
24. 刘家兴、潘剑锋主编：《民事诉讼法教程》，北京大学出版社 2010 年版。
25. 刘家兴主编：《模拟式诉讼原理与实务》，北京大学出版社 1996 年版。
26. 刘家兴主编：《新中国民事程序理论与适用》，中国检察出版社 1997 年版。
27. 刘敏：《裁判请求权研究——民事诉讼的宪法理念》，中国人民大学出版社 2003 年版。
28. 刘青山：《司法判决效力研究》，法律出版社 2006 年版。
29. 刘荣军：《程序保障的理论视角》，法律出版社 1999 年版。
30. 吕太郎：《民事诉讼之基本理论》，中国政法大学出版社 2003 年版。
31. 罗筱琦：《民事判决研究——根据与对策》，人民法院出版社 2006 年版。
32. 潘剑锋主编：《民事诉讼原理》，北京大学出版社 2001 年版。
33. 彭世忠主编：《民事诉讼法学》，华南理工大学出版社 2008 年版。
34. 齐树洁主编：《程序正义与司法改革》（第 2 版），厦门大学出版社 2010 年版。
35. 齐树洁主编：《民事程序法》（第 8 版），厦门大学出版社 2013 年版。
36. 齐树洁主编：《民事司法改革研究》（第 3 版），厦门大学出版社 2006 年版。
37. 齐树洁主编：《民事诉讼法》（第 3 版），中国人民大学出版社 2013 年版。
38. 齐树洁主编：《民事诉讼法》（第 6 版），厦门大学出版社 2012 年版。
39. 邵明：《民事诉讼法理研究》，中国人民大学出版社 2004 年版。
40. 沈志先主编：《裁判文书制作》，法律出版社 2010 年版。

41. 盛琦：《裁判学》，学术书刊出版社1989年版。
42. 宋冰编：《程序、正义与现代化》，中国政法大学出版社1998年版。
43. 宋冰编：《读本：美国与德国的司法制度及司法程序》，中国政法大学出版社1998年版。
44. 宋朝武主编：《民事诉讼法学》，厦门大学出版社2008年版。
45. 宋朝武主编：《民事诉讼法精解》，中国政法大学出版社2012年版。
46. 孙谦、郑成良主编：《司法改革报告：有关国家司法改革的理念与经验》，法律出版社2002年版。
47. 谭兵主编：《民事诉讼法学》，法律出版社1997年版。
48. 汤维建等：《民事诉讼法全面修改专题研究》，北京大学出版社2008年版。
49. 唐文：《法官判案如何讲理——裁判文书说理研究与应用》，人民法院出版社2000年版。
50. 田平安主编：《民事诉讼法》，高等教育出版社2007年版。
51. 田平安主编：《民事诉讼法学》，中国人民大学出版社2003年版。
52. 田平安主编：《民事诉讼法学》，中国人民大学出版社2007年版。
53. 田平安主编：《民事诉讼法原理》，厦门大学出版社2004年版。
54. 王福华：《民事诉讼基本结构——诉权与审判权的对峙与调和》，中国检察出版社2002年版。
55. 王锡三主编：《民事诉讼法研究》，重庆大学出版社1996年版。
56. 王亚新：《对抗与判定——日本民事诉讼法的基本结构》，清华大学出版社2002年版。
57. 王亚新：《社会变革中的民事诉讼》，中国法制出版社2001年版。
58. 吴庆宝：《裁判的理念与方法》，人民法院出版社2004年版。
59. 相庆梅：《从逻辑到经验：民事诉权的一种分析框架》，法律出版社2008年版。
60. 肖晖：《中国判决理由的传统与现代转型》，法律出版社2008年版。
61. 肖建国：《民事诉讼程序价值论》，中国人民大学出版社2000年版。
62. 肖建华主编：《民事诉讼立法研讨与理论探索》，法律出版社2008年版。
63. 杨凯法：《裁判的艺术：法官职业的境界与追求》，法律出版社2005年版。

64. 杨荣馨主编：《民事诉讼法学》，中央广播电视大学出版社 1996 年版。
65. 杨荣馨主编：《民事诉讼原理》，法律出版社 2003 年版。
66. 杨荣馨主编：《〈中华人民共和国强制执行法〉立法理由、立法例参考与立法意义》，厦门大学出版社 2011 年版。
67. 杨秀清：《民事裁判过程论》，法律出版社 2012 年版。
68. 叶自强：《民事诉讼制度的变革》，法律出版社 2001 年版。
69. 叶自强：《中国民事诉讼法》，法律出版社 2004 年版。
70. 张晋藩主编：《中国民事诉讼制度史》，巴蜀书社 1999 年版。
71. 张晋红主编：《中国民事诉讼法》，中国政法大学出版社 1997 年版。
72. 张卫平：《民事诉讼法教程》，法律出版社 1998 年版。
73. 张卫平：《程序公正实现中的冲突与衡平》，成都出版社 1992 年版。
74. 张卫平：《民事诉讼法》，法律出版社 2004 年版。
75. 张卫平：《诉讼构架与程序——民事诉讼的法理分析》，清华大学出版社 2000 年版。
76. 张卫平：《转换的逻辑——民事诉讼体质转型分析》（修订版），法律出版社 2007 年版。
77. 章武生等：《司法现代化与民事诉讼制度的构建》，法律出版社 2000 年版。
78. 赵蕾：《非讼程序论》，中国政法大学出版社 2013 年版。
79. 周道鸾编：《民事裁判文书改革与实例评析》，人民法院出版社 2001 年版。
80. 周恺：《如何写好判决书》，中国政法大学出版社 2010 年版。

二、国外资料汇编类

1. 白绿铉、卞建林译：《美国联邦民事诉讼规则证据规则》，中国法制出版社 2000 年版。
2. 白绿铉编译：《日本新民事诉讼法》，中国法制出版社 2000 年版。
3. 白绿铉译：《美国民事诉讼法》，经济日报出版社 1996 年版。
4. 常怡：《比较民事诉讼法》，中国政法大学出版社 2002 年版。
5. 常怡：《外国民事诉讼法新发展》，中国政法大学出版社 2009 年版。
6. 陈刚：《比较民事诉讼法》，中国人民大学出版社 1999 年版。

7. 黄道秀译：《俄罗斯联邦民事诉讼法典》，中国人民公安大学出版社 2003 年版。
8. 梁启明、邓曙光译：《苏俄民事诉讼法典》，法律出版社 1982 年版。
9. 罗结珍译：《法国新民事诉讼法典》，中国法制出版社 2000 年版。
10. 齐树洁主编：《美国民事司法制度》，厦门大学出版社 2011 年版。
11. 齐树洁主编：《美国司法制度》（第 2 版），厦门大学出版社 2010 年版。
12. 齐树洁主编：《台港澳民事诉讼制度》，厦门大学出版社 2010 年版。
13. 齐树洁主编：《英国民事司法改革》，北京大学出版社 2004 年版。
14. 齐树洁主编：《英国民事司法制度》，厦门大学出版社 2011 年版。
15. 齐树洁主编：《英国司法制度》（第 2 版），厦门大学出版社 2007 年版。
16. 乔欣：《外国民事诉讼法学》，厦门大学出版社 2008 年版。
17. 邵建东主编：《德国司法制度》，厦门大学出版社 2010 年版。
18. 沈达明：《比较民事诉讼法初论》，中国法制出版社 2002 年版。
19. 宋冰编：《读本：美国与德国的司法制度与司法程序》，中国政法大学 1998 年版。
20. 谭兵：《外国民事诉讼制度研究》，法律出版社 2003 年版。
21. 汤维建、徐卉、胡浩成译：《美国联邦地区法院民事诉讼流程》，法律出版社 2001 年版。
22. 汤维建：《外国民事诉讼法学研究》，中国人民大学出版社 2007 年版。
23. 汤维建：《美国民事诉讼规则》，中国检察出版社 2003 年版。
24. 汤维建：《美国民事司法制度与民事诉讼程序》，中国法制出版社 2001 年版。
25. 谢怀栻译：《德意志联邦共和国民事诉讼法》，中国法制出版社 2000 年版。
26. 徐昕译：《英国民事诉讼规则》，中国法制出版社 2001 年版。
27. 徐昕：《英国民事诉讼与民事司法改革》，中国政法大学出版社 2002 年版。
28. 杨立新、汤维建：《民事诉讼法教学参考书》，中国人民大学出版社 2002 年版。
29. 张家慧：《俄罗斯民事诉讼法研究》，法律出版社 2004 年版。

30. 张卫平、陈刚编:《法国民事诉讼法导论》,中国政法大学出版社1997年版。
31. 张西安、程丽庄译:《俄罗斯联邦民事诉讼法·执行程序法》,中国法制出版社2002年版。
32. 政法大学澳门研究中心、澳门政府法律翻译办公室编:《澳门民事诉讼法典》,中国政法大学出版社1999年版。

三、国外著作翻译类

1. [德] 汉斯-约阿希姆·穆泽拉克:《德国民事诉讼法基础教程》,周翠译,中国政法大学出版社2005年版。
2. [德] 奥特马·尧厄尼希:《民事诉讼法》,周翠译,法律出版社2003年版。
3. [德] 狄特·克罗林庚:《德国民事诉讼的法律与实务》,刘汉富译,法律出版社2000年版。
4. [德] 米夏埃尔·施蒂尔纳主编:《德国民事诉讼法学文萃》,赵秀举译,中国政法大学出版社2005年版。
5. [德] 罗森贝克、施瓦布、戈特瓦尔德:《德国民事诉讼法》,李大雪译,中国法制出版社2007年版。
6. [法] 让·文森、塞尔日·金沙尔:《法国民事诉讼法要义》,罗结珍译,中国法制出版社2001年版。
7. [美] E. 博登海默:《法律学法律哲学与法律方法》,邓正来译,中国政法大学出版社1999年版。
8. [美] 弗兰德泰尔等:《民事诉讼法》,夏登俊等译,中国政法大学出版社2003年版。
9. [美] 杰弗里·C. 哈泽德、米歇尔·塔鲁伊:《美国民事诉讼法导论》,张茂译,中国政法大学出版社1998年版。
10. [日] 高木丰三:《日本民事诉讼法论纲》,陈与年译,中国政法大学出版社2006年版。
11. [日] 高桥宏志:《民事诉讼法:制度与理论的深层分析》,林剑锋译,法律出版社2003年版。
12. [日] 高桥宏志:《重点讲义民事诉讼法》,张卫平、许可译,法律出版社 2007 年版。
13. ［日］谷口安平：《程序的正义与诉讼》，王亚新、刘荣军译，中国政法大学出版社 2002 年版。
14. ［日］兼子一、竹下守夫：《民事诉讼法》，白绿铉译，法律出版社 1995 年版。
15. ［日］棚濑孝雄：《纠纷的解决与审判制度》，王亚新译，中国政法大学出版社 2004 年版。
16. ［日］染野义信：《转变时期的民事裁判制度》，林剑锋译，中国政法大学出版社 2004 年版。
17. ［日］三月章：《日本民事诉讼法》，汪一凡译，五南图书出版公司 1997 年版。
18. ［日］新堂幸司：《新民事诉讼法》，林剑锋译，法律出版社 2008 年版。
19. ［日］中村英郎：《新民事诉讼法讲义》，陈刚、林剑锋、郭美松译，法律出版社 2001 年版。
20. ［苏］多勃洛沃里斯基等：《苏维埃民事诉讼》，法律出版社 1985 年版。
21. ［意］莫诺·卡佩莱蒂等：《比较法视野中的司法程序》，徐昕、王亦译，清华大学出版社 2005 年版。

四、港澳台著作类

1. 《民事诉讼法修订资料汇编》，五南图书出版公司 2000 年版。
2. 蔡律师：《民事诉讼法概要》，高点文化事业有限公司 1992 年版。
3. 陈计男：《民事诉讼法论》，三民书局 2009 年版。
4. 陈荣宗、林庆苗：《民事诉讼法》，三民书局 2005 年版。
5. 陈荣宗：《民事程序法与诉讼标的理论》，台湾大学法学丛书编辑委员会 1984 年版。
6. 郭杏邨：《民事诉讼法》，商务印书馆（香港）有限公司 1936 年版。
7. 黄国昌：《民事诉讼理论之新发展》，元照出版有限公司 2005 年版。
8. 姜世明：《民事程序法之发展与宪法原则》，元照出版有限公司 2003 年版。
9. 姜世明：《民事诉讼法基础论》，元照出版有限公司 2011 年版。

10. 李木贵：《民事诉讼法》，元照出版有限公司 2007 年版。
11. 骆永家：《既判力之研究》，三民书局 1991 年版。
12. 邱联恭：《程序利益保护论》，三民书局 2005 年版。
13. 邱联恭：《程序选择权论》，三民书局 2000 年版。
14. 邱联恭：《程序制度机能论》，三民书局 1996 年版。
15. 邱联恭：《司法现代化与程序法》，三民书局 1995 年版。
16. 邵勋：《中国民事诉讼法论》，中国方正出版社 2004 年版。
17. 王甲乙、洪慧慈、郑健才：《民事诉讼法新论》，三民书局 2007 年版。
18. 吴明轩：《中国民事诉讼法》，三民书局 2000 年版。
19. 谢碧莉：《英美 DISCOVERY 制度在我国民事诉讼序中适用之研究》，我国台湾地区高等法院 1999 年度研究发展项目研究报告。
20. 杨建华：《民事诉讼法论文选辑》（下），五南图书出版公司 1984 年版。
21. 杨建华：《问题研析——民事诉讼法（二）》，三民书局 1999 年版。
22. 杨建华：《问题研析——民事诉讼法（一）》，三民书局 1999 年版。
23. 杨仁寿：《法学方法论》，中国政法大学出版社 1999 年版。
24. 杨与龄编著：《强制执行法论》，三民书局 1998 年版。
25. 姚瑞光：《民事诉讼法论》，中国政法大学出版社 2011 年版。
26. 庄柏林：《民事诉讼法概要》，三民书局 2010 年版。

五、论文类

1. 陈广华：《从法官后语考察民事裁判文书的改革》，《求索》2006 年第 2 期。
2. 陈金钊：《论法律事实》，《法学家》2000 年第 2 期。
3. 陈瑞华：《程序性制裁制度的法理学分析》，《中国法学》2005 年第 6 期。
4. 陈晓君：《缺陷的弥补与权利的补充救济——民事裁判瑕疵补正程序》，《法律适用》2008 年第 9 期。
5. 陈永忠：《浅议完善我国诉讼复议制度》，《远程教育杂志》1997 年第 5 期。
6. 陈增宝：《司法裁判中的事实问题——以法律心理学为视角的考察》，

《法律适用》2009 年第 6 期。

7. 程志:《对裁判文书改革与深化的研究》,《当代法学》2002 年第 11 期。

8. 崔建勋、贺二军:《浅议对若干民事裁定及非讼程序的检察监督》,《人民检察》2010 年第 17 期。

9. 杜万华:《掌握裁判文书适用法律说理的重点——从一份判决书谈起》,《法律适用》2001 年第 4 期。

10. 段厚省:《论民事案件裁判方法——在事实和法律之间探寻》,《法律适用》2006 年第 5 期。

11. 傅郁林:《民事裁判文书的功能与风格》,《中国社会科学》2000 年第 4 期。

12. 傅郁林:《先决问题与中间裁判》,《中国法学》2008 年第 6 期。

13. 高洪宾、黄旭能:《裁判文书改革与司法公正》,《政治与法律》2002 年第 1 期。

14. 高健:《制约权力和规范行为——修订〈民事诉讼法〉的标准、指导思想和立法技术刍议》,《法学论坛》2007 年第 6 期。

15. 顾炜:《浅议立法技术》,《北京理工大学学报》(社会科学版) 2000 年第 1 期。

16. 韩红俊:《民事裁判文书的公开与完善》,《理论探索》2004 年第 2 期。

17. 何良彬、钟宏:《论裁判文书中法律适用的公开》,《法律适用》2006 年第 3 期。

18. 贺小荣、王松:《民事裁判文书制作若干问题探析》,《人民司法》2005 年第 12 期。

19. 胡春明:《裁定驳回与判决驳回之分析》,《法学》2003 年第 1 期。

20. 胡夏冰:《裁判表述错误及其补正》,《法律适用》2009 年第 10 期。

21. 胡云腾:《论裁判文书的说理》,《法律适用》2009 年第 3 期。

22. 黄芳:《民事裁判文书的制作与审判方式改革》,《法律适用》2000 年第 10 期。

23. 黄良友:《试论民事诉讼复议制度》,《现代法学》1995 年第 6 期。

24. 黄平、齐恩平:《对法院裁判文书的公信力评价与研究》,《当代法学》2002 年第 5 期。

25. 黄胜春、王健：《论人民法院的民事诉讼复议权》，《法律科学》1993年第2期。
26. 孔令章：《纯化的民事诉讼法典——美国〈联邦民事诉讼规则〉立法体例与编纂技术考察》，《华北电力大学学报（社会科学版）》2010年第6期。
27. 雷梅英：《民事裁判文书的改革与借鉴》，《山西省政法管理干部学院学报》2000年第2期。
28. 雷鑫、黄文德：《当前法院裁判文书存在的问题及原因分析》，《法律适用》2010年第1期。
29. 李安：《裁判形成的思维过程》，《法制与社会发展》2007年第4期。
30. 李友根：《裁判文书公开与当事人隐私权保护》，《法学》2010年第5期。
31. 李悦、汪海燕：《提高裁判文书校对质量至关重要》，《法学杂志》2001年第5期。
32. 李祖军：《确信真实，一种新理论的结构性优势——论民事诉讼事实审理的目的》，《法学评论》2000年第3期。
33. 廖永安、崔峰：《当事人诉讼行为与民事法律行为关系考》，《法律科学》2004年第1期。
34. 廖永安、雷勇：《论我国民事诉讼复议制度的改革与完善》，《法律科学》2008年第3期。
35. 廖永安、彭熙海：《当事人诉讼行为理论初探》，《南京大学法律评论》2004年第2期。
36. 刘爱龙：《立法语言的表述伦理》，《现代法学》2006年第2期。
37. 刘大生：《中国当前立法语言失范化之评析》，《法学》2001年第1期。
38. 刘建军、王颖：《裁判文书的法律价值与改革》，《法律适用》2002年第9期。
39. 刘建青、乔建设：《生效裁定可抗诉范围之探讨》，《人民检察》2009年第13期。
40. 刘金华：《裁判文书改革之我见》，《人民司法》2002年第6期。
41. 刘莉、孙晋琪：《两大法系裁判文书说理的比较与借鉴》，《法律适用》2002年第3期。

42. 刘学圣：《民事裁判文书的改革与制作》，《人民司法》2005 年第 12 期。

43. 刘学在：《民事裁定上诉审程序之检讨》，《法学评论》2001 年第 6 期。

44. 卢鹏：《民事裁定复议制度的检讨与重构》，《西南政法大学学报》2010 年第 5 期。

45. 卢雪华：《民事裁判思考过程解析》，《国家检察官学院学报》2009 年第 1 期。

46. 罗书平：《裁判文书：就应当让地球人都知道》，《人民司法》2006 年第 8 期。

47. 罗书平：《裁判文书与诉讼证据》，《法律适用》2002 年第 5 期。

48. 潘庆云：《民事裁判文书改革研究》，《法学》1998 年第 10 期。

49. 彭贵：《裁判的依据、手段和裁判者——以大陆法系为中心》，《法律适用》2006 年第 4 期。

50. 彭世忠、徐昕：《论民事诉讼中的异议权制度及其重塑》，《甘肃政法学院学报》1995 年第 1 期。

51. 邵明：《民事诉讼行为要论》，《中国人民大学学报》2002 年第 2 期。

52. 沈明磊、高洪：《完善民事裁判文书公开性的探讨》，《人民司法》2005 年第 12 期。

53. 孙宝林：《辩论式民事裁判文书之制作》，《人民司法》1998 年第 2 期。

54. 汤维建：《民事诉讼法的全面修改与检察监督》，《中国法学》2011 年第 3 期。

55. 汤维建、胡思博：《民事检察监督的载体对象研究——以民事裁判的种类和特性为视角》，《中国法学》（英文版）2013 年第 5 期。

56. 童汉明：《应加强裁判文书的法理论证》，《人民司法》2000 年第 7 期。

57. 童兆洪：《裁判文书改革与司法公正的实现》，《法律适用》2001 年第 12 期。

58. 王刚：《民事裁判文书繁简分流的标准与形式》，《法律适用》2006 年第 4 期。

59. 王松：《创新与规制——民事裁判文书的说理方法》，《人民司法》

2008 年第 5 期。

60. 王松：《民事裁判文书应繁简分流》，《法律适用》2006 年第 12 期。
61. 王振峰：《论裁判文书中的说理》，《法律适用》2000 年第 12 期。
62. 吴大英、曹叠云：《立法技术论纲》，《中国法学》1990 年第 4 期。
63. 吴庆宝：《法官裁判的规范性——以民事法官裁判为视角》，《法律适用》2007 年第 9 期。
64. 吴庆宝：《论裁判文书改革与法官自由裁量权的行使》，《人民司法》2002 年第 12 期。
65. 吴秋菊：《立法技术探讨》，《时代法学》2004 年第 4 期。
66. 谢玉泉、范兴：《民事证据效力确认复议制度的建立》，《人民司法》2002 年第 5 期。
67. 许翰信：《程序事实与法官责任范围》，《云南大学学报》（法学版）2001 年第 4 期。
68. 许少波：《当事人的民事诉讼权利体系之建构》，《西南民族大学学报》（人文社科版）2004 年第 2 期。
69. 许少波：《当事人民事诉讼权利保障机制刍论》，《西南民族大学学报》（人文社科版）2005 年第 5 期。
70. 许少波：《论否定性法律后果的立法设置——以救济当事人民事诉讼权利为主的考察》，《法学评论》2005 年第 5 期。
71. 许少波：《论民事裁定的既判力》，《法律科学》2006 年第 6 期。
72. 许少波：《民事诉讼当事人诉讼权利的法律救济》，《河北法学》2005 年第 1 期。
73. 薛峰、薛伟：《论裁判文书的表述》，《人民司法》2005 年第 12 期。
74. 杨波：《法律事实辨析》，《当代法学》2007 年第 6 期。
75. 杨波：《论法律事实的程序保障》，《当代法学》2008 年第 5 期。
76. 杨建军：《法律事实的概念》，《法律科学》2004 年第 6 期。
77. 杨玲梅：《民事裁定法律效力之管见》，《中国司法》2002 年第 2 期。
78. 易萍、孙龙军：《民事诉讼复议制度的反思与校正》，载陈桂明主编《民事诉讼法修改重要问题研究》，厦门大学出版社 2011 年版。
79. 张浩书、朱梅芳：《裁判文书网上公开问题研究——现代司法理念与司法实践的碰撞及其整合》，《金陵法律评论》2007 年第 2 期。
80. 张家慧：《意思表示不真实诉讼行为的救济》，《法学研究》2002 年第

2 期。
81. 张家慧：《当事人诉讼行为与诚实信用原则》，载陈光中、江伟主编《诉讼法论丛》第六卷，法律出版社 2001 年版。
82. 张丽霞：《论民事再审裁定的法律效力》，《公民与法（法学版）》2010 年第 7 期。
83. 张其山：《裁判规范的创立原则》，《政治与法律》2009 年第 10 期。
84. 张卫平：《论民事诉讼法中的异议制度》，《清华法学》2007 年第 1 期。
85. 张卫平：《论民事再审事由审查程序的法定化》，《法学》2000 年第 2 期。
86. 张卫平：《论民事程序中失权的正义性》，《法学研究》1999 年第 6 期。
87. 张锡敏：《裁判文书改革的若干法理思考》，《法律适用》2005 年第 2 期。
88. 赵信会：《论民事诉讼事实认定的双重性——兼与认识论、价值论商榷》，《重庆大学学报》（社会科学版）2004 年第 5 期。
89. 赵泽君：《民事裁判遗漏的补充判决制度——兼评我国民事诉讼法第 179 条第 12 项之规定》，《政法论坛》2008 年第 5 期。
90. 朱杰、肖国耀：《民事诉讼异议制度初探》，《内蒙古社会科学》2001 年第 6 期。
91. 邹政：《诉讼行为界定标准重述——兼论与私法行为的区别》，《西南政法大学学报》2010 年第 6 期。

六、学位论文类

1. 金蓓蓓：《民事裁定救济制度研究》，硕士学位论文，南京师范大学，2008 年。
2. 雷勇：《当事人民事诉讼权利救济机制研究》，硕士学位论文，湘潭大学，2008 年。
3. 陶志蓉：《民事判决效力研究》，博士学位论文，中国政法大学，2004 年。

七、报纸类

1. 韩昌言：《民事诉讼中的诉讼行为论》，《人民法院报》2006 年 1 月 13 日第 B04 版。
2. 郝振江：《裁判文书的公开是审判公开的重要内容》，《人民法院报》

2009年4月16日第5版。

3. 吴园妹：《裁判文书上网的界限》，《人民法院报》2010年3月3日第8版。

4. 张西安：《生效裁判确定的事实的证据效力初探》，《人民法院报》2000年8月15日第3版。

八、法律法规和司法解释

1. 《中华人民共和国宪法》
2. 《中华人民共和国民事诉讼法》
3. 《中华人民共和国海事诉讼特别程序法》
4. 《中华人民共和国公证法》
5. 《中华人民共和国法官法》
6. 《中华人民共和国国家赔偿法》
7. 《中华人民共和国企业破产法》
8. 《最高人民法院关于适用〈中华人民共和国民事诉讼法〉若干问题的意见》
9. 《最高人民法院关于在经济审判工作中严格执行〈中华人民共和国民事诉讼法〉的若干规定》
10. 《最高人民法院关于民事诉讼证据的若干规定》
11. 《最高人民法院关于人民法院民事调解工作若干问题的意见》
12. 《最高人民法院关于适用〈中华人民共和国民事诉讼法〉执行程序若干问题的解释》
13. 《最高人民法院关于执行案件督办工作的规定（试行）》
14. 《最高人民法院关于裁判文书引用法律、法规等规范性法律文件的规定》
15. 《最高人民法院裁判文书公布管理办法》
16. 《最高人民法院关于为构建社会主义和谐社会提供司法保障的若干意见》
17. 《最高人民法院关于加强人民法院审判公开工作的若干意见》
18. 《最高人民法院关于人民法院在互联网公布裁判文书的规定》
19. 《最高人民法院关于司法公开的六项规定》
20. 《最高人民法院关于检察机关对先予执行的民事裁定提出抗诉人民法

院应当如何审理问题的批复》
21. 《最高人民法院关于在破产程序中当事人或人民检察院对人民法院作出的债权人优先受偿的裁定申请再审或抗诉应如何处理问题的批复》
22. 《最高人民法院关于对企业法人破产还债程序终结的裁定的抗诉应否受理问题的批复》
23. 《最高人民法院关于人民法院不予受理人民检察院单独就诉讼费负担裁定提出抗诉问题的批复》
24. 《最高人民法院关于人民法院发现本院作出的诉前保全裁定和在执行程序中作出的裁定确有错误以及人民检察院对人民法院作出的诉前保全裁定提出抗诉人民法院应当如何处理》
25. 《最高人民法院关于人民检察院对撤销仲裁裁决的民事裁定提起抗诉人民法院应如何处理问题的批复》
26. 《最高人民法院关于人民检察院对不撤销仲裁裁决的民事裁定提出抗诉人民法院应否受理问题的批复》
27. 《最高人民法院关于人民法院合议庭工作的若干规定》
28. 《最高人民法院关于贯彻执行〈中华人民共和国民法通则〉若干问题的意见（试行）》
29. 《人民法院审判人员违法审判责任追究办法（试行）》
30. 《人民法院审判纪律处分办法（试行）》
31. 《最高人民法院关于审理拒不执行判决、裁定案件具体应用法律若干问题的解释》
32. 《人民检察院民事诉讼监督规则（试行）》
33. 《最高人民检察院关于对已生效的中止诉讼的裁定能否提出抗诉的答复》
34. 《全国人民代表大会常务委员会关于〈中华人民共和国刑法〉第三百一十三条的解释》
35. 《诉讼费用交纳办法》

索 引

B

本位民事裁定 23，26，52，112，116，202

表达形式 1，34，73，75，206，217，219，220

补正 23，26，33，94，95，105，112—118，148，159，167，169，172，179，190，193，223

不发生法律效力 19，159，166—168，171，172

不予启动裁定 27，28

C

裁定理由 2，74，78—80，84

裁定书 1，2，37，41，43，51，54，55，64，68，74—94，114，115，117，123，129，144，161，162，166，167，186，195，198，207，209，213，216，217，221，224，225，235

裁判 1，3，5—10，14，18，20，23—25，30—35，38—46，53，56—59，62，64，73—76，78—84，86，88—94，97，99—104，106—109，112—117，119，122，125—128，135，140—142，145，146，149，150—152，163，164，168—183，186，195，197—199，203，206，210，211，213，214，219，220，228，234

程序关口裁定 25—27，58，60，126，132—135，138，146—148，154，166，172，174，177，203

程序终结裁定 27，28

程序启动裁定 28，48

程序性裁定 25，26，186，189，190，195，199

程序性事实 29，62—64，78，83，116—117

程序性证明 61—63

程序指挥裁定 25，26，58，59，74，85，132—135，138，142，144，146，166，172，176，177，203

程序准入与否裁定 27—28

处分 9，15，24，27，31，32，35，43，44，57，81，93，102—105，107，109，119，140，141，145，148，191，197，199，200，202，204，213

D

单独性规定 212，217

F

民事裁定效力的时间范围　159
民事裁定效力的主观范围　157，159
民事裁定效力的作用范围　173
非讼裁定　24，180，182
复议　8，21，33，38—40，42，43，94，95，98，119—121，125，126，130，136，138—143，145，181，184，203，207，211，227，229

G

更正　22，30，94，95，103，113，114，119—121，124—126，128—139，141—144，146，148—150，153—156，213

H

恢复裁定　29
回转补正　95，118

J

积极裁定　28，29
基础裁定　63
既判力　2，27，28，41，42，113，149，160，167，170，173—181，183，207，209
检察建议　8，14，16，21，51，77，119，126，130，131，134，138，151—154，171，198，211，222，234
救济途径　20，42，43，49，64，94，100，101，206，207，211，212，215，219，220

决定　2，3，5—8，14，16，20，21，32—36，38—43，49，56，57，59，62，71，73，76，81，84，85，90，94，111，115，119，120，123，130，131，133，134，138—145，154，157，160，163，168，170，172，176，179，180，184，189，193，195，198，202—204，206，210，222，226，227，229—231，233—235

K

抗告　3，31，41，85，101，102—109，125，141，142，146，147，150，153，155，163，167，171，181，202—204，213，216
抗诉　8，14，16，21，46，51，57，109—111，119，122—124，126，127，130，131，134，138，151—154，163，198，208，211，213，222，226，234，247，251
口头裁定　73—75，161，164，165

L

立法体例　141，205，208，211—217，219，220
漏裁　116—118

M

民事裁定　1—9，20—24，26—31，38—45，47—56，58—60，63—65，73—75，78—81，83—101，112—120，124—138，141—143，146，147，149，151—

163，166—177，179—182，184，185，
188—199，201—220，223，225，228，
232，245，247—249，251

命令 6，31—35，41—42，53，58，102，
105，107—109，119，146，180—183，
188，192

P

判决 2，3，5—9，13，14，16，19，
20，22，24—27，30—37，39—42，
44—46，48—51，54—58，63—64，
67，68，70，74，75，77，79—85，
87—92，94，95，97，100，102，103，
107，108，110，111，113—119，
121—125，127—129，131，134—136，
144，146—156，158—162，164—174，
176—180，182—184，189—191，193，
195—200，202，204，206，208—211，
213—216，221—224，226—230，
232—240，245，249，251

Q

启动期限 55，129，138
启动主体 52，188
起诉 5，15—19，22—24，26，28，36，
44，45，48，50，51，53—55，57，63，
66，67，71，76，77，87，88，110，
116，119，121，122，124，126，127，
172，174，176—179，190，193，194，
197，198，209，221—224，226—229，
231—233，235

S

上诉 1，5，8，16，18，19，21，23，
24，26，33，34，35，39，42，44—46，
49，50，55，57，63，75，76，77，88，
89，94，95，101—104，106，108—
111，113，119，121，126，130，133—
138，141—144，146—149，154，155，
157，160，161，164—168，171，172，
175，177，178，181，190，197，198，
203，207，209，211，213，215，216，
221，224，226，230，233，234，235，
247

涉他民事裁定 30
审理方式 48，58，126，203
审判裁定 23，24
审判组织 56，113，121，150，160，233
实施措施 189，190，195，199，200
实施对象 25，189
实施期限 201，202
实体性裁定 24，25，59，60，118，
132—135，138，146—148，153，154，
166，172，179，182—184，186，191，
195，196，199，200，203
实质补正 95，116—118
适用范围 1，2，5，38，41，44，47，
59，65，74，76，95，129，138—140，
144，146—148，206，208，209，210，
214，216，220
书面裁定 56，73—77，82，115，146，
161，162，164—166，176
诉后裁定 22，59
诉前裁定 22，59
诉讼裁定 22，23，26，28，29，123，

169，172，177，186

诉讼行为　1，5，11—20，47，50，54，57，61，68，94，101，112，121，141，142，159，169，184，189—197，228，232，233，246，247，249，250

T

通用性规定　210，212—214，216，217

通知　6，7，36，37，39，43，44，48，50，55，59，67，69，76，82，83，115，119—124，136，139，140，146，150，154，155，158，159，169，172，187，189，198—201，209，221，224，225，227—230，232，235

W

无效　12，15，49，78，81，135，142，159，167—169，179，193，194，229

X

先行裁定　64，116，204
消极裁定　28，29
形成裁定　29，182
形成力　182
形式补正　95，114，115

Y

异议　7，8，21，23，25，49，53，55，56，59，62，67，77，82，84，87，88，90，95，100，101，102，104—108，110，114，117，119—121，124—127，130，133，134，136，138—147，150，154，156，164，165，167，172，175，176，181，182，187，190，193，194，199，203，207，209，211，223—225，227，229，230，235，247，249

有效　2，3，4，8，12，17，38，50，65—69，71，74，75，77，80，81，98，101，102，112，130，143，147，148，159，160，168，169，172，178，179，191，193，198，211，215，222，226，228

约束力　16，39，63，115，157，159，167，168，175，178，180，182，201

Z

再审　1，8，18，21，23，24，27—29，39，40，44，47—49，51，57，62，75，77，94，95，111—113，116，117，119，121—123，125—127，130，131，133—136，138，141，142，144，146，148—150，152，153，157，160，164—168，170，172，174，177，181，182，184，186，190，198，204，207，210—212，215，220，222，226，227，229，230，233，234

争诉裁定　24

执行裁定　23，25，28，29，53，118—120，150，169，177，179，182，185—187，200，229

执行力　103，105，168，182—184，203，204，216

执行实施　184，206
中间裁定　63，64
自主民事裁定　30

致　谢　　　　自　勉

推开记忆的门
我在心里看见了
远去的人
是他和她
曾陪我走过
生命里的淡淡早晨
推开记忆的门
尘封往事一幕幕
似幻似真
有悲有喜
有爱有恨
酸酸甜甜消磨了青春
感谢那些事
感谢那些人
感谢那一段段奇妙的缘分
人生原来就是
和那些事那些人
相遇的过程

　　　　——《那些事，那些人》
　　　　蔡琴1997年原创作品
　　　　收录于《心太急》专辑
　　作词：陈韦廷　作曲：黄庆元

多少人爱你遗留银幕的风采
多少人爱你遗世独立的姿态
你永远的童真赤子的心态
孤芳自赏的无奈
谁明白你细心隐藏的悲哀
谁了解你褪色脸上的缅怀
你天衣无缝的潇洒　心底的害怕
慢慢渗出了苍白
你苦苦地追求永恒
生活却颠簸　无常　遗憾
你傻傻地追求完美
却一直给误会　给伤害　给放弃　给责备
何悲　何爱　何必去愁与苦
何必笑骂恨与爱
人间不过是你寄身之处
银河里才是你灵魂的徜徉地
人间不过是你无形的梦
偶然留下的梦　尘世梦
以身外身　做银亮色的梦
以身外身　做梦中梦

　　　　——《给电影人的情书》
　　　　蔡琴2008年原创作品
　　　　收录于《不悔》专辑
　　作词：罗启锐　作曲：李宗盛